하나의 생각이 세상을 바꾼다

하나의 생각이 세상을 바꾼다

세계의 지성들이 말하는 한국 그리고 희망의 연대

대담·글 안희경

오마이북

차례

프롤로그 | 우리의 가치를 확인하는 여정 · 7

놈 촘스키
Noam Chomsky

미완의 민주주의 · 15
그대의 목소리를 찾아라

로버트 서먼
Robert Thurman

차가운 혁명 · 51
내면의 지혜와 비폭력, 평화

조지 레이코프
George Lakoff

승리하는 프레임 · 85
대중 속에서 창조하는 시대의 언어

미하이 칙센트미하이
Mihaly Csikszentmihalyi

스스로 행복을 찾아가는 삶 · 125
경쟁보다 소중한 존재의 가치

피터 싱어
Peter Singer

탐욕이 가져온 문명의 위기 · 161
옛것의 삶, 거꾸로 가는 산업화에 희망이 있다

코넬 웨스트
Cornel West

멈추지 않는 저항 · 193
역사의 흐름을 이끄는 민중의 힘

반다나 시바
Vandana Shiva

씨앗을 지키는 생명의 연대 · 233
하나의 생각이 세상을 바꾼다

에필로그 | 다시 희망을 위하여 · 269

일러두기

— 이 책은 2012년 3월부터 12월까지 〈오마이뉴스〉에 연재된 7명의 석학 인터뷰 '깨어나자 2012: 석학을 만나다'를 보완하여 엮은 것이다.
— 외국의 인명, 지명 등은 국립국어연구원의 외래어표기법을 따랐다.
— 단행본은 《 》로, 신문이나 잡지, 논문, 보고서, 음악, 영화 제목은 〈 〉로 표시했다. 단행본이나 정기간행물의 원어 병기는 이탤릭체로 표시했고, 국내에 출간된 책은 한국어판 제목을 사용했다.

프롤로그

우리의 가치를 확인하는 여정

모든 일은 하나의 생각에서 나와 이루어진다. 그 생각이 올발라야 역사의 흐름이 퇴보하지 않는다. 미래를 약속하는 언어들이 출렁이는 2012년이었다. 온 지구를 가로질러 30여 나라에서 선거가 있었다. 물론 선거는 앞으로도 계속 이어진다. 하지만 그 어느 때보다 2012년의 선거들이 주목받았던 이유는 '아랍의 봄'으로 시작된 민중의 대규모 자각, 이후 들불처럼 번진 99퍼센트의 함성 '오큐파이 운동'의 열기가 함께했기 때문이다. 한국에서도 이와 같은 대규모 각성이 2011년 '희망버스'로 집중되었고, 이는 '분노하라', '점령하라'를 넘어 '안철수 현상'이라 불리는 99퍼센트의 갈망으로 이어졌다.

변화의 시기에는 하나의 생각이 더 큰 파장을 일으킬 수 있다. 힘의 논리로 억압하지 않는 생명의 순환을 이어가고 싶었다. 인간 삶의 기본을 갖춰줄 수 있는 전문가의 식견을 얻고, 그 식견을 통해 대중이 마음의 눈을 뜨도록 도움을 주고 싶었다. 그러려면 그 전문가는 지혜까지 갖추어야 한다고 믿었다. 지혜를 갖춘 눈 밝은 석학을 만나고자 살피고 또 살폈다. 그렇게 세계의 지성들을 만나는 인터뷰 길에 올랐다.

세계적 석학이라는 명성을 가장 우선으로 꼽았던 것은 아니다. 우리에게도 훌륭한 스승은 있지만, 이 책의 밑거름이 된 이번 기획에서는 외부에서 조망하는 시각을 담고 싶었다. 한 시대는 유기적인 흐름에 따라 진행된다는 것을 우리는 역사를 통해 익히 알고 있다. 1990년대부터 본격적으로 몰아치기 시작한 자본의 세계화라는, 약자의 보호막을 해체하는 신자유주의 태풍에서 우리 역시 자유로울 수 없다. 그렇기에 큰 흐름 속에서 우리의 위치를 짚어내는 시간이 의미 있다고 생각했다. 그들이 읽어내는 세상의 흐름 속에서 우리를 보는 것이다. 다행히 지혜를 갖춘 세계의 지성들을 만날 수 있었다. 놈 촘스키Noam Chomsky, 로버트 서먼Robert Thurman, 조지 레이코프George Lakoff, 미하이 칙센트미하이Mihaly Csikszentmihalyi, 피터 싱어Peter Singer, 코넬 웨스트Cornel West, 반다나 시바Vandana Shiva 등 일곱 분이었다.

놈 촘스키 선생과는 민주주의에 대해 이야기하고자 했다. 고통받는 다수가 이윤과 권력을 독점하고 있는 소수에게 표를 주며 자신의 권력을 넘기는 현대의 민주주의, 이것이 과연 다수를 위한 제도인지 묻고자 했다. 그의 설명은 막힘이 없었고, 답 또한 분명했다.
로버트 서먼 선생을 찾은 이유는 완성 가능성이 있는 변혁이란 무엇인지 듣고 싶었기 때문이다. 그는 볼셰비키 혁명 같은 피의 혁명, 즉 '뜨거운 혁명'의 시효는 한시적일 수밖에 없다고 설파해왔다. 뜨거운 혁명은 필연적으로 또 다른 억압을 불러오기에, 개인 내면의 혁명을 통해 평화의 힘을 키워 비폭력적인 '차가운 혁명'으로 세상을 해방시키자는 것이다. 이 두 학자를 만났을 당시, 한국에서는 제주 강정마을 해군기지 건설이 강행되는 한편 2012년 4월 11일 국

프롤로그

회의원 선거가 다가와 있었다.

4·11 총선에서는 야권의 예상과 달리 보수여당이 승리했다. 그때 미국 민주당의 주요 싱크탱크를 운영했던 조지 레이코프 선생을 만났다. 한국의 정치권에서 무성하게 이야기되는 '프레임'을 세상에 확산시킨 분이다. 나는 사람마다 각기 다른 이해를 바탕으로 제기하는 그 프레임의 실체를 확인하고 싶었다. 프레임을 앞세우는 정치권과 언론이 생존권 투쟁의 현장을 외면하는 것이 선거 전략상 효과적인지도 묻고 싶었다. 레이코프 선생과의 대화를 통해 확인한 프레임은 고정된 매뉴얼이 아니었고, 특히 "네거티브 선거 전략은 절대로 성공할 수 없다"는 중요한 지적이 내게 와 닿았다. 2012년 12월 대통령 선거가 끝나고, 봄에 만난 선생과의 인터뷰를 복기하면서 다시 한 번 이 점을 수긍하지 않을 수 없었다.

미하이 칙센트미하이 선생을 찾은 이유는 두 가지였다. 우선 '교육' 이야말로 미래를 변화시키는 가장 큰 동력이라는 생각이 들었고, 또 당시 쌍용자동차 해고 노동자들의 잇따른 죽음으로 상징되는 자살인구 증가의 배경을 설명해주길 바랐던 것이다. 나는 스스로 행복해지는 법을 학교에서 배울 수 있다면 이 두 문제가 함께 풀리지 않을까 어렴풋이 그려봐 왔다. 3년 전 밴쿠버에서 만난 학교 선생님을 통해, 밴쿠버 교육청에서는 '명상'을 정규 프로그램으로 채택하고 있다는 말을 들었다. 그 이후 명상을 활용하는 힐링 프로젝트를 취재하면서 수많은 미국의 학교와 사설 교육 프로그램에서 명상을 이용해 학생들의 내면의 힘을 강화시켜주는 현장을 보게 되었다. 행복의 조건을 이론으로 풀어내며 덴마크, 핀란드 등의 창의력 교육에 조언을 해온 칙센트미하이 선생은, 미래가 불확실하기에 우리의 교육은 학생 스스로 행복을 찾아내도록 돕는 데 집중해야 한다고 강조했다.

윤리학의 거성이자 실천하는 지식인인 피터 싱어 선생과는 동물권, 빈곤, 그리고 역사적으로 좌파가 실패해온 이유에 관하여 이야기했다. 그를 통해 재발견한 것은 우리가 놓치고 있는 '토종의 가치'였다. 과거 모든 것이 부족하던 시절에 나누며 생존해온 그 방식들 속에 현대 문명의 종말을 막아내는 해법이 있다는 혜안이었다.

일곱 학자들 가운데 미국에서 가장 큰 대중적 인기를 누리는 이는 아마도 코넬 웨스트 선생일 것이다. 그는 2012년에 '빈곤 투어'를 하며 미 전역을 돌았다. 그가 가는 곳마다 엄청난 대중이 모여서 미국이 안고 있는 인종 문제, 신자유주의로 인해 더욱 깊어지는 빈곤 문제에 대해 이야기했고, 강력한 저항 의지를 모아냈다. 그는 가난 이야말로 현대판 노예라고 정의한다. 그리고 역사를 바꾸어나가는 도도한 흐름은 오직 민중의 자각이라고 답하며 끈끈한 연대를 호소했다.

마지막으로 만난 환경운동가이자 페미니스트인 반다나 시바 선생은 땅을 지키는 대지의 어머니로서 세계화에 정면으로 맞서온 인물이다. 그는 땅을 일구어 식량을 얻고 생존해온 인류의 생활이 파탄 나지 않도록 씨앗을 살리며 지구를 지키고 있다. 시바 선생을 찾아간 가장 큰 이유는 온 세상이 하나로 연결된 유기체라는 설명을 들려줄 지혜를 갖춘 분이기 때문이었다. 바로 이 인터뷰 기획의 계기가 되었던, 하나의 생각이 세상을 바꾼다는 이치를 설명해주는 분이다. 온 세상이 연결되어 있기에 하나의 작은 뒤틀림도 전체를 들썩일 수 있는 것이다.

프롤로그

2012년 봄부터 겨울까지 꼬박 '깨어나자 2012 : 석학을 만나다' 인터뷰에 전념했다. 최고의 석학들을 만나며 느낀 한 가지 놀라운 점은, 이 책 곳곳에 밝혀두었지만, 그들에게 한국인은 세계사에 큰 자취를 남긴 위대한 국민이라는 점이다. 그 어른들이 한국인을 이렇듯 올려다보는 근거는 삼성도, 위대한 건설현장의 업적도, 소비의 주체가 되어 국력을 과시한 관광단이나 문화사절단도 아니었다. 그것은 바로 우리 민중의 투쟁의 역사였다.

우리가 지나온 민주화와 계급투쟁의 길에는 수많은 굴곡이 있었다. 우리는 고작 100년 동안 엄청난 산맥 같은 전환들을 이뤄냈다. 우리는 100년의 시간을 지나오면서 온갖 질곡 속에서도 하나하나 인간의 가치를 완성해왔다. 때론 후퇴하고 함정에 빠지고 모순에 걸려 허우적거리기도 했지만 서로를 포기하지 않고 끌어안았다. 미워하면서도 버리지는 않았다.

2012년 12월 대통령 선거가 끝나고, 정권교체를 염원했던 이들은 극심한 자기부정을 경험했다. 자살하는 노동자 활동가의 영정과도 마주해야 했다. 촘스키 선생께 마지막으로 건넨 질문이 있다. "그렇다면 우리는 무엇을 해야 합니까?" 그때 보았던 그의 얼굴을 기운 잃은 독자들에게 보여주고 싶다. 선생의 표정은 '그걸 왜 나한테 묻나요? 당신이 답인데……' 라고 반문하는 듯했다. 그리고 선생이 직접 말했다. "한국 사람들이 그 답을 알고 있습니다."

그렇다. 그동안 우리는 절망하고 주춤했던 이들에게 억압을 끊어낼 수 있다는 희망을 보여주었다. 대오를 이끌던 푸른 옷의 노동자, 넥타이 부대뿐 아니라 바로 이들을 지탱해주었던 모든 삶의 주역들이 역사는 발전한다는 증거를 세계인에게 제출했던 것이다.

이겨낼 수 있으리만치 만만해 보이던 가난이 이제는 오히려 나만 가로막는 큰 벽으로 다가온 시절이다. 하지만 이 벽에는 나 혼자 부닥친 것이 아니다. 성장에 취하여 잠시 풀어진 사이 모두 부자의 덫, 구조의 덫에 걸려버렸다. 역사 속에서 늘 있어온 고난이 다시 찾아온 것이다. 이 두려운 가난을 벗어나고자 선거에서 우리 국민은 각자 다른 선택을 했다. 그러나 선택을 하는 대다수가 바라보는 지점은 비슷하다. 너도나도 고통에서 벗어나길 바라는 것이다.

우리가 다시 시작해야 하는 지점이 바로 여기다. 같은 것을 바란다는 그 본심을 이해하려 시도해야 한다. 그리고 그 차이가 생기는 현실의 원인을 진단하며 연대를 확대해내야 한다. 세계의 석학들은 생존 가능한 사회, 억압 없는 사회를 만드는 답을 한국인이 이미 알고 있다고 했다. 바로 이 지점에서 출발한다면, 우리는 역사 속에서 성취해온 대로 또다시 다수의 삶을 지켜낼 변화를 찾아갈 수 있을 것이다.

창을 열어 밖을 바라보려고, 더 멀리 보려고 안경알만 닦아왔던 내게 석학들이 꺼내준 것은 거울이었다. 내 안을 비춰볼 수 있는 거울. 결국 답은 내 안에 있고, 세계의 갈등을 해소할 수 있는 답도 우리 한민족이 품고 있다는 것이었다.

나는 이 책이 우리의 가치를 확인해보는 여정이 되길 바란다. 단 한 명의 독자라도 그 석학의 지혜에 화답한다면, 세상은 한층 나아지리라 믿는다. 한 생명이 밝아지면, 세상은 그만큼 희망을 얻기 때문이다.

'석학을 만나다' 인터뷰 기획이 대중을 만나고 책으로 나오기까지,

프롤로그

그 의미를 인정해주고 선택해준 〈오마이뉴스〉 이한기 국장과 서정은 팀장에게 감사의 마음을 전한다. 그리고 내가 영어로 인터뷰하며 녹화해온 파일을 신속하게 글로 풀어주며 나와 한마음으로 일해온 예술가이자 활동가인 에이미 리드Amy Reed에게 뜨거운 우정을 보낸다. 또한 늘 응원해주는 우리 가족에게 사랑의 마음을 전하며, 특히 우리 아이들 임재선Arahan, 임홍경Emily을 비롯한 모든 어린이들의 미래가 조금이라도 더 밝아지는 데 이 책이 보탬이 되길 간절히 바란다.

2012년 12월
캘리포니아 도경토道境宅에서 안희경

놈 촘스키
Noam Chomsky

미완의 민주주의
그대의 목소리를 찾아라

놈 촘스키　　　　　　　　　　　　Noam Chomsky, 1928년생, 미국

　미국의 언어학자이자 철학자, 인지과학자, 역사학자, 사회운동가로, 매사추세츠 공과대학MIT 언어학과에서 50년 넘게 후학을 지도했고 지금은 명예교수로 있다.
　'현대 언어학의 아버지'로 불리는 그는 20세기의 가장 중요한 언어학자 중 한 명으로 변형생성문법 이론을 만들어냈으며, 《통어 이론의 제상Aspects of the Theory of Syntax》(1965) 등의 저작을 통해 이를 체계적으로 발전시켰다. 또 인지과학의 선구자이기도 한 그의 학문적 성과는 지금도 컴퓨터공학, 수학, 심리학에까지 영향력을 미치고 있다.
　1967년 베트남 전쟁에 반대하는 〈지성인의 의무The Responsibility of Intellectuals〉라는 에세이를 발표하여 큰 반향을 불러일으켰다. 이후 미국의 외교정책, 자본주의 경제, 인권, 언론 등에 관한 시론을 꾸준히 발표하면서 비판적 여론을 형성하는 리더로 부각되었다. 깊이 있는 논지로 학계와 대중의 두터운 신망을 얻고 있는 그는 미국을 대표하는 지성으로서 프랑스 철학자 미셸 푸코Michel Foucault, 스위스 발달심리학자 장 피아제Jean Piaget, 미국 분석철학자 힐러리 퍼트넘Hilary Putnam 등 당대 대표 석학들과 대담을 펼치기도 했다.
　그는 100권이 넘는 전문서적 및 시론서와 1000여 편의 논문을 발표했다. 주요 저서로 《촘스키와 푸코, 인간의 본성을 말하다The Chomsky-Foucault Debate》(2006) 《숙명의 트라이앵글The Fateful Triangle》(1983, 1999) 《501년, 정복은 계속된다Year 501》(1993) 《촘스키, 실패한 국가, 미국을 말하다Failed States》(2006) 등이 있다.

놈 촘스키

놈 촘스키 교수와의 만남은 2012년 3월 9일 매사추세츠 공과대학MIT에 있는 그의 연구실에서 이뤄졌다. 세상의 흐름을 조금이나마 돌려놓을 수 있는 지혜를 담아내려는 뜻으로 나는 선생에게 현대 자본주의 속 민주주의의 기능에 대해 묻고 싶다고 했다. 운 좋게도 세계 곳곳에서 인터뷰를 요청해오는 팀들 가운데 내게 가장 긴 시간이 할애되었다.

인터뷰 일정은 1월에 잡혔기에 내겐 두 달의 시간이 있었다. 하지만 그 시간이 몹시 길게 느껴졌다. 해군기지 건설이 진행되는 제주 강정마을에서 연일 긴박한 소식이 전해지고 있었기 때문이다. 구럼비바위의 폭파 일정이 잡히고, 화약 운반이 시작됐다는 소식이 들려왔다. 'Don't Kill Kangjung Kurumbi(구럼비를 죽이지 말라)'의 머리글자를 딴 D.K.K.K 사인 시위도 국제적으로 번져나갔다. SNSSocial Network Service(소셜 네트워크 서비스)를 통해 각자 자신이 쓴 사인으로 호소에 나선 것이다.

촘스키 선생을 만나러 가는 여정을 시작한 3월 7일, 구럼비바위에 대한 첫 폭파가 있었다. 세계 곳곳에서 눈물 젖은 규탄이 이어졌고, '인간의 죄를 용서하지 말라'며 자연에 참회하는 메시지가 쏟아졌다. 여러 호소들 가운데 가장 가슴을 울린 것은 화약이 설치되고 폭파가 시작되기 전, 어느 활동가가 올린 글이었다. "구럼비야, 어서 도망가!"

오래전 성철 스님이 입적했을 때, 가야산 다비장을 울리던 그 고함이 떠올랐다. 장작더미에 불을 넣기 직전 젊은 상좌가 고했다. "스님, 불 들어갑니다." 죽음과 삶이 따로 있지 않듯이 구럼비도 지구라는 생명의 일부가 아닌가.

구럼비가 더 부서지기 전에 촘스키 선생을 만나 강정에 힘을 보태고 싶었다. 그동안 강정 문제에 애정을 보여준 선생이기에 그 누구보다 뜨겁게 연대해줄 것이란 기대가 있었다. 구럼비가 폭파되는 현실에 선생도 아파했고, 함께 일하는 선생의 동료들도 안타까워했다. 강정에 대한 피켓을 미리 준비하지 못해서 인터뷰 시작 전에 만년필로 흰 종이에 'D.K.K.K'라고 쓴 뒤 선생께 사진을 찍고 싶다고 요청했다. 선생은 흔쾌히 해군기지 건설이 중단되어야 한다는 단호한 의지를 담아 촬영에 응해주었다.

우리는 자연스럽게 강정 문제로부터 대화를 풀어나가기 시작했다. 촘스키 교수와 단둘이 마주 앉아 나눈 몰입된 대화 속에서 선생은 단 한 호흡도 흐트러짐 없이 물레로 실을 잣듯 생각을 뽑아냈다. 나직한 그의 음성에는 감정의 굴곡이 없었지만, 그가 고른 단어에는 생명을 차별하지 않는 뜨거운 진심이 묻어 있었다.

...

2012년 2월, 선생께서는 제주 강정마을 해군기지 문제의 배경에 미국과 중국의 대립이 있다고 말했습니다. 해군기지 반대 투쟁에 보내는 연대사 속에도 선생의 입장이 담겨져 있는데, 그 메시지 이후 제주 해군기지 반대운동이 본격적인 세계 평화운동으로 확산되었다고 봅니다. 더불어 최근에 발표한 선생의 글에서도 미국 정부가 중국과의 경제 경쟁에서 쇠락의 길을 걷게 되자 군대를 움직여 이를 보완하려 한다고 지적했죠. 제주 해군기지 문제를 통해 드러나는 미국과 중국의 경제·군사적 행보에 대해 어떻게 보십니까?

제주에서는 오늘도 해군기지 건설이 진행될 겁니다. 해안에서는 불

도저가 상당히 많은 부분을 부서뜨렸고, 섬에서는 사람들이 시위를 벌이고 있습니다. 그중엔 잡혀간 이들도 상당하고요. 제주 해군기지는 400킬로미터 밖에 있는 중국을 겨냥하여 만드는 것이 분명합니다. 중국을 에워싸는 압박을 강화해서 영향력을 넓히려는 미국의 의도죠. 일본까지 포함하는 그 지역 바닷길은 매우 중요합니다. 그곳은 기본적으로 강대국의 영향권에 속하는 종속적 지역인데, 미국은 이런 시스템 안에 중국을 묶어두려는 종합적인 전략 속에서 제주 해군기지 건설을 진행하고 있습니다.

중국은 1949년 중화인민공화국 수립을 선포하면서 미국의 영향권에서 떨어져 나갔지만, 미국은 아직도 이를 인정하고 싶어 하지 않죠. 그래서 제주 해군기지가 미국이 구축하고 있는 세력권의 한 부분으로서 중요한 것입니다. 얼마 전에 버락 오바마Barack Obama 대통령이 호주 북부지역에 해병대를 보낸다고 발표한 것에서 알 수 있듯, 호주도 이 해양방위계획의 일부고요. 오키나와에 있는 미군기지들도 그 시스템에 포함되며 괌 같은 미국령들도 들어갑니다. 오키나와도 지금 강정과 비슷한 상황입니다. 주민들은 강력히 저항하고 있고, 공권력의 감시는 상당히 삼엄합니다.

중국은 경제가 비약적으로 성장하면서 이제는 한국의 주요 수출대상국이 됐습니다. 예전에는 미국이 중심이었는데, 현재 미국 수출량의 세 배가 중국으로 갑니다. 중국이 성장하면 그 여파가 각국으로 퍼지는 '중국 효과'가 있다고 국제통화기금IMF에서 발표하기도 했어요. 한국 기획재정부도 2020년에는 중국이 경제규모에서 세계 1위가 될 것이라고 전망했는데, 이 시점에서 중국을 압박하는 해군기지 건설이 부담스러울 듯싶습니다.

놈 촘스키

요즘 신문 1면을 장식하는 문제 중 하나는 바로 중국이 주장하는 바다의 영유권을 둘러싼 갈등입니다. 미국도 이 점을 안보와 관련된 근본적인 문제로 생각하고 있죠. 물론 미국의 군사력이 세계 각지에 퍼져 있는 것에 비해 중국의 군사력 팽창은 일부 지역에 국한되어 있지만, 그래도 중국 군대는 현재 눈에 띄게 세력을 확장하고 있습니다. 연안에서 200여 킬로미터 밖까지 영유권을 미치려고 통제력을 증강시키는 것 같더군요. 미국은 이 해역을 통제하고 싶어 합니다. 하지만 중국에게는 경제개발 면에서 그곳이야말로 굉장히 중요한 지역이죠.

중국에게는 이 동남 해역과 해로 말고는 중국 남부 산업단지에서부터 남아시아, 중동을 통과해 유럽까지 직접 이어지는 다른 접근로가 없습니다. 그리고 미국은 그 지역의 해로를 좌지우지하고 싶어 합니다. 중국이 원하는 것은 자기네 주변지역에서 자기가 지휘권을 갖는 겁니다. 물론 이를 주목하고 있는 미국의 정책기획자들이 그런 권한을 다른 누군가가 갖도록 절대로 허락하지 않을 거예요. 그러니까 문제는 누가 그 해역의 관리자가 되는가입니다. 그리고 미국은 지금 그 권력을 가질 수 있는 방어체제를 세우고 있습니다. 과거처럼 통제권을 계속 유지하고, 갈등이 일어날 수 있는 중국 연해 지역에서 자신들의 지휘력을 강화하려는 거죠. 물론 중국도 바닷길 아닌 다른 방법을 모색합니다. 벌써 파키스탄 남부에 주요 기지를 건설하고 있어요.

2012년 한국의 국책연구소에서 나온 보고서에서도 중국이 내륙 산업이 안정되면서 해양 진출에 더욱 신경을 쓰고 있다는 이야기가 언급됐습니다. 주변 국가에 대해서도 물량 공세부터 압박에 이르기까지 적극적이고, 이에 대한 미국의 전략은 한국·러시아·인도를 포함한 O형 포위망으로 중국을 에워싸는 것이라 합니다. 인도나 러시아가 우리처럼 적극적으로 협조할지 의문이지만요.

그래서 중국이 주요 기지를 파키스탄 남부에 건설하는 겁니다. 지도를 보면 그곳은 중국 서부까지 직선으로 이어집니다. 당연히 그 기지는 석유가 있는 중동을 향하고 있죠. 이제는 석유를 전처럼 인도양, 말라카 해협 등을 거치지 않고 곧바로 파키스탄 국경에서 중국으로 끌어오겠다는 겁니다. 또한 중국과 국경을 접하고 있는 아프가니스탄에까지도 중국의 영향력이 점점 커져가고 있습니다. 이곳에도 여러 가지 자원이 있죠.

네, 2011년 12월에 아프가니스탄과 중국 국영 석유회사가 원유 탐사 계약을 맺었다는 보도를 봤습니다.

인도 역시 중국과 비슷한 종류의 활동을 하고 있습니다. 인도도 해군기지를 이란 남부에 세우고, 그곳이 중앙아시아의 자원을 향해 뻗어가는 꼭짓점이 되기를 희망하고 있죠.

그러니 중국은 인도의 견제가 들어올 인도양을 피하고 싶겠네요. 말레이시아와 인도네시아 사이에 있는 말라카 해협도 신경이 쓰일 테고, 특히 베트남과는 1970년대부터 내륙 국경 분쟁을 겪었고요. 최근에는 해양에서도 베트남과 긴장이 팽팽하게 고조되는 마당이기에 중국이 내륙 운송로 확보에 이렇게 손을 써왔다고 봅니다. 성과를 이뤘다는 것이 참으로 놀랍고 위협적입니다. 게다가 파키스탄은 클린

놈 촘스키

턴 국무장관의 사과까지 받아낼 정도로 미국에겐 차갑게 대하면서 중국에겐 석유 운송로를 내주고 있으니 미국의 신경이 극도로 곤두서리라 봅니다.

중국뿐 아니라 인도도 미국이 이란 정부에 취하는 제재 조치를 따르지 않고 있습니다. 인도는 공개적으로까지 거부하겠다고 말했고, 중국은 조용하긴 하지만 무시한다는 것이 기본 입장이죠.
중국은 더 나아가 지금 이스라엘과 지중해 항구 하이파에서 홍해까지 이어지는 고속철도에 대한 협상을 진행 중입니다. 이 일을 하는 이유는 지중해 동부에서 나오는 천연가스와 석유를 밖으로 빼내오기 위해서예요. 수에즈 운하를 피해서 가져오는 건데, 제 생각에 이 고속철도를 이용해 운송된 자원은 일단 파키스탄으로 갈 겁니다.

중동의 석유자원과 최근 주목받는 천연가스까지 지금껏 서구 선진국이 차지해온 자원 지배권에 중국과 인도가 발을 들이고 있습니다. 여기에 자원을 가진 서아시아와 베트남을 비롯한 개발도상국들이 어떻게 세력을 결집하는가에 따라 세계경제 구도가 바뀔 듯한데요. 이런 상황에서 아직 한국은 미국, 유럽, 일본을 중심에 두고 사고하면서 과거의 지형을 유지하려 애쓰고 있다는 생각이 듭니다. 물론 검토해야 할 사안은 많겠죠.

일본과 한국을 제외한 대부분의 아시아 나라들과 중국이 아시아 안보 시스템에 참여합니다. 인도, 파키스탄, 이란이 참관국인데 아마도 함께하지 않을까 싶고요. 동부에 자원을 보유한 러시아도 회원입니다. 바로 '상하이 협력기구sco'인데, 일종의 에너지 안보를 내세우는 대안적 안보 시스템이죠. 서방의 간섭으로부터 완전히 독립

촘스키 선생의 연구실에서 버트런드 러셀(Bertrand Russell)의 사진을 세 장 발견했다. 하나는 신문 크기의 액자이고, 다른 하나는 그 액자 앞에서 두 손을 공손히 모으고 포즈를 취한 여든 넘은 촘스키 교수의 사진, 나머지는 책상 왼쪽 벽에 손바닥만 하게 붙어 있는 흑백사진이었다. 그렇게 러셀의 모든 것이 촘스키 선생과 함께하는 듯하다. 큰 액자 아래에는 러셀의 삶의 지표가 적혀 있다.

"단순하지만 내 삶을 압도하듯 강하게 지배해온 세 가지 열정이 있다. 사랑을 향한 갈구, 앎을 향한 탐구, 그리고 인류의 고통에 대한 참을 수 없는 연민이다."

적인 시스템을 갖게 될 가능성이 크다고 전망합니다. 이러한 성격으로 움직이고 거대한 힘을 행사하며 서방과 파워 게임을 하지 않을까 싶어요. 19세기 중국이 처했던 상황과는 다르게 어느 정도 울림이 있을 겁니다.

그리고 중국은 서남아시아의 자원을 빙 둘러싸는 '진주 목걸이string of pearls' 전략 속에서 기본 기지들을 건설하고 있습니다. 미얀마, 스리랑카, 방글라데시, 파키스탄에 건설하고 있는 것으로 드러났는데, 여기에 이스라엘까지 잇게 되면 완전한 목걸이 형상이죠. 저는 그 지역과 중국이 서로 잘 협력할 수도 있겠지만 사실 이 지역은 갈등이 생길 수 있는 여지가 많다고 생각합니다.

중국의 '진주 목걸이' 기지들은 인도를 둥그렇게 에워싸는 형상입니다. 앞서 말씀하셨듯이, 인도 역시 중동의 자원을 향한 움직임으로 이란에 기지를 건설해서 꼭짓점을 만들고 있습니다. 여기에 인도양 통제권을 잃지 않으려고 자구책으로 북아프리카와 아시아 인근 지역을 지원하며 '다이아몬드 목걸이necklace of diamonds' 체계를 구축한다는 뉴스를 접했습니다.

이렇게 세계 각국은 각자의 경제안보 방안을 모색하는 데 적극적인데, 한국의 경우에는 오히려 한반도의 긴장이 높아져가고 있고, 중국과 미국 두 강대국의 각축장이 되지 않을까 하는 우려가 듭니다. 한국도 독자적인 계획이 필요하지 않을까 싶습니다. 그러려면 북한과의 관계 개선이 반드시 필요하겠죠.

아시다시피 이는 중대한 사안입니다. 북한은 군비축소를 하겠다고 말하면서 최근의 움직임을 보여줬습니다.

남북 평화체제에 대한 이야기가 오갈 때마다 늘 군축이 쟁점이 되어왔습니다. 하지만 비핵화 추진 과정에서도 드러났듯 신뢰를 쌓지 못하고 있죠. 중국과 미국 두 경제·군사 강국 사이에 끼어 있는 남북한의 문제를 어떻게 보시나요?

북한…… 끔찍한 정부죠. 북한은 중국에게 매우 의존적이에요. 그렇지 않다고 해도 아주 가까운 건 사실입니다. 제 생각을 말하자면, 한국 사람들이 통일을 이루고자 했던 1940년대로 한번 돌아가보았으면 합니다. 그러면 어떤 방식으로 통일을 추진하는 것이 가장 바람직할지 그 방안이 나오리라 봅니다. 이런 관점에서 제가 생각하는 방안은 북한을 더 넓은 국가적 개념으로 포용하는 겁니다. 그러려면 먼저 남한이 통합의 핵심 주체로서 하나가 되어야 합니다. 그리고 북한을 인정하고 포용해야 합니다. 나는 아직 다른 건설적인 대안은 보질 못했습니다. 물론 어렵습니다. 그러는 와중에 많은 문제들이 생기기도 할 거예요. 하지만 이보다 더 나은 대안이 지금은 보이지 않습니다.

그러기 위해 밟아야 할 단계들이 있습니다. 내가 보기에 지난 10년 동안 우리에겐 여러 번 진정성 있는 기회들이 있었는데 놓쳤어요. 그렇게까지 할 필요가 있었을까 하는 아쉬움이 있습니다. 어쩌면 또 다른 기회가 지금 생길 수도 있다고 봅니다. 북한의 지도층이 변화하고 있는 상황에서 북한이 핵 군축을 받아들이는 것은** 적어도

● 　인터뷰 9일 전인 2012년 2월 29일 북한과 미국 정부는, 북한이 장거리미사일 발사, 핵실험, 우라늄 농축을 중단하고, 미국이 식량 24만 톤을 지원하기로 합의했다.

●● 　북한은 인터뷰가 진행되던 2012년 3월까지 몇 차례 핵 보유 사실과 핵 군축을 위해 노력하겠다는 입장을 밝혔다.

긴장을 완화하기로 뜻을 모을 수 있는 협상 테이블이 가능하다는 뜻이죠. 그다음 단계는 상업, 문화를 비롯한 여러 분야의 상호작용을 통해 앞으로 나아가는 겁니다.

한반도는 소련과 미국이라는 거대 정치세력들에 의해 강압적으로 분단될 수밖에 없었습니다. 가족이었고 이웃이었고 친구였던 혈연적 봉건 공동체가 국경으로 나뉘었죠. 21세기 초입에 그 거대 세력들이 다시 큰 변화의 물결을 맞이하고 있습니다.

물론 힘겨울 겁니다. 두 사회가 극단적으로 다르니까요. 통합은 단순한 문제가 아닙니다. 우선 사람들의 공감을 이끌어내면 자연스레 다음에 무엇을 해야 할지 방법이 보일 겁니다. 그런 의미에서라도 제주 강정에서 이뤄지는 해군기지 건설은 통합에 도움이 되지 못합니다. 왜냐하면 북한이 이를 자신들을 향한 위협으로 보게 될 테니까요.

중국이 급성장하고 세계의 정치·경제 지형이 달라지는 이 시기, 우리의 통일에 대한 현실적 방안 또한 큰 틀 속에서 고민해봐야 할 듯합니다. 현재의 결정이 미래에 부담이 되어 돌아오는 일은 없어야겠죠. 2010년에 출간된 선생의 책 《촘스키, 희망을 묻다 전망에 답하다 Hopes and Prospects》에 있는 세계화에 대한 글귀가 요즘과 닿고 있습니다. "제국주의는 20세기에 들어와 '자유무역'이라는 이름으로 '해적행위 piracy'를 해왔다"고 언급하셨죠.

제주 해군기지 문제를 보면서도 세계 경제 시스템의 상부를 쥐고 있는 자본과 이미 국가 단위를 넘어서는 힘을 가진 그들의 적극성에 두려움을 갖게 됩니다. 가난이 옛 시절의 힘들었던 추억이 아니라 곧 다가올 재난이 될 수도 있다는 불안감이 들어요. 신자유주의의 논리 아래 구럼비바위가 파괴되듯 세계질서의 변화 속에서 오랜 시간 이어온 인간의 고유한 터전이나 생명에 대한 존엄이 사라질 거라는 위기감입니다.

먼저, 우리는 '자유무역'이라는 용어를 사용하지 말아야 합니다. 왜냐하면 '자유무역협정FTA'이라는 이름의 협정은 실제로는 고도의 치밀한 보호주의적 요소를 갖고 있으니까요. 기본적으로 투자자의 권리를 위한 협정이에요. 투자자와 기업에게 특혜를 주는데, 특히 주요 대기업에게는 아주 높은 보호관세로 방어막을 쳐주죠.
예를 들어, 이른바 자유무역협정은 지금까지 투자자들이 돈을 투자하는 나라에서 특별한 권리를 누리도록 특혜를 줘왔습니다. 미국 회사가 멕시코에 투자하면서 자기들도 멕시코 회사와 똑같은 대접을 받아야 한다고 말했던 거죠. 그 외국 자본들이 거론하는 멕시코 회사들은 정작 자유무역협정으로 얻은 것이 별로 없습니다. 사실 무역을 비롯하여 국가 간에 일어나는 수많은 상호작용은 자유롭거나 공정하지 않습니다.
기업들은 자신의 자료를 정확히 공개하지 않습니다. 우리는 이런저런 정황 속에서 추측할 수밖에 없는 한계가 있죠. 인디애나 주에서 이런 이야기가 나왔습니다. 미국 자동차회사에서 절반 정도 조립한 차를 멕시코 북부로 수출한다고 합니다. 거기에서 나머지를 조립해서 다시 미국 대도시인 로스앤젤레스로 가져옵니다. 이 경우 미국과 멕시코 모두 무역이라고 말하지만, 실제로는 무역이 아닌 사내거래입니다. 폐쇄된 경제 시스템으로, 주로 다국적기업에서 행해지는 것입니다. 그러니까 자유무역협정은 자유로운 무역이 아닌 뭔가 다른 것을 위한 협정인 거죠.

한미 FTA를 두고 한국 정부에서는 국제경쟁력을 갖춘 한국 기업의 수출이 늘어나기 때문에 경제가 성장하고 고용이 창출될 것이라고 말합니다. 이른바 낙수효과를 기대하는 거죠. 반대하는 쪽에서는 제약업과 농업이 가장 큰 타격을 받을 것이기에 서민들의 고통이 커질 거라고 하고요. 기업의 이윤을 위해 농업주권을 포기했다고 반대합니다.

복합적인 영향을 받게 됩니다. 그 첫 번째 영향이 가난입니다. 1994년 '북미자유무역협정NAFTA'이란 이름의 협정을 체결한 미국과 멕시코의 경우, 체결 전부터 이 협정이 멕시코 농부, 소상인, 노동자에게 굉장한 피해를 입힐 것이라는 예측이 있었습니다. 그리고 그 예상대로 지금까지 피해를 미치고 있죠. 하지만 멕시코 기업들에게는 가치가 있었습니다. 이 협정은 이후 멕시코에서 갑부의 숫자가 불어나는 데에 엄청난 기여를 했습니다.
반면에 그들의 농장 노동자, 소작농들의 삶의 터전은 위태로워졌죠. 그들의 작업 능력은 완벽할 정도로 숙달되어 있었을 거예요. 하지만 아무리 애를 쓴다 해도 가격 경쟁이 되지 않죠. 멕시코로 들어오는 미국의 농산품은 미 정부로부터 국가 보조를 엄청나게 받으며 생산된 것이기 때문입니다. 결국 멕시코 농부들은 도시로 집단 이동했지만, 도시는 도시대로 미국 기업에 밀린 소규모 자영업자들이 도산하게 되면서 일자리를 제공하지 못했습니다.
결국 이들은 미국 국경으로 몰려들었습니다. 이를 미국에서는 이민 문제라고 부르죠. 그런데 1994년 협정이 통과될 때 미국은 다소 뜻밖의 조치를 취했습니다. 빌 클린턴Bill Clinton 대통령이 국경 수비를 강화하기로 했던 겁니다. 그전에는 국경이 열려 있었고, 미국 서남부는 진짜 멕시코 같은 분위기였어요. 클린턴 행정부가 국경에 철조망을 설치한 것은, 멕시코의 민생이 파탄 나고 결국 그들이 미국행을 감행할 것이라는 예측을 이미 했기 때문입니다.

그래도 멕시코의 부자들은 행복합니다. 세계 최고의 부자도 멕시코에서 나왔어요. 카를로스 슬림Carlos Slim이라는 남자입니다. 이 조약의 수혜자인 그에게는 더없이 좋은 협정이지만 그의 회사에서 일하는 노동자들에게는 서글픈 것이죠.

한국도 1997년 외환위기(IMF 사태)를 겪고 난 후 지난 10여 년 동안 대기업은 성장했지만, 유연해진 노동시장 속에서 노동자의 삶은 어려워졌습니다. 근로대중이 적은 임금과 강도 높은 노동으로 고통을 분담하면서 경제 회복과 성장의 밑거름이 됐지간, 그 혜택이 기업에서 노동자로 퍼지지 못한 거죠. 그리고 금융자본이 금융상품을 판매하면서 가계대출에 집중한 탓에 가계 빚이 늘었습니다. 이 또한 국민의 빚으로 기업의 이윤을 만들어준 셈입니다. 이제는 성장과 고용 창출이라는 소리가 서민들에게는 남의 주머니만 채워준다는 말로 들립니다.

이는 신자유주의 프로그램이 만들어내는 전형적인 현상 중 하나입니다. 오늘날 세계 곳곳에서 일어나는 시위를 살펴보면, 이집트에서나 월스트리트에서나 시위대의 외침 속에는 본질적으로 신자유주의에 대한 저항이 있습니다. 한국에서 겪는 어려움 또한 신자유주의가 적용되는 모든 곳에서 진행되는 근본적인 현상들이에요. 신

자유주의는 부의 집중을 이끌고 높은 수위의 부패가 횡행하게 만들었습니다. 그 결과 일반 다수의 이익이 줄어들고 기업의 노동자들이 피해를 입었죠. 앞서 말한 대로 부가 아주 소수의 손에만 쌓이는 적체가 생긴 겁니다. 이런 전형적인 결과들은 패턴처럼 완벽하게 예측이 되면서도 반복적으로 일어나고 또 일어나요. 결국 대중봉기를 부르고 말았습니다.

'아랍의 봄'●은 수많은 대중이 내린 결단이며 반신자유주의 운동입니다. 이와 같은 물결은 이미 10년 전 남미에서 일어났습니다. 남미는 1990년대에 신자유주의 원칙을 철저히 떠받들며 지켰고, 국민들은 그 전형적인 수순에 따라 고통을 받았습니다. 그리고 2000년 즈음 이 '아랍의 봄'과 같은 물결이 일어났죠. 이런 민중의 자각은 한번 던져지면 매우 효과적으로 번져갑니다. 남미의 한 나라 한 나라씩 뿌리에서부터 흔들어놓았습니다.

최근에 이어지는 '오큐파이occupy(점령하라) 운동'●●의 역할이 바로 이런 겁니다. 신자유주의의 규칙을 거부하는 그 시간은 온 국민이

● 2010년 튀니지에서 시작되어 아랍 중동과 북아프리카로 확산된 반정부 시위. 집권세력의 부패, 빈부 격차, 청년 실업으로 인한 젊은이들의 분노로 촉발됐다. 알제리, 바레인, 이란, 모로코, 이라크, 쿠웨이트, 오만, 소말리아, 수단 등에서 크고 작은 반정부 시위가 발생하고 있고, 이집트와 예멘 등 일부 국가에서 민주화 시위를 통한 혁명이 성공하면서 이 여파가 어디까지 미칠지 관심이 모아지고 있다.

●● 오큐파이 운동은 사회·경제적 불평등에 저항하는 국제적인 민중 항거로 2011년 9월 17일 뉴욕 주코티 공원에서 시작되었다. "우리는 99퍼센트이다"를 주요 슬로건으로 하는 이 운동은 미국 내 600여 지역으로 확산되었고, 국제적으로도 82개 나라 95개 이상의 도시에서 대규모 장기 평화 점령 운동으로 퍼져나갔다. 시간이 지나면서 지역 현황에 맞는 사안들이 결합되어 세계적 연대와 함께 지역 운동으로도 자리 잡고 있다. 각국의 행정부는 무력을 동원해 오큐파이어(occupier)들을 철수시켰으나 그들의 활동은 인터넷과 주기적 행사를 통해 2012년 겨울 현재까지도 이어지고 있다. 오큐파이 런던, 오큐파이 보스턴, 오큐파이 크로아티아 등 지역 조직뿐 아니라 식품 관련한 오큐파이 몬산토, 동물권에 대한 오큐파이 유럽 애니멀 등 지역 사회 이슈로까지 확산되는 추세이다.

놈 촘스키

함께 서로에게서 배워가는 엄청난 성장의 시기입니다.

2002년 말, 브라질에서 노동자당의 룰라가 대통령에 당선되자 그 변화의 기운이 우루과이, 볼리비아, 칠레, 엘살바도르 등 중남미 전역으로 확산되며 정권교체가 이뤄졌죠. 미국인들에게도 아주 강렬한 기억을 남겼던 듯합니다. 그 열기를 제게 전해준 미국 친구들이 당시 엄청난 감동을 받았다고 하더군요.

일단 한 국가에 신자유주의가 안착되고 나면, 매우 빠르게 경제위기로 침몰해갑니다. 그 결과야 이제는 모두가 알고 있고요. 이른바 '자유무역협정'이 그 위기를 재촉하는 한 부분을 차지하죠. 이는 진정한 자유무역도 아니며, 게다가 무역이라고 할 수도 없는 겁니다. 본질적으로 투자자 권리 프로그램 시스템의 일부일 뿐이에요. 그래서 은행, 다국적기업, 투자자들에게 엄청난 부를 만들어주려고 그들의 온갖 이윤을 창출하는 영리한 규정들로 구색을 갖추고 있습니다. 일반 대중을 위한 것이 아니기에, 그 여파에 우리가 전 세계적으로 떨쳐 일어나는 겁니다.

고전적인 경제 개념을 강조하는 이들은 시장이 모든 것을 조절하니까 정부가 규제에 나서는 것은 공정하지 못하다고 합니다. 시장 속 약자도 공정하게 될 수 있도록 보호장치를 풀고, 국가는 최소의 기능만을 하는 것이 올바르다며 선전하고 시행해 왔어요. 한국도 1990년대 중반부터 작은 정부가 대안이고 세계화를 하는 것이 최선이라는 집단 마취가 작용했습니다. 결국 서민들은 경찰이 휴가를 떠난 사이 맨몸으로 무장 강도를 상대해온 셈이 됐습니다.

그리고 규제가 남아 있다 해도 자본주의가 복잡해질수록 법망을 피해 편법·부정을 일삼는 경영 전문가들이 대중을 부자의 꿈으로 현혹하여 주머니를 털고 나라의 세금까지 털어왔습니다. 행동주의 경제학자인 조지 애컬로프George Akerlof는 그렇기 때문에 더욱 국가의 규제와 법이 살아나고 제정되어야 한다고 말합니다. 그래서 선생의 책에 나온 '해적행위'라는 단어가 더욱 와 닿았습니다. 뭔가 공평한 경쟁을 하자고 덤비는 듯한데 결국 빼앗아갈 속셈이었다는 사실에 박탈감이 들었기 때문이죠. 당시 언급한 '해적행위'라는 단어는 지금도 유효합니까?

그것은 은유적인 의미죠. 서양의 해적행위가 발생했던 기원을 살펴보면, 해적들은 본질적으로 혁명가였습니다. 그들은 잔혹하고 계급적인 제국주의의 힘에 대항해 봉기했죠. 우리가 지금 사용하는 '해적'이라는 말은 200년 전에는 상당히 영예로운 말이었습니다. 맨 처음 선진개발국이 된 영국은, 현재 해적행위라 부르는 그 작업을 통해 부를 축적했어요. 프랜시스 드레이크Francis Drake 경 같은 영국 영웅들은 해적이었습니다. 그들이 스페인 갈레온(15~17세기에 사용되던 스페인의 대형 범선)을 습격해서 가져온 은과 자원은 영국 산업자본의 큰 부분을 차지했죠.

요즘은 해적질이 저작권자의 허가 없이 저작물을 사용하는 행위를 뜻하는데, 오히려 선진국들이 개발도상국들을 공격하며 사용하고 있죠.

영국 경제학자 존 메이너드 케인스John Maynard Keynes도 이런 활동이 영국이 부를 쌓고 경제를 발전시키는 바탕이었다고 지적했습니다. 간단히 말해 해적행위에 기초했다는 것이죠. 현재 해적행위라 불리는 행동들이 당시에는 용인됐을 뿐 아니라 추앙받기까지 했습니다. 지

놈 촘스키

금은 지적재산권이 아주 완벽한 예죠. 중국이 미국이나 일본, 한국으로부터 기술을 몰래 가져가 스스로 물건을 만들어 사용하면, 우리는 이를 해적행위라고 부릅니다.

하지만 그것이야말로 영국과 미국이 성장과 개발에 이용해온 방법입니다. 영국은 당시 더 높은 기술 수준을 갖추었던 인도, 아일랜드, 벨기에에서 이렇게 기술을 해적질해와서 개발을 이뤘습니다. 미국은 19세기에 영국의 수준 높은 기술을 가져온 거고요. 현재는 당시의 그들처럼 행동하면 이를 해적행위라 부릅니다. 세계무역기구WTO의 규정을 보면, 그들이 개발도상국들에만 제재를 가하고 부자 나라들은 감시조차 하지 않는다는 것을 알 수 있습니다.

경제 이론에 이를 가리키는 용어가 있는데, 바로 '사다리 걷어차기'입니다. 먼저 사다리를 기어올라가서 부자가 된 다음에 그것을 차버리는 행위입니다. 그래서 다른 이들은 같은 사다리를 타고 오를 수 없게 되는 거죠. 조금 전 말한 지적재산권의 경우처럼요.

아이디어도 재산이라는 인식이 확대되면서 디자인까지 공공적인 개념이 사라지고 있죠. 무엇보다 그 해적이라는 단어가 가진 부정적 의미에 일단 움츠러들게 됩니다.

얼마 전까지만 해도 이는 국가 개발을 이끌어가는 표준 방식이었습니다. 근대화 선구자인 영국은 해적행위를 하는 데 무력까지 사용했죠. 아일랜드, 인도를 점령해서는 토착민의 기술을 훔쳐왔어요. 미국의 경우는 강도질이라고 부를 수 있을 정도고요. 그렇게 해서 아메리카 번영의 기초를 이룬 것입니다. 그랬던 선진자본들이 주장하는 경고를 우리는 정말로 잘 살펴야 합니다.

지금은 후발 개발 주자나 작은 규모의 자본에 대해 재벌과 다국적기업들이 국가 이상의 권력을 휘두릅니다. 한국의 경우는 삼성과 현대가 점점 더 다른 기업과의 격차를 벌리며 성장해왔습니다. 특히 삼성의 세계적 약진을 국가 발전처럼 인식하는 이데올로기도 작용합니다만, 실제 그들의 성장에 따른 결실이 국민에게까지 분배되었는가에 대해서는 인식이 엇갈리고 있습니다. 어쨌든 재벌은 이들이 타격을 받으면 국가경제가 휘청거릴 정도로 비대해졌죠.
한편에서는 소액주주들의 힘을 키우고 규제를 강화해서 중소기업을 강화하고 경상수지에 도움이 되는 쪽으로 구조를 바꾸자는 여론이 호응을 얻고 있습니다. 시민의 비판 목소리가 커지고 있는 거죠. 한 가지 안타까운 것은 시민의 이중성입니다. 사람들은 삼성이 실질적으로 한국 경제를 쥐고 흔드는 것을 반대하지만, 정작 자기가 혹은 자녀들이 삼성에 입사하면 기뻐하죠. 1퍼센트 부자에게 빼앗기는 것을 부당하다 여기면서도 그 사다리를 탈 기회를 갈망합니다.

우리가 지나왔던 봉건제도를 돌아봅시다. 대부분의 사람들에게 기회는 열려 있지 않았습니다. 일부에게만 열려 있었는데, 그 사람들은 자녀들이 봉건 시스템 안에서 더 높은 자리, 더 강한 권위 속으로 옮겨 가거나 주목받을 때 행복했을 거예요. 제가 말하려는 것은 이겁니다. 당신 앞에 권위와 통치의 시스템이 있고 그 시스템을 받아들인다면, 당신의 남은 문제는 오직 그 안에서 어떻게 위로 올라갈 것인가일 뿐 다른 선택의 여지는 없을 겁니다.
싱가포르를 한번 볼까요? 이 나라는 분명히 선진 산업사회이지만, 그 사회가 존재하는 양식은 파시즘에 가깝습니다. 믿기 어려울 정

놈 촘스키

도의 권위주의, 고문, 억압이 있어요. 그런데 그곳 젊은이들은 그 시스템 안에서 밀려나지 않고 더 높이 상승하고 싶어 합니다. 그 스트레스 높고 억울한 사회를 여유롭고 인정 있는 사회로 만드는 대안은 오직 한 가지입니다. 그것을 깨뜨리는 거예요. 민주적인 변혁을 이뤄내는 겁니다.

그래서 우리가 할 수 있는 것이 뭘까요? 결국 민주주의를 완성해내는 것이 답일 듯합니다. 자연스레 그 이야기로 넘어갈 순서가 됐네요.
해마다 세계 각국에서는 크고 작은 선거가 치러집니다. 선거 정국 속에서 의견은 이익에 따라 나뉘고, 현안도 선거용 전략으로 흡수되어 재생산됩니다. 미국의 오픈 프라이머리처럼 후보 선정에서부터 고도의 마케팅으로 여론몰이에 집중하죠. 그에 따라 선거 비용도 증가하고요. 오바마 대통령의 재선운동 비용이 10억 달러(약 1조 원)라고 하더군요. 오늘날의 선거는 자본 없이 승리하기 어렵습니다. 그렇다면 과연 선거로 결정된 다수의 의견이 자본으로부터 소외된 다수를 대변할 수 있을까요? 오히려 소수가 다수의 표를 구매하고 책임은 다수가 지는 덫이 되는 것은 아닌지요?

그것은 진정한 의미의 민주주의가 아닙니다. 민주주의에서 벗어난 거죠. 민주주의는 그 실질적 권리를 갖는 대중 다수의 뜻이 그들의 대변인을 통해 실현되는 구조로 자리 잡혀야 합니다.
하지만 그러한 진짜 민주주의가 실현되는 곳은 없습니다. 사실 미국의 경우 18세기에는 현대 민주주의의 모범과도 같았습니다. 그러나 미국의 입헌제가 자리 잡고 나서 다수는 통치에 참여하지 못합니다. 구체적으로 이야기하면, 1780년대 입헌제에서는 대부분의

촘스키 선생의 연구실에는 이스라엘 소인이 찍혀 반송된 편지 한 통이 커다랗게 확대되어 액자에 들어 있다. 팔레스타인으로 보냈지만, 그런 주소를 찾을 수 없다는 '수취인 불명' 통지만을 달고서 돌아온 것이다. 믿기지 않는 이런 기막힌 현실을 한순간이라도 놓치지 않으려는 촘스키 선생의 의지를 보여주는 것이 아닐까?

유대인 놈 촘스키, 그는 팔레스타인 난민의 고통 속에 함께 있다. 그런 그가 2012년 10월 18일 여든다섯의 나이로 처음 팔레스타인 가자 지구를 방문했다. 그리고 담담히 연대의 마음을 전했다.

"팔레스타인 사람들은 자유를 누리며 평화롭게 살 권리가 있습니다."

대중이 선거에 참여하지 못했습니다. 단적인 예가 토착 인디언들이 배제됐다는 거죠.

미국 헌법 수정 제5조에는 "누구라도 정당한 법의 절차에 의하지 아니하고는 생명, 자유 또는 재산을 박탈당하지 아니한다"라고 규정되어 있습니다. 그렇다면 여기서 '누구'의 범위가 어떻게 될까요? 모든 인간을 의미하지 않습니다. 토착 원주민은 어떤 권리도 없었습니다. 그들은 축출되고 몰살당했어요. 노예도 권리가 없었고, 여성도 권리가 없었습니다. 그들은 시스템의 일부가 아니었습니다. 남편이나 아버지의 재산이었던 거죠. 이런 일은 지난 세기까지 이어져왔고, 가난한 사람들 역시 권리를 얻지 못해왔습니다. 하지만 시스템이 안정되면서 그들 가운데 일부만 매우 제한적인 권리를 갖게 됐어요.

시스템은 권력이 부자의 손 안에 있도록 디자인되었고, 그런 상태로 안정을 찾았습니다. 미국 헌법을 만든 핵심 인물인 제임스 매디슨James Madison은 이렇게 말했습니다. "힘은 재산권을 존중하는 사람들, 즉 부자의 손 안에 있을 것이며, 그 풍요와 부유함을 다수에 대항해 지켜낼 것이다." 참으로 노골적이죠. 이로써 왜 입헌제에서 최고 권력이 투표하는 대중이 아닌 상원의 손에 들어갔는가를 알 수 있습니다. 법을 입안하는 주체이자 권력 시스템의 조절 키는 '오늘날의 삼성'에 의해 뽑힌 상원이었습니다. 거대 기업이죠. 그 자리는 바로 권력이 놓인 곳이며, 부를 만들어내는 곳이었죠. 이들의 목표는 그 부와 나라가 누구의 소유인가를 분명히 하려는 데 있었던 겁니다.

미국 헌법제정회의(1787년 5월 필라델피아에서 개최)에서 이런 말이 오갔어요. "만약 우리가 진정한 민주주의를 갖는다면 그 속에서 대중의 다수는 그들의 의지를 표현할 것이다. 그렇게 되면 가난한 사람이 다수가 될 수밖에 없고, 그들은 부자들의 재산을 빼앗는 데 표를 쓸 것이다. 농지를 다시 구획하는 토지개혁 등을 통해 그들은 땅을 나눌 것이다." 그때는 대부분 농경사회였습니다. 헌법 제정자들은 그런 일이 벌어지면 안 된다고 목청을 높였고 다수가 권력을 누리는 것을 허락할 수 없었습니다. 그렇기 때문에 민주주의를 제한적으로 사용할 수밖에 없었죠.

법이 힘의 권리를 지키고자 탄생했다는 것을 노골적으로 보여주네요. 그 권리를 바꾸는 것이 곧 또 힘일 텐데요. 토론의 문화를 바탕으로 민주주의와 법치주의가 이루어진다고 말하는 것은 너무 낭만적인 듯합니다. 세계관이 다른 힘과 힘이 대립하다가 결판을 내는 장이 민주주의와 법치주의라고 생각하니, 마치 보호막 없는 광장에 홀로 서 있는 듯 힘이 빠지네요.

이건 참으로 흥미로운데, 역사를 들여다보면 18세기 미국 헌법 창안자들이 했던 질문이 초창기 정치학 역사에서부터 나옵니다. 아리스토텔레스와 그의 정치그룹이 나눈 고민이 18세기 미국과 똑같습니다. 아리스토텔레스는 여자도 빼고 노예도 빼고 자유를 가진 남자들하고만 토론했습니다. 그는 아테네에서 '다수가 지배하는 일이 생긴다면?'이라는 고민을 했습니다. 그도 이렇게 말했을 거예요. "다수들은 부자의 재산을 빼앗기 위해 힘을 사용하겠지. 그렇다면 그것은 옳지 않아."
시간을 뛰어넘어 아리스토텔레스와 매디슨은 같은 질문을 마주했습니다. 하지만 답은 정반대 방향으로 도출됐어요. 아리스토텔레스의 결론은 불평등을 감소하는 것입니다. 그는 복지국가를 이루는 법이 답이라는 데 도달했어요. 모든 사람들을 본질적으로 중간 계급으로 만들어야 아무런 문제가 일어나지 않을 것이라고 주장했습니다.

노벨 경제학상 후보에도 올랐던 에른스트 페어Ernst Fehr와 지몬 게히터Simon Gächter의 실험을 보면 사람에게는 이타적인 본능, 공정함을 추구하려는 본능이 있음을 확인할 수 있습니다. 실험 대상자들에게 돈을 나눠주면서 알아서 집어가라고 하니, 뒷사람을 염두에 두며 가능한 한 공정하다고 여기는 액수를 가져갔다고 합니다. 그러다 독식하는 사람이 나오자 그 공정함을 추구하는 분위기는 깨졌고요. 다시 규칙을 바꿔 '참여한 사람이 모두 자기가 집어든 돈을 갖겠다고 원할 때만 각자의 돈을 가질 수 있다'고 했죠. 그러자 앞사람이 과도하게 집었다고 생각될 때 뒷사람은 적은 액수라도 그 돈을 포기해서 다른 사람도 못 가지게 했습니다. 이를 보면 공정함이 우리 삶에서 매우 중요한 덕목이라고 여겨줍니다. 여기서 역사 발전의 동력이 나왔을 것이고요.

하지만 매디슨의 해법은 다릅니다. 민주주의를 규제해야 한다는 확신을 얻었죠. 그렇게 미국의 민주주의는 대중을 갈라놓고 파편화함으로써 권력을 부자의 손으로 집중시키도록 해왔던 것입니다. 그때 이후로 미국의 정치사를 죽 살펴보면, 늘 이 제한의 범위가 싸움의 이슈였습니다. 여기에 신자유주의 시대가 도래하면서 부자의 손 안으로 권력이 흡입되듯 모이는 극단적인 퇴행까지 겪고 있습니다. 지난 수년 동안 부자는 더 많은 자유를 얻었고, 이는 매우 반민주적입니다.

그렇다면 우리는 무엇을 할 수 있고 무엇을 해야 합니까?

나는 한국 사람들이 그 답을 알고 있다고 생각합니다. 우리 대부분보다 훨씬 잘요. 이 말을 하고 싶어요. 답은 그리 먼 데 있지 않다는 것입니다. 1980년대, 그때 한국인들은 잘 조직됐고, 함께 모였고, 열심히 싸웠어요. 매우 용감하게, 매우 효율적으로 미국의 지지를 받고 있던 잔혹한 독재정권을 타도하고자 일어났습니다. 마침내 무너뜨렸죠. 이 땅에 대단한 민주적 혁명이 그렇게 탄생했습니다. 그리고 세계 대부분의 나라에 바람을 불러일으켰죠. 그때 한국인들은 누구에게도 무엇을 해야 하는지 묻지 않았고, 오직 그것을 하고 있을 뿐이었고 해냈습니다.

기회는 그때보다 지금이 훨씬 많아요. 한국에는 많은 문제들이 있습니다. 그래도 예전의 독재만큼 심각한 것은 아니잖아요? 할 일이 수없이 많이 있으며, 당신들은 오직 당신의 역사 속만 들여다보면 됩니다. 그 속에 답이 있습니다.

인터뷰 후기

아낌없는 연대

2012년 3월 9일 미국 보스턴. 양지바른 모퉁이에 손가락만 한 수선화가 뾰족이 올라오고 있었다. 서부 캘리포니아에 있는 우리 집 뒷마당에는 자목련이 붉게 터지는데, 이곳은 겨울이 물러날 채비를 이제야 시작한 듯 스멀스멀 한기가 파고든다.
인터뷰 약속은 오후 3시였지만, 캘리포니아에서 경험한 지각쟁이 열차가 못 미더워 이번 인터뷰 여장을 푼 뉴욕에서 이른 새벽길을 나섰다. 샌프란시스코의 추위 속에서 밤 12시가 넘도록 두 시간이나 기차를 기다려본 적이 있다. 다행히 이번에는 보스턴 역에 정시에 도착했고, 덕분에 MIT 주변을 둘러보는 여유를 누렸다.
촘스키 교수가 있는 언어학과는 첨단 과학관 같은 전위적인 분위기이다. 직육면체를 거부하듯 삐죽빼죽 기울였다 서웠다 디자인의 묘미를 넣은 건물로, 미국을 대표하는 공과대학에 언어학과가 이렇게 무게를 잡고 서 있다는 것이 새삼스럽게 다가왔다. 문득 촘스키 선생뿐 아니라, 캘리포니아 대학교 버클리UC Berkeley의 조지 레이코프 교수, 헬레나 노르베리-호지 등 언어학자들이 사회적 발언을 도드라지게 하는 것도 언어학이 인간사를 꿰뚫는 심도가 더욱 근원적이기 때문이 아닐까 하는 생각이 들었다.

인간의 사고를 반영하기도 하고 규정하기도 하는 것이 언어이다. 그 언어를 파고들다 보면 선택의 연속인 우리의 일상에서 사람들이 생각하고 결정하는 틀을 보게 되지 않을까? 그러면 자연히 사회의 흐름이 형성되는 기운도 민감하게 읽어내리라 본다. 결국 현재의 활동 궤도가 근접한 미래를 불러오는 원인이기에, 현대사회가 가고 있는 관성을 살피면 문제에 대한 혜안이 생길 것이다. 그래서 언어학자들의 세상에 대한 조언도 이토록 활발하지 않을까 가늠해본다. 물론 개인의 성향과 의지에 따라 표현의 형식과 내용도 다를 것이다. 일반화할 수는 없는 견해임을 인정한다. 그러면서도 사회 참여적 의지를 갖는 경우 더욱 근원적으로 접근하는 시각을 지닐 것이라는, 그들에 대한 개인적인 신뢰가 생긴다.

MIT 건물의 위용을 느끼며, 또 그 안에 있을 촘스키 선생을 생각하며, 짧은 생각이지만 그 학문에 관심을 기울여보았다. 어른을 만나러 가는 길에는 마음의 초점이 모이는 덕분에 소소한 일에도 깊은 감흥을 얻게 되고, 그래서 조금은 과한 의미를 부여하기도 한다. 그것 역시 나의 정성이리라. 그리고 선생의 연구실로 가는 길, 모던한 분위기의 꽃집이 있어 진분홍 꽃을 샀다. 봄을 전하고 싶었다.

연구실 앞에 도착해 삼각대에 카메라를 꽂으며 인터뷰를 준비하는데, 먼저 온 팀이 인터뷰를 끝내고 나왔다. 혼자 온 나와는 달리 여섯 명의 영국 남자들이었는데 모두 얼굴에 홍조가 피었다. 어디서 왔는지, 어느 언론인지 물었더니 그 대답에 앞서 연신 "놈Noam은 정말 대단해요"라며 흥분을 감추지 못했다.
인터뷰에 앞서 선생을 돕는 동료와 이야기를 나누는데 촘스키 선생이 방문을 나선다. 씽긋 웃으며 "잠깐, 마법사 만날 시간이라서…… 다녀올게" 한다. 어리둥절 의아해하는 우리 둘을 더욱 장난기 가득한 눈으로 쳐다본다. 아하, 화장실 다녀온다는 뜻이었다. 그렇게 15분의 휴식을 갖고 나서, 내가 준비한 주제로 인터뷰를 시작했다. 그는 그렇게 일주일 중 하루를 정해 종일 세계 각지에서 오는 인터뷰 요청, 활동가들의 연대 요청에 뜨겁게 화답하고 있었다. 지구촌 곳곳에서 다양한 현안으로 찾아오는 이들에게 보내는 연대의 진심이었다. 그 정다움으로 민주주의를 이야기하는 선생에게서 한국인에 대한 진한 믿음이 퍼져 나왔다.

1928년에 태어났으니 촘스키 선생은 인터뷰 당시 여든다섯이었다. 그의 생은 현대사의 격동과 고통을 가슴 저미도록 기억한다. 유럽, 북미, 아시아, 중남미를 휩쓸었고, 이제 다시 살아나 북아프리카와 전 세계로 번져가는, 억압을 끊으려는 그 바람을 세밀하게 그려낼 수 있다. 촘스키는 그 민중의 결단을 연민과 냉철함으로 주시해왔기 때문이다.

그런 촘스키가 기억하는 한국은 아직 세계인에게 가능성을 보여주고 있는 희망의 상징이었다. 남미를 출렁이게 했던 그 거대한 변혁 의지가 생기는 데에 한국에서 불어온 승전보가 한몫을 했다 말했다. 문득, 정작 우리는 그 시절의 용기와 순수가 변질됐다 치부하고, 권력에 흡수됐기에 어쩔 수 없는 일이라며 등을 돌리려 했다는 성찰이 일었다. 더불어 우리의 과거까지 기억 저편으로 넘겼는지도…….

우리의 과거를 아름답게 기억하는 촘스키 선생을 통해 기대치 못했던 우리의 1980년대를 보고 왔다. 하나의 피륙을 짜내던 숭고한 단결의 가치가 있었음을 다시 느끼게 됐다. 이제 다시 우리 안에 아직도 남아 있는 그 연대의 마음에 기회를 줘야 할 시간이다. 승리의 기억이 있기에 충분히 더 나은 민주적 화합의 시대를 이룰 거라는 노교수의 믿음을 역사로 만들어야겠다.

촘스키 선생에겐 인터뷰 1년 전인 2011년 봄에 처음 연락을 취했다. 그때 선생은 친히 답을 해주며 바쁜 일정에 약속을 장담하기 어렵다고 했고, 그 후 여러 번 일정을 잡기 위한 서신이 오갔다. 그러는 가운데, 2011년 여름에 선생에게 긴박하게 연대의 메시지를 부탁한 일이 있다.

당시 부산 영도 한진중공업 85호 크레인의 뜨겁게 달궈진 철판 위에서 김진숙 민주노총 지도위원이 고공 농성을 하고 있었고, 경찰이 진압을 위해 인근에 있던 크레인을 점점 더 85호 가까이로 밀어오는 상황이었다. 시민들은 '희망버스'를 준비해 부산으로 향했고, 페이스북과 트위터에서는 연대의 메시지를 보내자는 호소와 함께 영향력을 가진 이들의 연대의 기운을 모을 수 있도록 알아보자는 의견이 나왔다.

그 호소를 읽고, 촘스키 선생의 메시지를 받자는 의견을 페이스북에 올렸던 부산의 이창우 선생에게 부탁해 민주노총으로부터 사건에 대한 자료를 받았다. 꼬박 하룻밤을 새워 자료를 정리한 뒤 선생에게 이메일을 보냈다. 긴장된 마음에 머뭇거려지는 망설임을 이겨가며 보냈는데, 답장은 너무도 쉽게 도착했다. 이메일을 보낸 지 20분도 안 되어 온 답장을 열어보니 이미 선생은 한진중공업 사정을

놈 촘스키

자세히 알고 있었고, 내 편지를 받기 며칠 전에 시몬 천Simone Chun 교수에게 연대사를 보냈다고 했다. 보스턴의 서퍽 대학교에 있는 천 교수가 지속적으로 서구 학자들에게 한국의 상황을 다각적으로 알려오고 있었기 때문이다.

나는 천 교수를 수소문했다. 학교 연구실로 연락했지만 방학이었다. 보스턴 대학교에 있는 지인들을 통해서도 알아보고, 천 교수의 페이스북 친구들에게 무작정 메시지를 보내기도 했다. 그렇게 보낸 며칠이 더 애가 탔다. 다행히 천 교수와 연락이 되었고, 촘스키 선생의 연대사가 언론에 공개되면서 조금이나마 세간의 이목이 크레인까지 닿을 수 있었다. 나중에 안 사실이지만, 천 교수도 트위터를 통해 연대사를 공개했는데 그만 언론의 주목을 받지 못한 채 지나갔다고 한다. 결국 천 교수가 받은 촘스키 선생의 연대사는 민주노총으로 전달되면서 다시 세상에 나올 수 있었던 것이다. 여러 사람의 지극한 마음이 이렇게 희망을 만드는 또 하나의 그물코가 되었다.

그리고 8개월 뒤, 촘스키 선생을 만나는 날, 김진숙 위원의 편지를 전했다. 내용을 말하기도 전에 선생은 다급히 물었다. 그녀는 지금 어떠하냐고. 무사히 내려왔고 그때 많은 이들이 모였다고 답하면서 《사람을 보라》• 사진집을 펼쳐 보이니 선생이 활짝 웃었다. 계속 궁금했다고 했다. 다정한 어른이다.

촘스키 선생의 이 말을, 석 달 뒤인 2012년 6월 한국을 방문했을 때

• 한진중공업 사태를 현장에서 취재한 사진작가 23명이 함께 엮은 '희망'과 '연대'의 기록. 2011년 1월 6일 새벽 3시, 김진숙 민주노총 지도위원이 영도조선소 85호 크레인에 오른 때부터 3차 희망버스가 부산에 도착한 2011년 7월 30일까지의 이야기가 사진으로 담겨 있다.

대한문 앞 쌍용자동차 희생자 분향소에서 우연히 만난 김진숙 위원에게도 전해주었다. 그녀도 활짝 웃었다.

촘스키 선생님

저는 한진중공업 85호 크레인에서 309일 동안 농성을 했던 김진숙입니다.
선생님께서 저희들의 투쟁에 지지하고 연대해주셔서 얼마나 감사했는지 모릅니다. 작년 1월 6일 영하 13도의 날씨에 크레인을 오를 때만 하더라도 내려올 생각을 못했습니다.
85호 크레인 위에서 8년 전에 저는 오래된 동지이자 친구를 잃었습니다. 2003년에도 한진중공업 사측의 일방적인 정리해고가 있었고, 김주익이 그 85호 크레인에 올라 129일 동안 농성을 하다 목을 매서 숨졌습니다. 사측의 태도는 변함이 없었습니다. 그러다 2주일 만에 곽재규 선배가 도크 바닥에 투신하고서야 정리해고는 철회됐습니다. 그런 역사를 가진 크레인에 올라갈 때, 저는 살아서 내려올 거라는 생각을 할 수가 없었습니다.
그런데 157일 만에 '희망버스'라는 개인들의 자발적 연대가 5차까지 이어지면서 저는 마침내 살아 내려올 수 있었습니다. 일반 시민들의 연대가 이루어지기 시작했습니다. 선생님의 연대 메시지가 시민들에게 큰 울림을 줬습니다.
한국 민주주의의 초석이 됐던 87년 6월 항쟁, 수입쇠고기를 반대했던 촛불집회, 그리고 희망버스로 이어졌던 시민들의 힘이 한국 민주주의의 뿌리이자 희망입니다. 지금 한국은 노동자 서민이 힘든 탄압을 받

놈 촘스키

고 있지만 잘 이겨낼 거라 믿습니다.

민주주의를 위해 한평생 헌신해오신 선생님께 경의를 표하며 건강하시기를 멀리서 기원드립니다.

2012년 3월 6일

로버트 서먼
Robert Thurman

차가운 혁명
내면의 지혜와 비폭력, 평화

로버트 서먼　　　　　　　　　　　　　　　Robert Thurman, 1941년생, 미국

미국 컬럼비아 대학교 종교학과 명예교수이며, 서구에서 가장 영향력이 큰 불교학자이다. 달라이 라마와 50년 가까이 인연을 맺어온 그는 오늘날 서구인들의 정신세계에 변화를 일으키고 있는 티베트 불교와 티베트인의 삶을 알린 주역이다. 또 영화배우 우마 서먼의 아버지로 문화계에도 큰 영향을 미치고 있다.

뉴욕의 명문가에서 태어난 그는 혁명을 꿈꾸며 카스트로를 동경하던 청소년기를 거쳐 하버드대 영문과에 진학했고, 대부호의 상속인과 사랑에 빠져 결혼했다. 그러다가 사고로 한쪽 눈을 실명하면서 그의 삶은 바뀌었다. 티베트어와 불교를 공부하기 시작했고, 삶과 죽음의 근원을 찾아 23세에 인도로 갔다. 달라이 라마의 스승과 달라이 라마의 안내로 최초의 서양인 티베트 불교 비구가 됐으나, 베트남 전쟁을 만나 중생 속에서의 변화를 꿈꾸며 환속하고 미국으로 돌아왔다. 승단을 떠났지만, 그는 수행하기 가장 좋은 장소로 대학을 선택했다. 하버드대에서 박사학위를 받은 후 15년 동안 애머스트 대학의 교수로 재직하다가 1988년 컬럼비아 대학교 종교학과로 옮겨 왔다.

그의 강의는 컬럼비아대에서 가장 듣고 싶은 강의로 꼽힌다. 학생들은 그의 강의를 듣고 삶의 방향을 옮겼다고 말한다. 그는 1997년 《타임》지가 선정한 가장 영향력 있는 25인에 들 정도로 사회 전반에 지도력을 미쳤고, 미국 국회 자문위원으로 출석하는 등 정치계에도 넓은 인맥을 형성했다. 2011년 가을에는 오큐파이 운동의 진원지인 월스트리트 주코티 공원에서 시민들에게 용기와 지혜의 눈을 열어주는 연설을 했으며, 그 영상과 전문이 세계적으로 회자되고 있다.

《안으로부터의 혁명 Inner Revolution》(1999) 《티베트의 영혼 카일라스 Circling the Sacred Mountain》(1999, 태드 와이즈 Tad Wise와 공저)를 비롯한 방대한 저술을 남기는 한편 《티베트 사자의 서 The Tibetan Book of the Dead》(1993)를 영어로 번역하기도 했다.

로버트 서먼

1970년대 미국 전역에는 반전운동의 바람이 불었다. 그 기운이 사그라질 즈음 운동가들의 일부는 동양으로 떠났다. 인도로, 태국으로, 일본으로, 한국으로…… 그렇게 수행 공동체에서 고통의 근원을 찾고 돌아온 이들 가운데 몇 사람은 현재 미국의 정신적 변화를 이끄는 지도자로 활동한다. 비파사나 명상으로 평화를 안내하는 잭 콘필드Jack Kornfield, 생태철학자 조애나 메이시Joanna Macy, 티베트 명상의 치유력을 글로 써 대중과 교류하는 작가 라마 수리야 다스Lama Surya Das, 그리고 로버트 서먼 교수 등이 대표적이다. 이들은 서구인들에게 마음의 작용을 깨우쳐주고, 그 마음을 개발할 수 있기에 우리야말로 미래를 바꾸는 주역이라는 희망을 심어주고 있다.

뉴욕 맨해튼 도심의 쉼터나 센트럴 파크, 샌프란시스코 도심 공원에서도 점심시간에 잠시 자리를 펴고 앉아 명상하는 무리를 쉽게 만날 수 있다. 실리콘밸리의 구글이나 페이스북 사옥에서도 사무실 명상이 일상적인 프로그램으로 자리 잡았다. 폭력과 음식·약물중독 등을 개선하고자, 혹은 자본주의 속에서 부를 좇아 질주하는 탐욕을 조절하고자 내면의 변화를 추구하는 기운이 문화 전반에 퍼져 있다. 2010년경부터는 우리 일상에 파고든 광고와 제품명, 상호에서도 선Zen과 옴Om이 주요 아이콘이 될 만큼 변화의 조짐이 눈에 띄고 있다. 이런 변화의 기운을 대중에게, 그리고 워싱턴의 지도층에까지 강력하게 불어넣은 인물이 바로 컬럼비아 대학교의 로버트 서먼 교수이다.

서먼 교수와의 만남은 2012년 3월 8일 낮 12시 뉴욕 컬럼비아대 근처에 있는 그의 자택에서 이뤄졌다. 인도에서 돌아와 미 서부를 들르고 온 지 이틀 만에 다시 한 달간 유럽과 인도를 잇는 출장을 떠나는 바쁜 일정 속에서 짬을 내어 마주 앉았다. 달라이 라마와의 깊은 인연 속에서 티베트 망명정부와 긴밀한 관계를 맺고 있는 서먼 교수에게 당시의 정황은 긴박했다. 중국 티베트 자치구에서 티베트인들의 분신 행렬이 이어지고, 중국과의 긴장이 팽팽해지는 때였기 때문이다.

미국 내부의 이슈뿐 아니라 국제평화 문제에도 앞장서 관여해온 그에게 인터뷰 도중에도 프랑스며 아시아에서 전화가 계속 걸려왔다. 학자의 길을 넘어 평화의 시대를 도래시키고자 열정을 불태워온 그였기에, 대화 속에서도 그 에너지가 화염처럼 퍼져 나왔다.

...

맨해튼에도 봄이 왔습니다. 노란 튤립이 나왔더군요. '오큐파이 운동'에 다시 나서기 좋은 계절이 됐습니다.

네, 이미 그들은 점령하러 나섰죠.

서부 캘리포니아에서는 교육예산 삭감과 등록금 인상 등의 현안을 둘러싸고 '의사당을 점령하라 Occupy the Capitol' 운동이 벌어지고 있습니다.

하지만 불행하게도 여러 주의회에서 지금보다 더 강도 높게 오큐파이어 occupier 들을 억압할 수 있는 법안이 발의되고 있습니다. 자유발언을 허락하지 않으려는 겁니다. 참 옳지 않은 법안인데, 곧 이에 대한 소송이 이뤄지겠죠. 저는 이제 오큐파이 운동을 미디어 쪽으로 더욱 활발히 전개해나가길 바랍니다. 물론 가능한 한 많은 사람들이 두 발로 거리를 점령하기도 해야죠. 오큐파이어들이 그렇게 하리라 저는 확신합니다.

그리고 강조하고 싶은 당부는 선거를 염두에 두라는 겁니다. 지난 2000년에 우리가 랠프 네이더 Ralph Nader 와 했던 행동을 반복하지 말기를 당부합니다. 그때 우리는 공화당과 민주당 모두 옳지 않으니 투표를 거부하고 제3의 당으로 가자는 바람을 일으켰습니다. 덜 나쁜 악마들에게 더 이상 기대할 것이 없으니 새로운 길로 향하자고 했죠. 그런데 결과적으로는 정말이지 원치 않던 상황을 맞이했습니다.

당시 녹색당 후보로 출마한 랠프 네이더가 예상보다 많은 표를 얻었습니다. 저도 그때 그의 정책을 투표권이 있는 가족들에게 읽어줬는데, 반응이 꽤 좋았고 민주당에 투표하려던 생각이 녹색당으로 옮겨 가는 모습을 보았습니다. 특히 교육, 세금 등 공공재를 강화하는 내용에 많이들 동의했다고 봅니다. 그런 데다 부통령 출신의 강력한 민주당 후보인 앨 고어 Al Gore 가 당연히 당선되리라 믿는 마음에 제3의 후보에게 표를 던지는 경향이 캘리포니아에서는 많이 보였습니다.

결국 부시 George W. Bush 가 당선됐죠. 이런 일은 과거에도 벌어졌습니다. 1932년 독일에서 사회주의 정당이 선거를 보이콧하며 "저들은 모두 나쁘다. 우리는 절대 투표하지 않을 것이다"라고 선언했어요. 그들의 행동은 결과적으로 파시즘을 용인하고 히틀러를 불러들였습니다. 자, 아버지 부시의 행동으로 돌아가봅시다. 그는 미국을 만

신창이로 만들었습니다. 그다음에 등장한 클린턴은 그럭저럭 타당한 방향으로 흘러갔지만, 당시 그 두 정권이 다를 바가 없다는 급진적인 비판이 강하게 일어났죠.

흔히 냉소적으로 '둘 중 좀 덜 나쁜 악마', 즉 '차악次惡, lesser evil'이라는 말을 쓰죠. 우리는 선거에 뛰어들어 이 둘의 악마성을 밝히며 사회를 더 나은 쪽으로 변화시켜야 합니다. 선거를 포기하면서 그 공간을 그저 폭로의 공간만으로 활용하자고 해서는 안 됩니다. 이는 권력의 키를 최악의 인간들에게 내주는 겁니다. 우리는 덜 나쁜 악마들에게 관심을 두지 않으며, 완전히 새로운 것을 원한다고 말하면서 이상주의자가 되는 것은 좋지 않아요. 이는 롬니 같은 이들의 실체와 또 그네들이 주장하는 경제정책의 파괴성, 그리고 군대에 대한 멍청한 자세를 분별력 있게 보려 하지 않는 태도예요. 차이점을 살펴봐야 합니다.

사회를 변화시키려 할 때 그 기준을 어떤 계층에게 이롭도록 맞출 것인지를 둘러싸고 이른바 당파성에 따른 견해차가 생기죠. 자유주의 정부보다 오히려 보수 정부 아래서 권력의 속성을 더 절실히 느낌으로써 더 많은 사람들이 깨달음을 얻게 될 것이라는 입장도 존재하니까요.

존경받는 활동가들이 견인해서 더 나은 방향으로 변화시킬 수 있는 가능성이 그래도 남아 있는 정치세력에게 비판의 날을 세운다는 말인데요. 그럼으로써 국민들에게는 이 세상을 진정으로 바꿀 수 있는 세력은 정치인이 아니라 우리 스스로라는 자각을 갖도록 한다는 말이죠? 그 활동가들은 이런 행동이 세상에 대한 다수 대중들의 자각을 불러일으킨다고 주장하지만, 저는 동의하지 않습니다. 그러면 결국 우리에게 돌아오는 것은 히틀러니까요. 아들 조지 W. 부시의 경우, 결코 공정하게 선거에서 이겨본 적이 없습니다.

사실 2000년에 고어와 대결했을 당시, 실제 득표수는 고어가 50만 표 앞섰죠. 미국의 선거제도는 참 이해하기 어렵다는 생각이 들었습니다.

네, 미국 사람들은 자기들이 두 번씩 부시를 선출했다고 생각하지만, 이는 진실이 아닙니다. 그는 두 번 다 훔쳤습니다. 타락한 선거였어요. 지미 카터Jimmy Carter(미국 39대 대통령)가 말하길, 자기는 부시가 이긴 그 두 선거 가운데 결코 어느 것도 인정할 수 없다고 했습니다. 미디어는 당시에 흘러나온 정보와 사실들이 세상에 알려지는 것을 막았습니다. 미국에서 사용된 투표 기계는 너무나 심각하게 타락했습니다. 그렇기 때문에 오큐파이 운동에 나선 사람들이 이제 선거를 깨끗하게 지키는 데 앞장서고, 정치적 부정에 시민을 연루시키는 것을 멈추도록 법제화하는 데 참여해야 합니다.

지난 10년의 시간을 돌아보면, 세계화의 물결 속에서 우경화가 만연했습니다. 미국의 민주당도 예전보다 더 우경화됐고요. 공화당과 민주당이 주도하는 양당 체제가 굳건해질수록 더 많은 민주당 의원들이 과거 공화당 내 자유주의적 성향의 의원들과 같은 목소리를 내고 있죠. 지지층 유지와 안정을 추구하는 바람에, 결과적으로 의회 내에서 가난하고 불안정한 이들을 대변해줄 세력이 위축됐다고 봅니다.

우리 모두는 사실 자유주의적 정책을 내세운 오바마가 선출됐을 때, 더욱 공격적으로 오큐파이 운동을 일으켰어야 합니다. 오바마와 자유주의자들이 2010년 선거에서 하원을 잃기 전인 2009년에 오큐파이 운동이 시작됐다면 정책적인 결과물들을 이끌어낼 수 있었겠죠. 하원을 잃음으로써 정말 재앙을 맞게 됐으니까요. 그렇기 때문에 덜 나쁜 악마가 중요한 겁니다. 덜 사악한 악마를 유지시키고, 그 악마가 존재할 때 체제 속으로 참여하는 오큐파이 운동을 해야죠.

2009년 오바마 행정부의 의료보험 개정안에 반발하며 거리에 나선 보수진영의 티 파티Tea Party 운동이 사회의 전반적인 우경화에 힘을 실어줬습니다. 경제 침체의 원인이 마치 분수도 모른 채 집을 사고 투자에 나선 서민에게 있는 것처럼 주장해서 움츠러들게 했죠. 부잣집 마당에 꽂힌 "의료보험법 개정은 전쟁이다"라는 팻말을 기억합니다.

저는 오큐파이 운동가들이 가난한 사람들, 가진 것 없는 사람들이 투표하러 움직이게 노력해주길 바랍니다. 미국 정부 속에 아주 미약하게나마 있는 사회주의적 요소인 사회보장을 제거하려는 아주 나쁜 악마를 쫓아내도록 투표를 독려해야 해요. 그다음 오바마가 정책을 왼쪽으로 옮겨 가도록 계속해서 더욱 압박하고 몰아붙일 수 있게 더 많은 곳에서 더 많은 군중이 거리로 나와 행동해야 합니다. 지금 매우 위험한 아이디어들이 현실로 이어지고 있습니다. 주지사가 공화당 소속이거나 의회를 공화당원이 장악한 약 30개 주에서 가난한 사람들과 흑인들이 투표를 못하도록 유도하는 법을 통과시키고 있습니다. 그들은 저소득층 2000만 명이 투표할 수 없도록 하겠다는 목표를 세우고, 이전보다 투표자 확인 절차를 강화했어요. 사진이 붙은 정부 발행 증명서만 허용하도록 기존의 투표 체계를 까다롭게 바꾸고 있습니다.

실제 그 집에 거주하는지 증명하기 위해 몇 달치 쓰레기 수거 영수증을 보이도록 하는 등 여러 법안들이 나온 것으로 압니다. 기존 제도에서는 투표에 참여할 수 있던 인구의 11퍼센트인 2100만 명이 정부 발행 증명서가 없는 것으로 추정되더군요. 그럼 결국 그들은 투표를 못하게 되는데, 대부분 저소득층과 노년층이었어요. 그리고 투표 당일 이른 아침이 가장 번잡한 시간인데, 어떤 곳에서는 오전에 일찍 투표할 수 있는 제도를 없앰으로써 출근 전 투표를 어렵게 하고, 투표하는 데 사인을 하는 등의 과정을 추가하여 유권자들이 오래 기다리다 늦어서 투표를 못하도록 유도한다는 보도를 접했습니다.

그래서 오큐파이어들은 이 가난한 사람, 나이 든 사람, 흑인들이 투표권을 잃지 않도록 눈을 돌려야 합니다. 부자나 중간계급만이 투표에 참여하는 조건이 형성된다면 오바마의 재선이 위태로워지고 더 큰 재앙이 닥쳐올 겁니다. 오큐파이어들은 정치적으로 참여하고, 선거 속에서 힘을 결집하며, 거리를 점령해 오바마가 정유회사들에게 보조금을 지급하는 것 등을 멈추도록 해야 합니다. 교육 프로그램과 사회보장 프로그램을 강화하고 공익사업을 시작하도록 만들고, 사회기반시설을 복구하고 고용을 창출하도록 강제해야 해요.
현재 미국의 사회기반시설은 엉망이 되어버렸습니다. 이러한 진보적 사업을 펼치도록 우리의 발을 거리에 놓아두고 좌파적 혁신을

로버트 서먼

위해 노력해야 합니다. 뉴딜 정책 같은 제도의 정비를 이끌어내야 합니다.

현재의 경제위기 속에서 여러 경제학자뿐 아니라 한국의 정치권도 뉴딜 정책을 주목하고 있습니다. 1930년대 대공황의 주요 원인이 1920년대의 과소비가 아니라, 극소수의 최상위 부유층이 방대한 이윤을 가져가면서 대다수 국민들의 구매력을 흡수한 것이 진짜 문제라는 지적이 당시 있었습니다. 그때 경제 개혁을 추진했던 메리너 에클스Marriner Eccles의 분석이죠. 현재 우리 99퍼센트의 어려움도 1퍼센트의 탐욕에서 온 것이며, 결국 반복된 위기라는 지적을 로버트 라이시Robert Reich가 하고 있습니다. 더불어 로버트 실러Robert Shiller나 즈지 애컬로프George Akerlof 같은 경제학자들은 그때 루스벨트 정부가 금융과 은행 부문을 규제하기 위해 증권거래위원회, 연방예금보험공사 등의 기관을 만든 덕분에 70년 동안 안전망의 혜택을 받았다고 평가합니다.

하지만 이런 규제가 생겨도 자본의 이윤추구 방식 또한 진화해온 탓에, 대다수 국민들이 사기를 당하는 줄 모르고 손해를 보고 있습니다. 미국의 대표적인 예는 엔론Enron 사태와 서브프라임 모기지 사태죠. 후자의 경우, 집을 살 수 없는 신용 상태인 고객에게 은행은 조각조각 나눠서 대출을 가능하게 만들어주고 그 이자를 받았습니다. 그런데 이자가 오르고 부동산 가치가 하락하는 바람에, 결국 부실대출자는 집은 물론 그동안 부은 대출이자까지 날리고 신용불량자가 됐습니다. 하지만 은행은 세금으로 구제를 받았죠. 그 세금 또한 국민에게서 나온 겁니다. 이렇게 더욱 영리해진 자본에 대응하려면 신자유주의 정책 때문에 풀어졌던 규제들을 다시 정비해야 한다는, 뉴딜 정신에 입각한 대안들이 한국에서도 적극적으로 나오는 것이죠.

2011년 12월 23일 월스트리트의 봉쇄된 주코티 공원 앞에서 시위하는 예비역 군인. 그가 든 푯말에는 "미국을 이해하기 위해 기업의 탐욕에 관한 무료 영화 〈인사이드 잡(Inside Job, 내부자 거래)〉을 보자"라고 적혀 있다. 그리고 군인 뒤쪽의 공터에서는 시위자들이 참선을 하며 그들 안팎에 있는 평화와 분노의 기운을 하나로 녹여갔다. 아직 이곳 월스트리트에는 그때의 평화로운 시위대들의 함성이 여운처럼 맴돌고 있다.

기업의 힘과 정부의 힘(행정력)이 하나가 되는 상태가 바로 무솔리니식의 파시즘입니다. 그럴 때 사람들은 기댈 곳이 없어집니다. 파시즘이 완전히 자리 잡히면 선거는 허구가 되죠. 파시스트들에겐 집권 후 전쟁을 일으키는 것이 당연한 코스입니다. 이런 과정에서 기업과 정권은 한통속이 되어 함께하죠. 로비스트들의 목소리가 들끓고, 기업은 돈을 쓰며 압력을 행사하고, 정치인은 선출을 위한 자금을 받고, 이런 식으로 기업가들이 행정부에 손을 뻗칩니다. 이것이 바로 민주주의를 잃은 현대의 파시즘입니다. 우리는 금세기에 파시스트들에게 민주주의를 박탈당했습니다.

미국을 일컬어 신제국주의 국가라고도 합니다.

저는 제국주의라는 말에 그리 열광하지 않습니다. 거대 제국은 영국으로 끝났습니다. 미국의 경우, 제 견해로는 제국주의라 단언하기에는 좀 복잡합니다. 미국은 양날의 검입니다. 자유에 대한 진정한 공감이 있죠. 놈 촘스키 선생이 미 제국주의라고 이야기하는데, 그래도 MIT 교수직을 유지했고 총을 맞거나 체포되지도 않았습니다. 만약 그가 중국에 있었다면 어땠을까요? 류샤오보劉曉波*는 노벨평화상을 받아야 할 때 감옥에 있었죠. 그러니까 전체적인 의미에서 보면 제국주의라는 말이 미국한테는 좀 억울할 수도 있어요. 그렇지만 미국의 다른 한쪽 칼날은 과거의 대영제국처럼 행동한다

● 　중국의 인권운동가. 반체제 운동 및 민주화운동을 이끈 주역으로 평가받는다. 2010년 노벨 평화상을 받았으며 2년이 지난 2012년 현재까지 수감돼 있다.

는 겁니다. 그래서 미국 내에서 이 제국주의적인 행동에 반대하는 투쟁이 벌어지는 거죠. 하지만 미국은 제국주의로 한 번도 이익을 얻지 못했어요. 딕 체니Dick Cheney의 뉴 밀레니엄 정복이라는 터무니없는 허영 때문에 제국이 망하고 있죠. 이는 진정한 제국주의라고 할 수 없습니다. 진정한 제국주의라면 영국이 19세기에 부강했던 것처럼 더 크게 일어나야지 이렇게 파산해서는 안 되죠. 이라크 침공에서도 석유 영업점 하나 얻지 못하고 그 전쟁에 1조 달러를 탕진했습니다. 그러자 다시 이란으로 방향을 돌려 쿠르드족을 지원하고 있습니다. 하지만 불행히도 수니파(쿠르드족)와 시아파(이란 정부)는 결국 내전을 벌일 겁니다. 그렇게 되면 제국주의적 계산으로 미국은 헛돈 쓰고 망하는 셈이에요.

미국은 해방에 대한 일종의 감상을 갖고 있는데, 영국 제국주의에 저항했던 역사, 또 윌리엄 매킨리William McKinley와 시어도어 루스벨트Theodore Roosevelt 시절에 스페인에 대항하여 쿠바, 필리핀 사람들이 해방되도록 노력했던 과거 때문입니다. 물론 그러고 나서 미국식 제국의 야심을 펼치기도 했죠. 이 두 가지가 혼합된 것이 미국식 제국주의예요. 그렇기 때문에 다른 진정한 제국주의들이 얻었던 효과를 누릴 수가 없었던 겁니다. 미국이 지금 우리 눈앞에서 파산하고 있잖아요.

오늘날 제국의 주인은 자본인데, 그 주인만큼은 더 강성해 보입니다.

지금은 글로벌 테크놀로지컬 제국주의입니다. 군산복합체가 나라에 충성을 바친다는 것은 거짓 사탕발림이고, 오히려 미국 정부가

로버트 서먼

기업의 오너가 원한다면 자신의 날개도 꺾어버릴 준비를 하고 있습니다. 이는 비단 미국 한 곳에만 해당하는 것이 아닌 글로벌 기업 제국주의입니다. 이 제국주의는 지구의 자원을 다 벗겨내면서 엘리트 억만장자를 더욱 부유하게 키워냅니다.

그들은 지구적이고, 어느 한 나라에 대한 충성심이 없습니다. 오직 그들의 중역에게만 충성할 따름이며 심지어 그들의 주주도 더 이상 살피지 않아요. 주주의 가치를 파멸시키고, 회사를 문 닫게 하는 등의 묘수를 전혀 꺼리지 않습니다. 자신들의 재산을 비축하기 위해 주주의 가치를 파괴하고 섬에 들어가 숨는 일을 정당하다고 여기는 겁니다. 그러므로 제국주의를 용인하는 것은 우리가 스스로 파산하겠다는 처방입니다.

그리고 우리는 매우 이상한 역사의 마지막 순간에 와 있습니다. 후쿠시마(원전 사고)가 써나가는 것도 이 역사의 마지막에 대한 슬픈 이야기입니다. 다행히 이제는 그 논리를 읽어내는 이들이 많아졌습니다. 지금 이 한 역사를 마무리하는 순간 속에서 우리와 함께하는 이들이 있는데, 바로 내면의 혁명을 수련하는 사람들입니다.

이들은 이상한 제국주의가 흘러가는 흐름을 읽고 있습니다. 정보와 기술 덕분에 가능해졌죠. 조너선 셸 Jonathan Schell●의 《정복할 수 없는 세계 The Unconquerable World》를 읽어보세요. '인간의 비폭력과 의지'가 살아나면 제국주의가 막을 내리고 전쟁의 가능성이 없는 세상이 열린다는 그의 깨달음이 적혀 있습니다. 현재 기업들은 사병과 용병을

● 미국의 저술가. 핵군축 전문가이며, 예일 대학교 세계화연구센터 교수다. 오바마의 핵정책을 비판하고 월스트리트 '오큐파이 운동'에도 참여한 진보적 지식인으로, 1982년 발표한 베스트셀러 《지구의 운명》으로 퓰리처상 후보에 오르기도 했다.

보유하고 있으며, 정부를 자신들의 사적 자산으로 만들려 하고 있죠. 심지어 미국을 사적 자산으로 삼을 수도 있기 때문에 위험합니다. 그러면 세계인에게 가장 위험한 최악의 적이 바로 미국이 되는 거죠. 하지만 그 의도가 이제 세상에 드러났습니다.

그래서 일어난 것이 오큐파이 운동이겠죠.

글로벌 테크놀로지컬 제국주의는, 우리가 그 의도를 알고 있으며, 우리 다수가 그들에게 가장 무서운 적으로 일어나고 있기 때문에 실패하게 될 겁니다. 우리가 사는 이 지구라는 행성도 스스로 온난화, 기상이변이라는 증세를 일으키며 대항하고 있잖아요? 제가 보건대, 이제 곧 다가올 미래에는 진정으로 정부나 기업에 복종하는 사람은 줄어들고, 우리는 완전히 새로운 시대를 맞이할 겁니다. 그렇기 때문에 우리는 각자 발 딛고 있는 지역에서부터 해방을 일궈내야 합니다. 베이징을 점령하고, 바그다드를 점령하고, 모스크바를 점령해야 합니다.

선생께서는 2011년 10월 13일 오큐파이 운동의 진원지인 월스트리트 주코티 공원에서 대중연설을 했습니다. 그때 거리를 점령하는 무리를 향해 "그대들은 쿨 히어로cool hero, 시대가 요구하는 차가운 영웅들입니다"라고 칭송했는데, 무슨 의미인가요?

'쿨cool'은 비폭력을 가리킵니다. 차가운 영웅들은 단호하고 지성적이며 통찰력 있게 자신의 주장을 소리 높여 분명히 드러내지만 증

로버트 서먼

오나 분노에 휩싸여 있지 않은 이들이죠. 오늘날 우리에겐 이런 차가운 영웅들이 필요합니다. '뜨거운 영웅hot hero'은 시대의 발전을 이끌 수 없습니다. 그날 월스트리트를 지배하던 우리는 미소를 띠며 흥겨워했고, 억압을 가하는 이들보다 훨씬 행복해했어요. 혁명의 마지막 완성은 흥겹고 비폭력적이며 단호하게 이뤄내야 합니다. 간디가 "평화를 향한 길은 평화로워야 한다"고 했듯이, 폭력은 결코 평화의 길이 될 수 없습니다. 예수님은 "원수를 사랑하라"고 했죠. 부처님은 "증오로써 증오를 멈출 수 없으며, 오직 용서와 사랑만이 증오를 멈출 수 있다"고 했습니다.

지구는 동서를 막론하고 군산복합체들에 의해 심각한 위기에 놓여 있습니다. 조직적인 산업의 탐욕은 하이테크 파워로 무장되어 지구가 감당할 수 없을 정도로 팽창하고, 그 탐욕의 기술적 확장으로 인해 오염, 온난화, 인구과잉이 진행됩니다.

게다가 그 안에 있는 우리는 증오에 사로잡혀 있죠. 증오는 탐욕과 함께합니다. 욕심 많은 이들은 또 다른 욕심쟁이를 미워하고, 빼앗으려 달려들죠. 이 탐욕과 증오를 다스려야 하는데, 그러려면 먼저 각자의 내면에 있는 탐욕과 증오부터 조절해야 합니다. 은행과 자본가들이 아무리 못되게 굴더라도 우리 안에 있는 분노를 그들이 떠안을 이유는 없습니다.

우리의 분노를 나누는 것이 아니라, 그들이 독점했던 이윤을 나누고 우리의 노동을 희생시키지 말라는 이성적 요구를 나누자는 뜻으로 이해됩니다. 하지만 분노는 투쟁에 나서도록 용기를 주는 강력한 힘이기도 합니다. 각성의 표출이기도 하죠. 분노하지 않는 것은 깨닫지 못했기 때문이기도 하니까요.

그 화는 곧장 비폭력이 되어야만 합니다. 그 화에서 벗어나는 길은 바로 사람을 사랑하는 마음으로 바꿔내는 겁니다. 심지어 부자들까지 포용해서요. 그들도 고통스럽습니다. 어느 순간에는 운이 좋아 보이지만, 긴 시간 속에서는 그렇지 않아요. 너무나 많은 사람들의 몫을 빼앗았기 때문에 강박관념에 짓눌려 불행하죠. 월스트리트 빌딩 꼭대기에서 오큐파이 운동에 나선 이들을 바라보며 공포에 떨고, 경찰을 불러 호위하게 하는 그들이야말로 우리가 연민과 자비를 베풀 대상입니다. 그들은 경영대학원을 거치면서 자기 내면에 관심을 쏟는 시간을 가져보지 못했어요. 저는 감정을 조절하는 훈련과 진정한 만족을 배양하는 명상을 익히는 과정을 경영대학원 코스에 넣어야 한다고 주장합니다. 그래야 가장 중요한 질문인 "나는 진정으로 행복한가?"에 대한 답을 그들도 찾아갈 수 있어요. 거리에 나와 있는 밝은 우리가 분노가 아닌 차분한 이성으로 다가가 함께 현실을 들여다보도록 그들의 세상까지 깨우는 겁니다.

자기 존재에 대한 각성을 통해 세상의 그물코에 매달린 개개인들이 함께 깨달아가는 것이, 바로 선생께서 주장해온 '차가운 혁명cool revolution**' 이군요.**

군중이 분노를 품고 거리로 쏟아져 나오는 '뜨거운 혁명hot revolution'의 순간이 우리에겐 새로운 시대를 여는 기회이고 숙성될 준비를 하는 시간인데, 그 기운을 한 번 더 승화시키자는 거죠. 100년 전에도 거리에 사람들의 물결이 넘쳤어요. 당시에도 부자들은 통제가 불가능하고, 돈이 특정 권력으로 집중됐죠. 카네기, 록펠러 같은 미국의 노상강도 귀족robber baron(19세기 후반의 악덕 자본가), 그리고 러시아의 차르는 사람들을 노예로 만들고 싶어 했습니다. 그에 대항하는 공산주의 혁명이 일어나 세상이 바뀌었는데, 다시 마오쩌둥, 레닌, 스탈린 등은 폭력과 거대한 수용소 시스템을 통해 대중을 억압했습니다. 반대 세력을 가두는 집단수용소 시스템Gulag은 나라 전체를 노예화하는 겁니다.

이런 뜨거운 혁명은 평화적이지 않기에 실패를 반복합니다. 그래서 뜨거운 혁명에 뒤이어 도래한 시대는 그 기능을 제대로 할 수가 없었습니다. 우리는 지금까지 폭력적 제국주의가 헛된 결과를 낳는 것을 봐왔잖아요! 결코 성공할 수 없어요. 러시아는 아프가니스탄을 점령하지 못했고, 미국은 베트남과 이라크를 손에 넣지 못했습니다. 이제 다시는 그 어떤 사람도 다른 사람을 지배할 수 없는 시대가 됐습니다. 지금은 정보가 공유되고, 사람들이 그 시스템을 꿰뚫어보기 시작했기 때문에 가만있지 않습니다. '아랍의 봄' 역시 그런 기운이 무르익어 일어난 폭력에 대한 항거입니다.

현재 오큐파이 운동은 지역 현안 같은 생활 속 문제로 파고들면서 전 세계적인 연대를 하고 있습니다. 여기에 중국에 대항하는 티베트인들의 분신 행렬까지 더해졌습니다.

자살폭탄 테러가 정의로운 희생으로 보여도 이는 옳지 않은 행동입니다. 왜냐하면 다른 사람에게 해를 입히기 때문이에요. 그래서 도덕적으로 힘을 얻지 못합니다. 타인을 해치는 부수적인 피해를 낳는 것이 테러리즘이죠. 위력을 갖는 단 한 가지는 자기희생입니다. 이 일을 하는 사람들은 오직 티베트인들뿐이에요. 지금까지 30명이

로버트 서먼

자기 몸에 불을 질러 분신했습니다. 그들은 차가운 영웅들입니다. 차가운 혁명을 위해 스스로의 몸을 뜨겁게 달군 사람들이죠. 중국은 그들을 테러리스트라고 선전하지만, 아닙니다. 그들은 타인에게 폭력이나 능욕을 당하느니 자신의 삶을 내놓기로 결정하고 스스로에게 불을 붙였어요.

중국 공산주의자들이 노예로 만들어 부역시키고 채찍을 날리려 할 때 이렇게 말하는 겁니다. "나는 복종하지 않을 것이다. 나는 너를 해치고 싶지 않기에 차라리 내 몸을 없애겠다." 그들은 스스로에게 불을 그었고 다른 누구도 해치지 않았어요. 최후의 선언입니다.

폭력과 억압의 순환을 끊어낸 것이군요. 더 이상 억압적 조건이 반복되지 않도록 단절시킨 결정이네요.

맞아요. 이 상호 폭력의 시스템 속에서 더 이상 살지 않겠다는 겁니다. 이는 잠재심리적 폭력의 패턴을 완전히 제압하는 겁니다. 중국 공산당은 자신들이 폭력을 행사한다는 것을 느낄 수밖에 없을 겁니다. 그리고 지배해야 할 상대가 사라져버리면 결코 지배할 수 없기에 멈출 수밖에 없습니다. 분노에 분노로 대응하거나 굴종으로 반응해야 하는데, 이 작용이 이어질 조건이 파괴되는 것이죠. 그렇기 때문에 강력한 저항입니다. 이는 비폭력과 맞닿아 있습니다. 우리 스스로의 분노와 탐욕을 제거하고 바꾸어낼 때, 거대한 힘을 가진 분노와 탐욕도 우리에게 작용하지 못하게 됩니다.

지난 월스트리트 오큐파이 운동 속에서 '오큐파이 삼사라 Occupy Samsara'라는 연합체가 미국과 캐나다를 중심으로 결성됐습니다. 그때 주코티 공원에서 매일 오전 같은 시간에 오큐파이 삼사라가 명상 시간을 주도했습니다. 처음에는 네 명으로 시작했는데 순식간에 100명이 넘는 사람들이 찾아와 부채꼴로 자리를 메우며 명상을 했죠.

'삼사라(윤회)를 점령한다', 그건 니르바나잖아요?

네, 열반이죠. 번뇌를 벗어난 고요한 적정寂靜의 세계요.

아주 좋아요. 그런데 아세요? 명상이 곧 불교는 아닙니다. 불교가 명상을 사용하는 거죠. 군대도 명상을 사용합니다. 신병훈련소에서 선임들은 신병을 마구 두들겨 패고, 신병은 점차 그 폭력에 무뎌지면서 잔인해집니다. 증오와 폭력을 명상하는 거죠. 닭의 목을 따는 것을 무서워하는 보통 사람이 신병훈련소에서 증오와 폭력을 명상하고 나면 사람도 죽일 수 있도록 바뀌어버립니다. 그래서 명상은 그 뜻이 바른 곳을 향해야 하죠. 우리는 세상의 본성을 이해해야 합니다. 그럼으로써 옳지 않은 일을 바꿔낼 수 있는 능력을 갖춰야 하고요.

오큐파이 삼사라 그룹의 활동가들은 많은 주의·주장이 제기되고 토론과 연설이 이어지는 그 거리에서 단 한 시간만이라도 자리를 틀고 앉아 침묵하자고 제의했습니다. 그렇게 명상하고 난 다음, 각자의 오큐파이 활동 자리로 돌아가 행동했고요. 그들 말로는, 세상에 대한 분노를 품은 자신이 오히려 자기 생각이라는 아집에 갇혀 있음을 보았다고 합니다. 내면의 화나 주장을 객관화하여 바라보고 난 다음에

로버트 서먼

세상을 접하니 문제의 핵심이 훨씬 선명하게 드러나 희망을 품게 되었다고 했어요. 거리에서 생활하면서 활동가들 사이에 생기는 감정적 피로라든가 그 과정에서 나옴 직한 갈등도 줄고, 분노의 대상이 개인이 아닌 구조임을 잊지 않게 됐다고 했습니다.

티베트인은 고대에 대단히 공격적인 민족이었는데, 불교가 문화에 완전히 스며들면서 개방적으로 변하고 비무장 상태가 됐죠. 인도는 불교가 융성했을 때도 결코 그런 상태에 도달하지 못했지만, 티베트는 300년 전에 비무장이 됐습니다. 그곳에는 경찰도 군인도 없었습니다. 중국이 점령하기 전에는 굉장히 평등한 사회였어요. 권력자가 가진 것이 고작해야 가장 가난한 사람의 50배 정도였으니까요. 지금의 미국처럼 2000배가 아닙니다. 티베트가 지금까지 봉건사회라는 말도 있는데, 이는 중국 공산당의 가짜 선전·선동입니다. 티베트 사람들은 유목민의 정신적인 자유를 아직도 갖고 있어요. 티베트 사람들은 서로서로 정신적으로 매우 긴밀하게 연결되어 있습니다. 서로의 깊은 심성을 들여다보는 발달된 정신문화를 갖추고 있어요. 그리고 여성들이 남편을 한 명 이상 둘 수 있을 정도로 다른 문화에 비해 상대적으로 아주 느슨한 편이죠. 국민의 20퍼센트가 수도승입니다. 여느 나라의 군대보다 많은 숫자예요. 이들은 산업화를 반대합니다. 소비지상주의, 군국주의에 반대합니다. 역사상 최악의 제국주의자였던 몽골 사람들이 평화를 찾도록 도우기도 했습니다.
이들의 삶에서 우리는 대안을 찾을 수 있습니다. 소비주의, 제국주의, 산업화의 물결을 멈추는 겁니다. 이 요소들이 지구의 기후를 교란하고, 바다, 흙, 강을 오염시키고, 모두의 삶의 근간을 파괴하고, 전쟁까지 일으킵니다. 달라이 라마는 산업화와 책략이 사람들을 더 행복하게 만들지 않는다는 답을 이미 내놓았습니다. 우리는 삶의 태도를 바꿔야 합니다. 이제는 수돗물이 콸콸 나오니 우물까지 찾아갈 일은 없어졌지만, 대신 우울증 약인 프로작 없이는 못 사는 사람들이 늘었습니다. 스스로 중심을 잡고 사는 것이 무엇인지조차 모른 채 휘둘리고 있기 때문이죠.

정부가 군국주의화를 멈추도록 대중이 나서고, 기업이 노동자를 염두에 두도록 노동자의 자리를 대중이 함께 지켜내야 합니다. 착취의 비즈니스를 멈추게 할 사회 시스템을 구성원들이 하나씩 작동시켜야 합니다. 도심의 슬럼slum(가난한 사람들이 모여 사는 지역)에서 벗어나 농촌으로 돌아가서 작은 농장에서 사람의 노동으로 곡식이 익어가는 자연의 법칙을 회복시켜야 합니다.

오늘날 우리는 지속 가능한 다른 종류의 혁명을 찾아야 합니다. 바로 앎의 혁명이며 지식의 혁명인 차가운 혁명입니다. 깨달음의 혁명이고, 혁명을 깨우는 겁니다. 그 핵심은 여성이 해방되는 겁니다. 여성이야말로 차가운 영웅들이니까요.

마침 오늘이 '국제 여성의 날'입니다. 지난 2009년 노벨 평화상 수상자들이 대거 참석한 '밴쿠버 평화회의'에서 달라이 라마께서 하신 말씀이 생각납니다. 다음 생에 다시 인간으로 태어날 수 있다면 반드시 여성으로 태어나겠다고 했죠.

네, 인류의 반을 차지하는 여성은 남성에게 억압과 폭행을 당해온 시절에도 먹이를 찾아 아이를 양육하며 가정을 이끌고 삶을 이어오

ⓒ Velcrow Ripper

2011년 10월 13일 월스트리트 주코티 공원에 나와 오큐파이 운동에 나선 군중에게 연설하는 로버트 서먼 교수. 유튜브와 신문, 잡지 등을 통해 퍼진 그의 연설 전문은 운동가들에게 힘을 주었다. 그는 금융회사 꼭대기에 앉은 채 두려움에 떨고 있는 1퍼센트들에게도 우리의 연민을 보내야 한다고 설파했다. 더불어 그 자리에 있는 모두는 새로운 세대를 위한 '차가운 혁명(cool revolution)'을 이끄는 '차가운 영웅들(cool heroes)'이라고 명명했다.

면서 평화를 지킨 중심이었습니다. 평화를 지키려는 본성을 아직도 더 많이 가진 존재가 여성이죠. 그 여성이 남성에게 군국주의적·산업적 탐욕을 멈추라고 명령해야 할 시기가 왔습니다. 수천 년을 이어온 여성의 평화 찾기 노력이 곧 차가운 혁명과 연결됩니다. 정보와 지식을 공유하는 가운데 앎의 혁명, 지식의 혁명인 차가운 혁명의 열매가 익어가고 있고, 지금부터 100년이 걸릴지, 50년이 걸릴지, 5년이 걸릴지 모르겠지만…… 나는 그 기운이 오고 있는 것을 느낍니다.

2012년에 한국은 국회의원 선거와 대통령 선거를 치르게 되는데, 여당의 대표적인 리더가 여성이기도 합니다. 여성들은 같은 여성을 지원해야 할까요?

의회에 얼마나 많은 여성이 있습니까? 아마 많지는 않겠죠. 저는 여성은 여성을 지원해야 한다고 생각해요. 더 정확히 말하면, 여성의 품성을 가진 지도자를요. 미국의 부통령 후보였던 세라 페일린Sarah Palin은 아름답지만 남성적입니다. 사슴을 총으로 쏴 죽이고 남자처럼 행동하고 있어요. 여성이라는 상징은 공격성이 남성보다 덜하다는 의미죠. 여성은 어린아이와 젊은이에게도 남성보다 더 세심하게 대하고 긴밀한 관계를 맺죠.

남자들은 많은 경우 매우 고립되어 있습니다. 외골수죠. 또한 폭력적이기 때문에 전쟁을 벌여왔어요. 지금까지 너무 많았죠. 미국 육군사관학교에서 지금도 읽히는 유명한 전쟁 서적에는, 전쟁의 사상자 중 95퍼센트가 군인이라고 적혀 있습니다. 하지만 오늘날의 전쟁은 사상자의 95퍼센트가 시민들입니다. 폭탄에 실제로 희생되는 사람들은 할머니와 어린이예요.
미군은 이라크의 아주 못사는 동네에 폭탄을 터뜨렸습니다. 그런 다음 그곳에 들어가 행진하고 다음 지역으로 떠났죠. 가지고 나온 것은 아무것도 없었습니다. 오히려 미국을 증오하는 적들만 남겨둔 거죠.
전쟁으로 해결되는 일은 없습니다. 핵무기를 가져도 사용할 수가 없죠. 왜냐하면 그 누구도 승리할 수 없기 때문입니다. 양쪽 다 파멸하죠. 이렇게 극단으로 치달으면 결국 전쟁을 멈출 수밖에 없게 됩니다. 이것이 전쟁이 만들어내는 결말이며, 거대한 힘을 가진 그 어느 편도 상대를 무찌를 수 없다는 진실입니다.
자, 당신의 가정은 어떤가요? 아버지가 자제력을 잃을 때, 아들과 싸울 때, 형제들끼리 싸움이 날 때, 당신의 어머니는 평화를 만들기 위해 노력하던가요?

물론이죠.

당신은요, 평화를 만들려는 시도를 합니까?

네, 힘써 노력합니다.

어느 여성에게나 물어보세요. 그들은 가족과 함께할 끈을 계속 부여잡고 있다고 말할 겁니다. 남편이 전쟁터에서 총을 갖고 들어와 가족을 위협할지라도 자기 몸을 던져 지키려는 것이 우리 역사 속에서 반복되어온 여성의 모습이었고 모성이었습니다. 여성들이 차가운 영웅으로서 싸움과 폭력을 흡수하고 줄여왔습니다. 여성은 타인과의 관계를 생각할 수 있습니다. 진정 모든 것을 하고 있는 겁니다.

여성이 깨어나고, 어머니가 힘을 얻고, 생명의 논리가 지배하는 시대…… 그것이 평화로운 세상이군요. 네, 어머니가 보듬는 세상에서 그 어떤 억압이 있을 수 있을까요. 선생과의 대화 속에서 여성인 저 자신의 존재 가치가 너무도 귀함을 새삼 새겨봅니다. 더불어 이 순간 제 내면을 지배하는 것이 바로 세상을 지배하는 일의 시작임을 봅니다.

로버트 서먼

인터뷰 후기

세상이 평화로워지는 길

2011년 늦가을, 런던을 찾았던 사촌동생이 사진 몇 장을 보내줬다. 세인트 폴 대성당 앞, 오큐파이 런던 Occupy London 점거자들이 명상하는 텐트였다. 시위꾼들이 고요히 내면을 들여다보고자 할 때 찾던 성소다. 그때 오큐파이 런던의 사람들이 머물던 그 작은 해방 마을에는 여성과 아기를 위한 텐트, 어린이 놀이방, 도서관, 그리고 작은 호프집까지 생겨났다. 해거름 추위가 밀려들 때, 피아노 음악이 연주되는 선술집의 낭만이 온화한 에너지를 만들었다. 그들은 억압이 사라진 거리에서 잠시나마 평화로운 일상을 꾸리며 이렇게 아름다운 저항을 했다.
2011년 늦가을, 뉴욕 월스트리트 주코티 공원. 오전의 집회와 토론이 잦아든 광장의 늦은 아침이면 서너 명의 명상가들이 작은 종을 쳤다. 그리고 자리에 앉았다. 매일 같은 시각 광장의 맨 윗자리에서 행해지던 40분 명상이다. 하루하루 지날수록 그 명상 자리는 부채꼴처럼 퍼져갔다. 평균 100여 명의 오큐파이 월스트리트 활동가들이 그렇게 고요히 스스로를 들여다보며 세상과 더욱 유기적으로 연결되는 시간을 가졌다.
2011년 늦가을, 캘리포니아 주 오클랜드. 샌프란시스코와 버클리를 비롯한 북부 캘리포니아 사람들이 모여 '9분간의 침묵' 행사를 열었다. 1960년대 말 시인 게리 스나이더Gary Snyder를 비롯한 평화운동가들이 만든 조직인 불교평화협회에서 마련한 자리다. 3분은 우리의 과거를 돌아보며 현재의 상황을 이끈 배경과 작용은 무엇인지 살폈다. 그리고 3분은 침묵 속에서 마음을 내려놓고 휴식했다. 다시 3분은 비폭력 속에서 계속 운동을 이어갈 것을 염원했다. 광장에 앉아 있는 그들 머리 위로 종이학 1000마리가 바람 따라 염원을 퍼뜨리고 있었다.

그리고 2011년 12월 22일, 크리스마스를 앞둔 시민들이 분주히 오가던 월스트리트 거리. 그곳 주코티 공원 안에는 회색 콘크리트만이 가득했다. 간혹 관광객 몇 사람이 돌에 앉아 샌드위치를 먹고 일어났다. 공원엔 펜스가 쳐지고 입구에선 경찰이 경비를 섰다. 그런 경찰 옆에서 다시 시위대가 펜스를 따라 한 줄로 띠를 이루고서, 피켓을 들고 자체 제작한 신문을 나눠주며 시민들을 만나고 있었다. 한 단체의 활동가가 외쳤다. "오늘 우리는 자리를 옮겨 집회를 엽니다. 곧 장소가 나올 겁니다. 조금 기다려주십시오." 그리고 그 옆에는 백화점으로 아르바이트하러 나가는 산타인지 아니면 오큐파이 월스트리트 운동가인지 구분이 안 가는, 그저 붉은 옷에 수염을 단 커다란 아저씨가 시위자들과 허허롭게 담소를 나누고 있었다. 규모는 작아졌지만, 세계화에 대한 반대를 외치고 월스트리트의 욕심을 폭로하는 그들의 열정은 환한 미소와 함께 그대로 자리를 지키고 있었다.

모퉁이 너머, 차가 들어가지 못하게 통제된 월스트리트. 그곳에는 여러 기운이 혼돈스레 엉켜 있었다. 증권거래소를 배경 삼아 사진

을 찍는 관광객 무리, 바쁜 걸음에 냉기가 도는 증권맨들, 몽둥이를 차고 어슬렁 지나다니는 경찰, 주차된 경찰 오토바이들, 색다른 제복을 입은 기동대, 또 각 빌딩에서 근무하는 사설 경비원까지, 긴장과 유흥과 커다란 쇼핑백의 행진이 뒤섞여 있었다. 그래도 그 혼돈을 단단히 쥐고 있는 힘의 축이 있었으니, 부동산 거부인 도널드 트럼프의 빌딩 앞에 도열해 있는 기마경찰들이었다. 늠름한 기상이 솟구치는 듯했다. 사진 찍는 관광객에게 미소로 화답하기도 했지만, 그들의 위엄은 흐트러지지 않았다. 그러나 그들이 서 있는 아스팔트 바닥에는 말똥이 질펀하게 퍼질러져 있었다.

그 월스트리트 모퉁이와 주코티 공원 가까이에는 오래된 교회가 있고, 너른 묘지가 함께한다. 빌딩 숲이 갑자기 꺼져버린 듯 평면을 채운 낮은 묘비들과 높은 십자가 탑. 그 위로 겨울 도심의 따스운 햇볕이 온전히 내려앉았고, 높은 빌딩을 비집고 내려온 그 귀한 햇살을 도심의 화이트 노동자 몇이 받아안고 있었다.

그날, 오큐파이 월스트리트 운동이 잠시 잦아든 그 겨울에 나는 미국인 심리치료사 리처드 슈로브Richard Shrobe를 만났다. 그는 권위 있는 명상서적을 내온 저술가이자 숭산 스님의 법맥을 잇는 법사다. 맨해튼 중심가 고층빌딩 속 병원에 있는 그에게 요즘 무엇을 명상하는지 물었다. 그가 말했다. "세상에 있는 아주 많은 고통을 바라봅니다. 전쟁, 살인, 사람들은 더 빼앗으려 하고, 국가는 다른 국가를 제압하고…… 이런 모든 일에 관심을 갖습니다." 미국 지식인들의 스승이기도 한 그가 답을 찾았는지 궁금했다. 그의 답이다. "한 사람이 고요를 발견하면 세상은 그만큼 더 고요해지죠. 한 사람이 조금 더 분명하게 세상을 대하게 되고, 그렇게 맑아지면 세상은 그만큼 더 맑아집니다."

그렇다. 한 방울의 물이 세상을 적시고, 한 점의 생각이 세상을 바꾸는 것이다. 저 월스트리트 빌딩 숲 사이 묘지로 떨어진 그 밝은 태양빛이 이 땅을 조금 더 따스하게 만들어줬던 것이다. 변화가 시작되는 곳은 개인이다. 변화를 바라면서도 우리가 먼저 스스로를 바꾸는 데 집중하지 않았기에 변화의 시작점이 생기지 않았다. 그래서 세상이 그토록 견고했던 것일지도 모른다.

로버트 서먼 교수가 말하는 내면의 혁명, 나로부터의 혁명, 앎의 혁명이 바로 나를 바꾸어 세상을 더 올바른 곳으로 이끌어가는 힘을 가르쳐준다고 본다. 개인이 이처럼 세상의 시작이자 우주의 중심이기에 우리가 일으키는 모든 생각이 곧 우리의 미래라는 서먼 선생의 뜻에 동감한다.

강의 시원을 찾아가본 적이 있다. 미국 서북부를 가로지르는 니스퀄리 강은 서북부에서 가장 높은 봉우리인 레이니어 산에서 시작된다. 산을 굽이굽이 올라가는 동안 저 아랫녘에서 마주했던 유장한 강물은 갈수록 소멸되었다. 그 시작점을 찾을 수 없었다. 푯말이 꽂힌 강의 시원은 그저 마른 자갈 골짜기였다. 저 아래 바다를 메우는 그 강도 한 방울의 물에서 시작됨을 비로소 짐작해보았다.

서먼 교수와 인터뷰하면서, 그가 진정으로 평화를 가져오는 '차가운 영웅'이 여성이라고 했을 때 왠지 모를 아쉬움이 들었다. 아랍의 봄이 피어나고, 오큐파이 운동이 이곳저곳으로 퍼져가고, 유럽 시민들이 들썩이던 그때, 거대한 변화의 물결이 바로 한 가정의 여성에게서 나온다는 말이 허허로웠다. 달라이 라마 존자께서 다음 생에는 여성으로 태어나겠다고 하셨을 때는 위로를 받고 치유를 얻는 듯했는데, 서먼 선생이 토해내는 정치적 발언의 종착지가 여성의 깨어남이라니 갑자기 인터뷰의 무게가 꺼지는 듯 아쉬웠다. 반복해서 물으며 더 웅장한 답을 유도하려 했다.

그러다가 불현듯 내 안에 존재하는 여성에 대한 인식을 느끼게 됐다. 사회와 정치를 변혁하는 일에서 여성을 온전한 주체로 보지 않는 남성적 관습이 여성인 내 안에 들어 있었던 것이다. 결국 하나의 우주와도 같이 존엄한 한 인간의 가치는 존중하면서, 그 인간의 반을 이루는 여성의 가치는 스스로 깨닫지 못한 것이었다.

서먼 선생은 여성이 여성 지도자를 응원해야 한다고 했다. 그러면서 전쟁을 지지하거나 공공을 위한 의료보험 개혁을 반대하는 여성 정치인들의 마초성을 지적했다. 선생은 여성의 고유한 본성을 수동적으로 바라보지 않고, 인간의 성품 가운데 남과 소통하며 연결되는 자비의 본성에 더 가까운 모델로서 여성의 긍정적 특징을 말하고 있었다. 더불어 온 세상이 유기적으로 연결되어 있으며 생명들은 함께 살아간다는 이치를 기준으로 인간을 바라본 것이다. 이런 생태적 가치의 기준에서 보면 여성성이야말로 인간의 근본적인 본성이자 평화를 만드는 근원인 것이다.

결국 우리 모두가 가진 평안하고 순한 아기 같은 본심을 유지하는 것이 평화의 시작이다. 나는 선생의 말을 이렇게 들었다.

조지 레이코프
George Lakoff

승리하는 프레임
대중 속에서 창조하는 시대의 언어

조지 레이코프　　　　　　　　　　　George Lakoff, 1941년생, 미국

인지언어학의 태동에 공헌하여 언어학과 인지과학의 역사에 이정표를 세운 세계적 학자이며, 1972년부터 캘리포니아 대학교 버클리UC Berkeley의 언어학 교수로 후학을 지도하고 있다. 1980년 마크 존슨Mark Johnson과 함께 펴낸 《삶으로서의 은유Metaphors We Live By》는 인지언어학은 물론 철학, 심리학, 수학, 교육학, 심지어 체육학 분야에서도 중요한 고전이 되었다. 더불어 《인지 의미론Women, Fire, and Dangerous Things》(1987)과 《몸의 철학Philosophy in the Flesh》(1999, 마크 존슨과 공저)도 인지언어학의 철학적 배경과 연구성과를 집대성한 작품으로 인정받는다.

그는 인지언어학 가운데 특히 개념적 은유 이론을 활용해 정치적 담론을 대중에게 전달할 때 더 효과적인 프레임을 활용하도록 제안하고 있다. 1997년 진보적 가치를 추구하는 싱크탱크인 로크리지 연구소Rockridge Institute를 창립해 2008년까지 적극적으로 활동했으며, 오바마 행정부가 출범하는 데 조력자 역할을 했다.

그의 정치 관련 저서들은, 2004년 미국 대선 당시 민주당 예비선거에 출마한 하워드 딘Howard Dean의 정책에도 그 내용이 반영되는 등 현실정치에서도 활발히 이용되며, 세계적인 베스트셀러이기도 하다. 주요 저서로 《도덕, 정치를 말하다Moral Politics》(1996) 《코끼리는 생각하지 마Don't Think of an Elephant!》(2004) 《프레임 전쟁Thinking Points》(2006) 《자유는 누구의 것인가Whose Freedom?》(2006) 《폴리티컬 마인드The Political Mind》(2008) 등이 있으며, 2012년 6월 미국 대선을 앞두고 엘리자베트 벨링Elisabeth Wehling과 함께 민주당을 위한 《리틀 블루 북: 민주적으로 생각하고 말하기 위한 핵심 가이드The Little Blue Book: The Essential Guide to Thinking and Talking Democratic》를 출간했다.

조지 레이코프

2012년 4월 27일, '프레임frame'의 권위자 조지 레이코프 교수를 캘리포니아 대학교 버클리UC Berkeley에 있는 그의 연구실에서 만났다. 그를 만나기 전, 그 어느 때보다 많은 질문을 떠올렸다 지웠다를 반복했다. 한국의 4·11 총선에서 야권이 패배했고, 연말에는 또 하나의 거대한 분기점인 대선이 있기에 그에게서 구체적인 지혜를 얻어내야 한다는 부담감 때문이었다.

수많은 사람들이 프레임을 말한다. 선거 전에도 후에도, 프러임이라는 단어는 정치적 의견을 내놓는 이들이 자신의 날 선 비판에 권위를 부여하고, 자신의 관점이 객관적임을 보여주려는 주의 환기용 도구가 된 듯하다. 권위 있는 사상가의 말을 인용하듯 프레임이라는 용어를 사용하며 논지를 펼친다.

선거 시기에는 대중에게 가장 효과적인 프레임을 갖고 접근해야지 절박한 투쟁 현장의 이야기를 내세울 때가 아니라는 의견들도 무성했다. 너도나도 당면 프레임을 들이대며 현장의 싸움을 외면하고 있으니 차라리 프레임에 신경 쓰지 말고 갈 길을 가자는 이야기가 나오기도 했다. 자유롭게 의견을 제시하려는 일반인들에게도 "현재의 프레임을 똑똑히 보라"며 입을 막는 형국까지 나타났다. 프레임이란 단어 자체가 마치 정치 공식인 양 현실을 옥죄는 느낌이다.

과연 프레임은 무엇일까? 레이코프 선생과의 인터뷰는 바로 그 지점에서 시작했다. 선거 전술 평가라는 감각적 소재들이 무수함에도 원론에서 출발했다. 그래야 우리가 스스로의 현실을 타개하는 프레임을 만들 수 있으리라는 기대 때문이었다. 레이코프 선생은 인터뷰에서 보수들의 리더십 프레임인 '가부장적 아버지' 상을 지적했다. 이는 남성적이며 마초적인 권위로 대중의 의식 속에 있는 보수적 프레임을 작동한다. 그가 진보에게 조언하는 프레임은 '민주적 아버지' 상이다. 귀 기울이며 서로를 보살피고 공공의 이익을 염두에 두는 너그러운 지도자.
레이코프 선생과의 인터뷰를 정리하는 동안, 4·11 총선 이후 통합진보당의 당내 마찰을 보면서 마초적 힘의 대립을 읽었다. 그의 이론으로 접근하면, 이 사태로 대중의 보수적 프레임이 활성화되어 진보 전체의 도덕적 가치가 위축될 것이다. 레이코프 선생이라면 어떤 조언을 할까? 공공을 포용하는 도덕적 가치를 세우고 대중과 교감할 수 있는 진정성 어린 쇄신을 실천하라고 말하지 않을까? 그와의 인터뷰에서 이론을 떠나 대중과의 결속을 이끌어내는 공감의 힘을 느꼈다.

...

SNS를 통해서 그 어느 때보다 프레임이란 단어를 매일 보고 듣게 됩니다. 그래서 혹시 각자 자의적으로 정의하는 프레임을 말하는 것은 아닌가 하는 의문이 들기도 합니다. 프레임은 무엇입니까?

많은 오해들이 있습니다. 프레임은 생각의 구조입니다. 우리 두뇌 속에 있는 물질적인 것으로, 바로 뇌 속 신경회로가 프레임의 구조인데, 그동안 저희는 이것을 연구해왔습니다. 프레임은 구조로서 그 안에는 프레임이 무엇인지를 규정하는 다양한 언어 의미적 규칙이 있습니다. 그 규칙들 사이에는 다양한 관계가 형성되고요.
아주 간단한 예가 있어요. 식당에 가면, 거기에는 음식이 있죠. 서비스가 있습니다. 웨이터가 있고, 우리는 주문을 합니다. 그럼 계산

서가 나오겠죠. 그렇게 식당에서는 한 묶음으로 짜인 일들이 벌어집니다. 메뉴판을 받아 주문을 하고, 음식이 나오고, 또 먹고 난 것을 가져가고, 당신은 돈을 지불하죠. 그렇게 진행됩니다. 바로 레스토랑을 이루는 프레임이고, 여기에 야자수나 버스는 없는 거죠. 그래서 요리사, 주방장, 웨이터 등의 의미가 레스토랑 프레임 속에서 정의됩니다. 모든 언어에서 사용되는 단어들은 프레임 속에서 갖는 의미로 규정되니까요.

어떤 프레임은 아주 복잡하고 거대한데, 어떤 것은 이보다 단조로워요. 추상적이고 일반적인 프레임도 있고, 세부 사항에 적용되는 프레임도 있죠. 우리의 뇌 속에는 물질적인 프레임이 수만 개 들어 있습니다. 구조물이 있다는 말이죠. 우리가 무엇을 이해한다고 했을 때, 이는 뇌에 있는 어떤 특정한 구조물 속으로 그 용어가 딱 들어온 상황을 가리킵니다. 만약 뇌에 그 내용에 대한 프레임이 없다면 이해를 할 수 없습니다.

그래서 프레임은 단어가 아니고, 오히려 단어가 프레임을 활성화시키는 거죠. 우리가 특정 프레임 속에서 의미로 살아나는 어떤 단어를 사용할 때, 그 프레임이 머릿속을 꽉 채우는 겁니다. 그 프레임은 또한 연속적으로 여러 가지 사례들을 꺼내줍니다. 프레임은 중층적인 계급 구조를 갖는데, 하나의 프레임은 다른 프레임을 내포하고, 거기에 또 다른 프레임이 종속되어 있는 복합적인 구조죠.

그렇다면 단어를 사용하는 방식을 통해 사람들의 사고 패턴을 바꿔낼 수 있다는 말인데, 정치에서 효과적으로 대중을 설득하는 프레임 활용 방식은 무엇입니까?

조지 레이코프

정치에서 가장 상위의 프레임은 도덕성입니다. 정치인들이 주장하는 의견은 모두 어떤 것이 옳다는 자신의 도덕적 생각 속에서 나오죠. 그들은 모두 자기가 옳다고 말합니다. 자기가 틀리다고 말하지 않아요. 이 말은 자신의 도덕적 의견이 옳다는 것을 늘 상정하고 있다는 뜻인데, 그래서 모든 정치는 도덕적입니다. 하지만 무엇이 옳은가에 대해서는 정치인마다 각기 다른 견해를 갖고 있죠.
정책 제안은 그 정치인이 가진 도덕적 프레임에 맞추어 이루어집니다. 상위 프레임인 도덕 프레임 안에서 작동되는 겁니다. 그렇기 때문에 대중을 자신의 입장으로 끌어오려면 가장 상위 프레임인 도덕적 프레임을 만들어야 해요.
미국의 보수 정치지도자들은 이를 잘 활용합니다. 이들은 늘 자신들의 도덕적 가치가 옳다는 것을 설명하지만, 민주당을 비롯한 자유주의자들은 항상 정책을 설명하는 데 집중합니다. 그렇게 정책만을 이야기할 때 놓치는 것이 있어요. 바로 정책이 나온 바탕인 그들의 도덕적 가치입니다. 그들은 도덕성이 기본적으로 어떻게 대중에게 전달되는지를 몰라요. 도덕적 가치는 오직 한 가지에 근거해서 전달됩니다. 무의식입니다. 그래서 관건은 "무엇이 공식적인 프레임인가?"입니다.

영어의 '모럴리티morality'라는 표현을 자칫 정치인 개인의 도덕성이라는 뜻으로만 이해할 수도 있다는 우려가 드는데, 사실 한국의 2012년 4·11 총선에서도 개인의 자질에 대한 평가가 주요 이슈로 떠오르기도 했습니다. 지금 이야기하시는 도덕성은 정당성을 포함하는 일종의 가치 프레임이라고 보아야 할 듯합니다.
미국의 자유주의자들이 구체적인 정책을 제시하며 이슈화하는 데 치중하다 보니 도덕적 가치를 전달하는 데 실패한다고 하셨는데, 하지만 유권자의 무의식을 흔들 '도덕적 가치'를 설명하려면 구체적으로 상상할 수 있는 정책을 더 잘 만들어 보여주는 것이 중요하지 않을까요?

그렇지 않습니다. 사람들이 어떤 생각을 받아들이는 근거는 98퍼센트가 무의식입니다. 의식적으로 논리를 따지면서 취하는 경우는 오직 2퍼센트뿐이죠. 그런데 이른바 진보적인 사람들의 경우 사회정의에 관심을 두면서, 대학에서 정치사회학이라든지 법, 경제, 공공정책 등 이른바 '이성적 깨우침'이라는 것들을 배웁니다. 정치학 이론인 '합리적 행위자rational actor 모델'도 배우죠. 이성의 작용을 공부한 사람들은 여러 이론에 익숙해지면서 이 이론들을 진실로 믿고 떠받들게 되고, 그 이론에 통달한 스스로를 자랑스럽게 생각하며 남한테까지 설명하려고 들죠. 하지만 이 논리들은 모두 잘못됐어요. 점점 발전해가는 인지과학이 이제는 이것이 틀렸음을 보여주고 있습니다.

스스로 진보적이라고 생각하는 이들은 행동의 동기가 이성에 근거한다고 배웁니다. 그러니까 자기들이 배운 대로 앞뒤가 딱 맞아떨어지는 형식논리를 따른다고 믿는데, 아닙니다. 이는 프레임에 기초합니다. 은유나 비유라든가 인지적 기초 요소 등에 기반을 두죠. 우리는 다른 사람과 감성적으로 연결되도록 생물학적으로 만들어져 있습니다. 우리가 이성적으로 우리 자신의 요구를 따져가며 행동한다는 것도 맞긴 하지만, 항상 그렇지는 않다는 거죠. 그렇게 공감을 이끌어내야만 상대와 결속을 이루어낼 수 있다는 것을 이탈리아 신경과학계가 신경세포 체계 연구를 통해 증명했습니다.

공감 속에서 결속을 이뤄낸다는 말은 결국 공감했을 때 행동으로 옮길 수 있다는 뜻이겠죠. 이런 공감이 이성적인 판단에서 나오지 않는다는 말을 들으니 얼마 전 접한 여론조사 결과가 떠오릅니다. 투표 행위를 유발하는 데 가장 큰 영향을 미친 것이 투표를 독려하는 캠페인이나 정당 선전보다 친한 친구가 투표를 했다며 SNS에 올린 사진이라고 하더군요. 미국 공영방송 NPR에서 나온 결과인데, 이 역시 감성적 유대가 더 즉각적인 행동 동기가 된다는 것을 보여주는 사례라고 생각합니다.

4·11 한국 총선에서 집권 보수세력이 승리했습니다. 언론에서도 예상치 못한 결과였죠. 많은 분석가들은 야당이 정책을 제대로 생산하지도, 유권자에게 잘 설명하지도 못했기 때문이라는 의견을 내놓습니다.

아닙니다. 정책이 없어서가 아닐 거예요. 도덕적 가치 속에서 정책을 설명했어야 합니다. 우리 진영이 왜 옳고 가치 있는지 말해야지, 원래 우리는 옳다고 가정해버리고서 정책을 설명하는 것으로는 부족합니다. 입장을 세워야 해요. 도덕적 가치를 내세우는 프레임 안에서 정책을 설명하고, 그와 같은 가치를 존중하는 사람들로부터 자연스레 "좋다, 함께하자"라는 말이 나오게 해야 하는 겁니다. 그래야 표를 얻기 때문이죠.

미국에서는 보수세력이 이 점을 더 잘 활용합니다. 그들은 대개 대학에서 경영학을 공부했고, 그때 마케팅도 배웠기 때문입니다. 마케팅 교수들은 생리학과 인지과학을 공부했기 때문에 사람들의 생각이 실제로 어떤 과정을 거쳐 작동되는지 알고 가르칩니다. 그래서 보수들은 이렇게 배운 것을 이용하여 자기들의 주장을 선전하는 데 능숙한 겁니다. 그런데 유권자들에게 "우리 정책을 시행하면 이런 결과를 얻을 겁니다"라고 하면 그 즉시 "아! 옳군요" 하게 될 거라고요? 결코 그런 일은 일어나지 않아요.

아주 간단한 예를 들어줄게요. 오바마의 경우 선거 기간에는 참 잘했어요. 하지만 취임 후 소통하는 법을 잘 모르는 사람들에게 둘러싸이게 됐습니다. 그들은 전세를 그르쳤고, 결국 주도권이 오른쪽으로 옮겨 가고 말았어요. 오바마 행정부는 정책을 가지고 논쟁했고, 보수주의자들은 가치를 가지고 대응했기 때문에 그런 결과가 생겼습니다.

당선되고 나서 오바마는 먼저 사람들이 가장 좋아하는 정책이 무엇인지 공부하기 시작했습니다. 그것이 바로 건강보험이었습니다. 제가 여론 담당에게 이렇게 말했어요. "사람들은 정말로 이 내용을 좋아한다. 그렇기 때문에 보수들은 아무도 개별 사항에 반대하는 식의 논쟁을 하지 않을 것이다. 우리는 결코 보수들이 '이런저런 조항은 안 되니까 미리 조정해야 한다'고 주장하는 소리를 듣지 못할 것이다."

제 예상대로 그때 보수들의 입에서 "자녀를 보험에 올려서는 안 된다. 가난한 사람은 보험을 가질 자격이 없다……" 이런 말이 단 한 번도 나오지 않았습니다. 그들은 도덕적 가치에 입각한 논쟁으로 프레임을 옮겨 갔습니다. 자유와 생명을 이야기했죠. 살고 죽는 것을 결정하는 의학적 사망선고를 정부가 하려 든다고 반복해서 이야기했습니다. 정책은 사람들이 잘 모르니까 오로지 개인의 삶에 정부가 들어오지 말라는 구호로 상대했어요. 오바마 정부는 결코 이를 이해하지 못했고 지금도 그렇습니다.

하위 프레임인 정책을 이야기해서 도덕적 가치 프레임을 작동시키려는 것은 순서가 바뀐 비효율적 접근법이겠네요. 한국의 선거 상황을 예로 든다면, "김모 씨는 공기업 매각을 막고 토목사업을 축소하는 정책을 시행할 것이기 때문에 어린이들의 미래를 더욱 밝게 만들어줄 진실한 지도자입니다"라고 말하기보다는 "그동안 진실한 모습으로 살아왔기에 부모들이 자녀의 롤 모델로 삼아주고 싶어 하는 김모 씨가 이제 우리 어린이들의 미래를 더 밝게 만들고자 정치 일선에 나왔습니다"라고 이야기하는 것이 훨씬 큰 프레임을 효과적으로 가동시키는 방법이겠군요. 지금도 오바마 정부에 조언을 주고 계십니까?

2008년 이후부터는 조언하지 않고 있어요. 그들은 2010년에 하원을 잃었습니다. 그 이유는, 합리적이기만 하다면 자기들은 오른쪽으로도 옮겨 갈 수 있으니 정책을 들고 토론하자는 입장을 취했기 때문입니다. 오바마와 그 주변 인물들은 합리적 행위자 모델을 배웠습니다. 그래서 그들이 할 수 있는 일은 오로지 정책만을 거론하며 논쟁하는 것이었죠.

결국 미국의 국민의료보험안은 수정에 수정을 거듭하게 됐고, 2010년에는 하원을 보수들이 점령하게 됐죠. 한국에서는 2011년부터 정권 심판이라는 네거티브 프레임이 전면에 내세워졌습니다. 현 정권의 실정을 국민 모두 인정할 것이라는 전제 아래 밀어붙였지만, 결국 2012년 봄 총선의 패인이 되고 말았죠. 하지만 역사적으로 네거티브 캠페인의 성공 사례들도 있지 않습니까? 클린턴이 조지 부시 정부의 실정에 대한 네거티브 프레임으로 성공한 것이라는 해석도 있습니다. 어떤 경우에 네거티브 프레임이 유용하게 활성화되는지요?

아닙니다. 네거티브는 결코 긍정적으로 작동할 수가 없습니다. 클린턴도 네거티브 프레임을 사용하지 않았어요. 그가 들고나온 것은 "문제는 경제야, 바보야It's the economy, stupid"였습니다. 우리에겐 살림을 피게 해줄 좋은 경제가 있어야 한다는 내용으로 희망을 주는 가치 프레임을 알렸죠. 다수의 지지를 이끌어내지는 못했지만 다행히 보수 쪽에서 제3의 후보가 나와 보수 표가 나뉘었습니다. 그러지 않았으면 졌을지도 몰라요. 그리고 또 하나, 클린턴은 억양과 보디랭귀지를 잘 사용했습니다. 공감을 보여주는 언어를 썼죠. "저는 당신의 고통을 느낍니다"라고 계속 이야기한 것이 승리의 이유입니다.

그럼 네거티브 프레임을 봅시다. 세상에는 두 가지 네거티브 광고가 있습니다. 가장 나쁜 종류는 상대의 언어를 써서 상대를 부정하는 겁니다. 끔찍한 발상입니다. 상대의 도덕적 가치를 활성화시키니까요. 사람들의 뇌에서 보수의 체계가 활성화됩니다. "코끼리(미국 공화당)는 생각하지 마"라고 말하는 것은 오히려 먼저 코끼리를 생각하게 만드는 거죠.

보수의 정책을 무력화시키자고 말하면, 사람들은 그 정책을 먼저 떠올릴 수밖에 없어요. 그 정책에 긍정적으로 작동하는 겁니다. 왜냐하면 긍정성이 작동하지 않는 부정성은 없기 때문이죠.

그러면 사람들은 일단 그 정책에 관심을 준 다음 반대할지 말지를 결정하기에, 그 내용을 받아들이고 지나갈 수밖에 없군요. 코끼리를 생각하지 말라고 말하는 이도 이미 크끼리 떼 사이에 앉아 있고, 듣는 이도 무의식적으로 함께 그 자리에 있을 수밖에 없고요.

조지 레이코프

그렇죠. 듣는 사람이 벌써 코끼리 떼 가운데에 있는 거죠. 이 정책에 대해 말하지 말라고 하면 사람들은 오히려 그 정책을 생각하게 되고, 생각하는 것 자체로 긍정적인 작동이 일어납니다. 그래서 우리가 해야 할 일은 긍정적인 것을 말하는 겁니다. 그러면 이 긍정의 말이 무의식적으로 은근슬쩍 힘을 받으면서 원래 말하고 싶었던 부정성을 지적하게 됩니다. 그렇게 활성화가 이루어져요. 만약 제가 "나는 정직합니다"라고 말한다면 이 말은 다른 사람은 정직하지 않다는 의미로 전달됩니다. 굳이 우리 입으로 저 사람이 나쁘다는 말을 하지 않고도 부정적인 의미를 시사하는 방법이 있어요.

상대 후보가 돈을 횡령했고 뇌물을 받았다는 말을 대놓고 해서는 안 됩니다. 물론 그 후보는 돈을 훔쳤어요. 그렇지만 우리는 대중에게 긍정적인 도덕적 관점을 보여주어야 합니다. 가장 긍정적인 관점으로 접근해야 해요. 상대의 말을 부정적으로 되받아치는 선전으로 승리를 얻을 수는 없으니까요.

2012년 4월 한국 총선에서 진보신당이 "우리 당은 정직합니다"라는 구호를 사용했습니다. 같은 야권의 선거운동원들이 거리에 함께 서 있으면 괜히 정직하지 못하다는 눈총을 받는 것 같아 기분이 나빴다는 말을 하더군요. 긍정의 언어가 전달하는 날카로운 공격성을 봅니다. 2011년 8월에는 서울시장 보궐선거를 촉발한 주민투표가 있었죠. 안건은 무상급식이었습니다.

이런! 그건 우파의 프레임이에요. 무상급식을 이야기하자마자 바로 우파를 돕게 됩니다.

복지에 대한 관점 차이를 드러낸 것인데, 우파의 선별급식 대신 좌파는 전면 무상급식을 주장했습니다. 학생들의 자존심을 지켜주며 평등한 나눔을 실천하는 보편복지를 제시한 것이죠.

그래도 잘못된 접근입니다. 무상급식이라는 말을 쓰자마자 사람들은 자녀의 급식비를 부모가 내야 한다는 것부터 떠올립니다. 거기에는 무상급식이 없는 거예요.

이 사안의 핵심은 진보와 보수의 시각 차이입니다. 두 시각은 각기 다른 도덕적 시스템에 기반을 둡니다. 민주주의에 대한 진보의 시각을 한마디로 표현하면 이렇습니다. "민주주의는 시민들이 서로를 돌보아주는 시스템이다." 시민들이 서로를 아끼고 살피며, 책임 있는 행동을 하고, 또 그렇게 행동하는 스스로에게 자부심을 가지는 것이 진보의 도덕적 가치이자 윤리입니다.

그리고 이에 맞게 행동하기 위해서는 다른 사람과 직접 부딪치며 경험을 나누고 이를 바탕으로 사회적 공감을 이뤄가야 합니다. 진보가 지향하는 정부는 그래서 두 가지 도덕적 과제를 갖습니다. 모든 사람을 평등하게 보호하는 것, 그리고 모든 사람에게 권한을 평등하게 주는 것이에요. 이를 실천하려면 진보를 자처하는 모든 이들이 우선 공익에 관한 개념을 갖추어야 합니다.

그렇다면 공익이란 무엇일까요? 정부가 모든 사람들을 위해 제공하는 기본적인 의무입니다. 도로, 하수도, 다리 같은 기간 설비에다 대중교통, 공립학교, 질병을 막는 공공보건, 또 식품 안전을 살피는 시스템 등이 있죠. 이는 개인을 보호하고 뒷받침하는 동시에 기업 활동에 필요한 기본 선결 요건까지 제공합니다. 그래서 사업가가

조지 레이코프

사업을 할 수 있는 거죠. 이와 같은 공공제도는 어느 누구도 해치지 않습니다. 수많은 서비스가 너와 내가 함께 어우러진 공공에게 제공되고 있어요. 과연 하수도나 전기 같은 공적 시스템의 도움 없이 사적인 소유가 기능할 수 있을까요? 천만에요. 이는 자유주의 진보들이 놓치는 중대한 사안입니다. 만약 당신 스스로 돈을 번다고 생각해봐요. 하수처리장을 세우겠어요? 길을 닦습니까? 공군 조종사를 훈련시킵니까? 우리는 다 공공시설을 이용합니다. 혼자 잘나서, 혼자 열심히 해서 돈을 번 것이 아니기에 공익적 시스템을 유지할 책임이 모두에게 있습니다. 이것이 진보적인 생각입니다. 이 가치를 먼저 앞세워서 이야기를 풀어가야 해요.

보수들은 이를 거부하죠. 그러면서 이렇게 말합니다. "민주주의란 다른 사람을 보살피는 것이 아니라 스스로를 책임지는 것이다. 개인이 자기를 방해하는 어떤 것도 걱정할 필요 없이 스스로의 관심사를 추구할 수 있도록 정부의 개입을 줄여야 한다. 개인은 타인에게 활동을 방해받지 않을 자유가 있다. 그래서 우리에겐 개인적 책임만 있지 사회적 책임은 없다."

민주주의에 대한 진보와 보수의 시각 차이, 매우 중요한 사안이라고 생각합니다. 특히 가장 큰 차별점인 '공공의 이익에 복무하는 국가의 공적 기능'은, 신자유주의 체제에서 정부의 권위가 시장으로 넘어간 오늘날 그 가치가 더욱 절실하게 다가옵니다.

보수의 이런 사고를 저는 '엄격한 아버지 도덕'이라고 부릅니다. 엄한 아버지가 다스리는 가정에서 아버지는 선악을 가르는 절대권력

조지 레이코프 선생을 만나러 가는 길. 그의 명성에 UC 버클리라는 명문의 품위가 더해진 그곳은 어른의 세계였고, 그래서 권위와 권력을 지닌 공간으로 다가왔다. 하지만 그의 연구실 문에 붙인 '어린이 안전 구역: 체벌 금지(Kids' Safe Zone: No Spanking)'라는 스티커는 모든 선입견을 날려버렸다.

조용히 살금살금 행동해야 할 연구공간, 삭막함과 어둑함이 자리하는 복도. 이 전형적인 대학의 견고한 프레임이 무너지면서, 그곳은 어린이들이 맘껏 웃을 수 있는 공간으로 환기되었다. 더불어 그 해방감은 마치 레이코프와 공부를 하게 되면 아이가 성장하듯 지식이 완성될 것 같은 희망을 주기까지 했다. 이것이 바로 아무 장식도 없이 밋밋하고 낡은 복도에 불어넣은 레이코프의 가치 프레임이었다.

입니다. 자식으로서 우리가 어떤 일을 하고 싶다면 이 가부장적 아버지에게 허락을 받으려 합니다. 합법적 권한을 얻고 싶어 하죠. 그리고 엄격한 아버지는 자식이 잘못했을 때 벌을 내립니다. 그 벌을 피하려는 자식은 순종하는 법을 익히게 되고요. 그렇게 성장한 자식은 밖으로 나가 시장에서 일을 해서 부자가 됩니다. 만약 부자가 되지 못하면, 이는 그간 자신을 잘 단련시키지 못한 탓이기에 가난 속에서 고생을 해도 당연합니다. 이것이 바로 우파의 추론이에요. 그러니까 무상급식을 주장하면, 부모가 자식 점심도 못 챙기느냐는 그들의 논리가 활성화되는 거죠.

이에 대응하는 법은 공공성을 부각시켜 말하는 겁니다. 예컨대 "모든 학생이 적절한 학습 효과를 얻기 위해서는 학교에서 충분한 영양을 공급받아야 한다"는 식으로 접근할 수도 있죠. 그러면 모든 이들이 민주주의 속에서 평등하게 존중된다는 정당한 도덕적 가치가 생깁니다. 한마디로, 공익 추구의 정당성을 어떻게 이야기할 것인가가 좌파의 과제입니다.

'영양급식, 성장급식'이라고 했다면 유권자들에게 모든 사람이 누려야 할 건강권이 떠올랐을 테고, 그러면 이 사안이 시장 논리에서 벗어나 누구나 누려야 할 도덕적 가치로 인식되었겠다는 생각이 듭니다.

반면에 우파들은 이렇게 말합니다. "우리는 평등은 상관하지 않는다. 개인적인 책임과 도덕적 가치를 염두에 둔다." 이는 누군가 돈을 벌면 그 돈은 온전히 그 사람 것이라는 소리예요. 이들은 공공의 소유를 해체해야 한다고 주장하는데, 참으로 정신 나간 소리죠. 왜

나하면 그렇게 말하는 그들조차 공공시설이 없었다면 지금의 자리에서 활동할 수 없기 때문입니다. 하지만 이들은 고집스럽게 자신들의 생각을 지키고 실행하고 있어요. 그래서 다른 가치나 역할은 인식조차 하지 못하고 있습니다.

우리의 관건은 바로 '공익'이라는 것을 어떻게 이야기해낼 것인가입니다. 그런데 참 안타깝게도 미국에서는 현재 아무도 그 공공의 이익을 말하지 않고 있어요. 오직 단 한 명의 정치인만 우리에게 공공의 이익을 이야기하고 있는데, 바로 매사추세츠 주 연방 상원의원 후보로 나선 엘리자베스 워런Elizabeth Warren입니다. 다른 사람은 하지 않죠.

엘리자베스 워런이라면, 금융 파산법과 소비자 권리 전문가로 오바마 행정부가 소비자금융보호국CFPB을 설립하는 데 핵심적인 역할을 했고, 월스트리트 금융권의 잘못된 관행을 비판하고 있는 인물이죠. 그런데 왜 다른 이들은 공공의 이익에 대해 말을 하지 않는 거죠? 월스트리트와의 관계 때문인가요?

아닙니다. 도덕적 가치에 대해 이야기하는 방법을 배우지 않았기 때문입니다. 대학에서 배운 대로 합리적 사고, 형식논리학을 따르는 거죠. 민주당 정치인들뿐 아니라 대부분의 사람들이 공공성에 대해서는 그저 당연한 것이라는 듯 넘어가고, 정책의 세부 사항만 중요하게 여겨 이에 집중합니다. 정말로 중요한 것은 도덕적 가치를 설파하는 아이디어라는 사실에 눈을 돌리지 않고 있어요. 공공의 이익을 추구하는 도덕적 가치를 지닌 공익성이 우선이고, 그다음에 따라오는 것이 정책입니다.

선생께서 쓴 〈샌토럼 전술The Santorum Strategy〉이란 글을 읽었습니다. 진보의 언어를 일상 곳곳에서 외쳐야 한다고 언급한 대목이 와 닿았는데, 바로 한국의 진보세력이 앞으로 다가올 대선에서 해야 할 일을 일러주는 것이라고 생각했기 때문입니다. 비록 4·11 총선에서 졌지만, 그래도 좌파 행정가들이 있고, 지방의회뿐 아니라 국회에도 이번 총선에서 배출된 진보적 의원들이 있습니다. 이들만이라도 자신의 역할을 잘한다면 '진보적인 인사를 뽑았더니 도움이 된다'는 공감을 일으킬 수 있다고 봅니다. 그만큼 진보의 언어를 사용할 기회와 여건을 갖추었고, 여기에 효과적인 활동이 더해진다면 충분한 성과가 나타날 것이라고 생각합니다. 선생의 글에서 공화당 의원이나 대통령이 뽑히면 이들이 사용하는 공호-당 언어가 더욱 힘을 받게 되어 작은 곳의 선거까지 영향을 미치는 파급 효과가 생긴다고 언급한 것을 보며 제 나름대로 갖게 된 긍정적인 소망입니다.

제가 제안한 것은 진보적 정치를 실현하자는 행동이나 일반적인 언어가 아닙니다. 정신을 살리는 창조적 언어를 말한 겁니다. 지금 미국 민주당은 자신들이 사용해야 하는 언어를 놓치고 있어요. 왜냐하면 자신들의 근거가 되는 정신을 놓치고 있기 때문입니다. 인지과학에서는 이를 '저低인지hypocognition'라고 부릅니다. 스스로의 위치에 대한 각성이 부족하다는 거죠. 공공의 이익에 대한 생각이 있는 정치인이라면 반드시 입에서 나오는 모든 언어를 공공의 이익으로 귀결시켜야 합니다. 자유자재로 사용할 줄 알아야죠.

프레임에 관한 설명을 들을 때도 그랬지만, 언어에 대한 설명을 들으면서도 가장 절실하게 떠오르는 깨달음이 바로 내가 어느 위치에 서 있는가를 자각해야겠다는 것입니다. 내가 추구하는 가치가 공공의 이익이라면, 늘 그 입장에서 세상을 바라보며 공익으로 귀결되는 사고의 틀을 선보여야겠죠. 정책을 실천할 때도 공감을 얻어 참여를 이끌어내려면 창의력을 동원해 단어 하나하나가 공익에 초점이 맞춰지도록 애써야겠습니다. 그러려면 무엇보다 대중과 함께하는 진심 어린 마음과 삶을 갖추어야 한다고 봅니다. 세상 모든 일은 늘 변화하고 있는데, 그런 변화들이 공익으로 귀결되도록 하려는 사람들은 단 한시도 깨어 있지 않으면 자칫 실패할 수밖에 없겠습니다.

보수의 언어와 관련하여 한 가지 당혹스러운 일이 있었죠. 한국은 레드 콤플렉스가 워낙 심해서 진보세력들이 '레드, 빨갱이'라는 공격을 받지 않으려고 당의 상징색도 노랑, 주황, 보라 등으로 써왔는데, 이번 한국 총선에서 보수주의자들이 붉은 점퍼를 입고 거리로 나왔습니다.

태양이 한국에서 특별히 상징하는 바가 있나요? 있으리라 봅니다. 보수주의자들이 입고 나온 붉은색은 떠오르는 태양을 가리킵니다. 한국이 태양이 떠오르는 땅이 되리라는 희망을 주는 것이라고 봅니다. 이는 민족주의 색이에요. 예전에는 공산주의 색으로 분류됐지만, 이 사람들과 공산당은 연결될 일이 없기 때문에 그 색은 강력한 민족주의자·국수주의자의 색이 된 겁니다. 아주 영리합니다.

프랑스의 보수들도 패션을 바꾼 지 오래라고 합니다. 토론장에는 일부러 젊고 패션 감각이 뛰어난 인물이나 전직 아나운서 같은 친근한 인물을 내보낸다고 하더군요. 보수들은 이미 세계적으로 세련되고 젊어졌습니다. 이미지 정치가 대세인 요즘 보수적인 이미지가 사라진 보수에게 무엇으로 대응할 수 있을까요?

많은 방법이 있죠. 우선 해야 할 일은 우리가 갖고 있는 진보의 도덕적 시스템을 이해하는 겁니다. 특정한 진실들이 있어요. 공공의 이익을 중요하게 다루죠. 또 하나는 기업이 우리의 삶을 허물고 있다는 사실을 알리는 겁니다. 기업은 우리가 무엇을 살지 이미 결정해놓고 있어요. 우리가 어떤 종류의 의료보험을 사고, 어떤 종류의 휴대전화를 가질지 그들이 결정합니다. 기업들이 실제로 우리를 지배하고 있고, 우리를 위해서가 아니라 오직 그들만의 이익을 위해서 발 빠르게 움직이고 있습니다.

김영삼 정부 시절, 작은 정부를 주장하며 혁신을 말했습니다. 당시 취직을 준비하던 저는 아무 생각 없이 그 뜻과 의미를 외우며 토론면접에 대비했습니다. 그때는 미래의 제 삶이 은행에 저당 잡히리라는 것을 상상도 못한 채 세계화야말로 국력신장을 위한 답이라고 받아들였죠.
그리고 휴대전화를 구입하면서도 앞으로 이동통신 산업이 삶의 구석구석으로 파고들면서 사기업들이 개개인들에게 돌아가야 할 몫을 이윤으로 챙겨 가리라는 것을 눈치채지 못했습니다. 그런 이권을 정부가 사기업에 넘겼다는 것은 미래의 국민이 저렴하게 혹은 무료로 이용할 권리가 있는 공공의 자산을 사유화했다는 뜻이죠. 이런 식으로 진행되는 일의 내막을 밝히는 것 또한 공공의 자산을 지켜가는 데 필요한 임무라고 봅니다.

네, 우리에게는 공공에 대한 개념이 필요합니다. 국가의 공적 기능이야말로 우리가 삶의 질을 보장받도록 자유를 줍니다. 그래서 자유란 공공에 대한 개념을 갖는 데서부터 나오는 거죠. 보수들은 이렇게 말합니다. 자유는 그 누구도 상관하지 않는 데서 나온다고요. 하지만 그 반대입니다. 한국 사람들이 서로를 보살피고 공공에 대한 개념을 창조하는 것은 바로 자유를 수호하는 활동입니다. 가령 급식 문제는 그저 점심 한 끼에 관한 것이 아니라 우리 어린이들을 어떻게 보살필 것인지에 대한 개념을 결정하는 사안인 것이죠. 아이들에게도 반드시 이것을 이야기해줘야 합니다.

보수적인 집단의 가장 큰 무기는 안보입니다. 자유와 애국심은 그들의 언어가 됐어요. 진보는 반항 세력이라는 이미지가 있어 국가통치 세력으로 자연스레 연결되는 데 어려움을 겪고 있습니다.

애국심을 우리의 언어로 가져와야 합니다. 오바마가 출마했을 때 "당신에게 애국심이란 무엇입니까?"라는 질문을 받고는 "애국심은 시민들이 서로를 염려하는 곳에서 시작됩니다"라고 했습니다.
연두교서도 군대 이야기로 시작했어요. "우리 군은 여러분이 민주당이건 공화당이건 중요하게 생각하지 않습니다. 우리 군인들은 항상 속해 있는 그 자리에서 모든 사람을 보호합니다. 군인은 공통의 목적을 위해 함께하는 한 팀입니다. 결코 그 누구도 낙오되도록 놔둘 수 없는 한 팀. 이것이 애국심입니다. 함께 일하고 서로를 보살피는 애국심입니다."
대단하지 않습니까? 그는 군대를 견인해냈고 그것을 진보적인 도덕 시스템의 모델로 집어넣었습니다.

한 가지 의문이 있습니다. 오바마에게 흑인 사회는 절대적인 지지를 보냈는데, 그들은 오바마를 찍으면서 동시에 캘리포니아 주 주민투표에 상정된 동성결혼 금지안에도 찬성표를 던졌습니다. 민주당 의원들의 의견과는 반대로 보수적인 선택을 했죠.

흑인들의 문화가 남성 중심적이어서 그렇습니다.

이와 관련하여 떠오르는 것이 레드넥redneck이라는 단어입니다. 변치 않는 보수 백인들을 가리키는 말이죠. 중부와 남부의 백인 농부들은 계급적으로 부자가 아님에도 전통적인 보수 지지세력입니다. 이렇듯 대중의 표심이 삶의 기반과는 다른 경향을 보이기도 합니다. 한국도 마찬가지고요.

'보수주의 포퓰리즘 현상'이 미국에 있습니다. 1964년 공화당의 배리 골드워터가 민주당의 린든 존슨 대통령에게 도전할 때는 그 누구도 보수화되는 것을 원치 않았기에 존슨이 당선됐죠. 그때 가난한 사람들은 믿음직한 노동조합을 보유했고 자유주의를 선호했어요. 그다음 대선에 나선 보수 후보 리처드 닉슨에게는 어떻게 근로 대중의 표를 얻을 것인지가 과제로 떠올랐습니다. 그런데 가난한 노동자들이 닉슨에게 표를 줬어요. 보수들이 사람들 마음속에 있는 '엄격한 아버지 도덕관'을 알아차리고 이를 공략한 겁니다.

1964년에서 1967년 사이에 미국에서 세 가지 일이 벌어졌습니다. 첫째, 베트남 전쟁 반대운동이 벌어졌죠. 이 운동을 주도한 대학생들은 군대에 반대하며 전쟁은 어리석은 일이라고 설파했어요. 닉슨은 이 학생들을 가리켜 공산주의자이며 비애국자라고 공격했습니다. 그렇게 근로 대중의 환심을 샀습니다.

두 번째로는 여성운동이 일어났어요. 그런데 많은 일하는 남자들은 집에서 가부장적이고 엄한 아버지였기에 급진적인 페미니즘에 강한 거부감을 보였습니다. 그러던 차에 닉슨이 가족의 가치로 법과 질서를 제시한 거죠.

세 번째가 흑인들이 참정권을 갖게 된 인권운동입니다. 백인 남자들은 흑인들에게 일자리를 빼앗길까 봐 두려워했죠. 닉슨은 인종주의자였던 이들이 싫어하는 강제 버스 통학제를 반대했습니다.

강제 버스 통학제는 당시 백인 거주지역 학교에 흑인 학생들을 배치하고 버스로 통학을 시켜주던 제도로 압니다. 백인 부모들의 반발이 컸다고 하죠. 결국 닉슨 대통령의 뜻대로 철폐됐고요.

닉슨은 사람들의 이런 성향을 파악하고는 인권운동에 나선 이들을 폭도로 몰면서 가난하지만 가부장적이고 엄한 백인 아버지들을 도덕적 가치로 묶어낼 수 있었습니다. 그렇게 자유주의자들을 공격하는 과정에서 또 공감을 얻을 가치가 필요했기에 이들에게 엘리트 개념까지 씌웠습니다. 고등교육을 받은 이들이 당신들 노동자를 얕잡아 본다는 것이었죠. 이 사람들은 닉슨에게 공감했습니다.

반면에 민주당은 당시 어떤 일이 벌어지는지 이해하지 못했고, 아직도 모릅니다. 그리고 이 현상이 오늘날까지 이어져 오바마에 대항하는 보수들이 티파티 운동으로 미 전역을 휩쓸게 된 거죠. 이것이 미국에서 벌어지는 일입니다.

나는 한국에서 어떤 일이 벌어지는지 잘 모르지만, 보수와 진보 사이에 이와 비슷한 일이 일어난다 해도 그리 놀랍진 않아요. 자유주의자들의 공통적인 인식 오류니까요.

비슷합니다. 대립의 상황에서 진보는 자신들이 옳다는 정책을 길고 자세하게 설명하죠.

중요한 점이 있습니다. 사람들은 보수주의적이거나 자유주의적이거나 둘 중 한 가지만을 갖고 있지 않습니다. 둘 다 약간씩 갖고 있죠. 이 말은 같은 뇌 속에 두 가지 도덕적 시스템이 있으며 정치인들은 둘 중 하나가 활동하도록 만들 수 있다는 의미입니다.
그래서 자유주의적인 활동을 가동시키려면 고유 언어를 사용해야 하는 거죠. 저들의 언어가 미디어를 장악했고 저들의 언어가 표준이 됐기에, 우리는 창의성을 발휘해서 우리의 언어를 개발해야 합니다.

그래서 저는 거리의 투쟁을 생각해봅니다. 2011년 한국에서는 크레인에 올라간 노동운동가 김진숙 민주노총 지도위원이 있었어요. 309일을 그곳에서 생활했고, 많은 이들이 그녀를 살리고자 버스를 타고 남쪽으로 달려갔습니다. 그러면서 노동의 문제가 중심 이슈로 등장했죠. 마침내 그녀는 안전하게 내려왔습니다. 그러고 나서 선거 시즌을 맞이했습니다. 각각의 사업장에서는 투쟁이 계속됐습니다만, 모든 정치인들이 선거에 집중했기에 선거는 오히려 현장의 사람들을 외롭게 고립시켰어요. 이는 선거 때마다 나타나는 현상입니다. 선거와 투정, 어떻게 균형을 잡아야 진보에게 유리할까요?

활동가들의 문제는 이들이 정치에 그리 썩 유능하지 못하다는 거예요. 또한 자유주의자들도 그리 잘하지 못하죠. 자유주의적 정책가들은 정말 그런 분야에 유능하지 못해요.

왜 그럴까요? 운동가들 또한 도덕적 시스템을 갖고 있어요. 그러나 그들은 이 도덕적 가치가 자신들의 정책에 잘 녹아들어가 있어야 하고, 그럼으로써 실용적인 결과를 유도해야 한다는 것을 이해하지 못합니다. 그래서 그들은 못 말리는 정책을 만들죠. 물론 그 정책들이 그들의 도덕적 시스템에 입각해서 나온 것이긴 하지만, 그들은 결코 자신의 도덕적 시스템이 무엇인지 말하지 않습니다.

제가 오큐파이 운동에 대한 글을 쓴 적이 있습니다. 오큐파이 운동에 참여하는 사람들이 조언을 요청해왔고, 저는 운동의 추이를 보면서 답을 했습니다. 살펴보니 그들은 이 운동의 도덕적 바탕에 대해서는 이야기하지 않았더군요. 정책팀에서는 스스로 정책 생산에 유능하며 합리적이라고 말하는데, 정작 단 한 번도 자기들의 입장이 어떤 도덕적 가치에 입각해 나온 것인지 전달하지 않은 거죠.

그들의 도덕적 가치 역시 일반인들의 가치와 같은 겁니다. 시위에 참여한 사람이든 그러지 않은 사람이든 서로 아끼고 지원해나가야 한다는 것을 그들은 살피지 않았어요. 제가 그들에게 한 제안 중 하나는 민주당과 함께해서 민주당을 바꾸라는 것이었는데…….

민주당 역시 월스트리트에 휘둘리고 있지 않나요?

일단 민주당을 흔들게 되면 민주당도 월스트리트와 그리 밀착될 수는 없을 겁니다. 민주당이 너무나 순수성이 떨어지기 때문에 가까이할 수 없고, 그들을 견인해낼 수 없다고 생각한 것은 쉬운 길을 택한 셈입니다. 일이 잘되게 하는 것보다 저항하는 것이 쉬우니까요. 그들은 집집마다 방문해서 전단지를 나눠주겠죠. 거기엔 저항

운동이 갖는 마초적 요소가 있습니다. 그러니까 "우리는 샌프란시스코 금문교 위에서 다리를 막고 저항할 것이다. 우리의 힘을 보이자" 하는 식이죠. 하루 정도는 그렇게 힘을 과시할 수 있어요. 하지만 그 이후에는 사람들의 짜증을 유발합니다. 결국에는 힘을 보여주기는커녕 타인의 삶을 방해하는 행동으로 인식되죠.

그들이 어떤 프레임을 갖추어야 한다고 생각하십니까?

어떤 도덕적 가치를 갖고 있는지를 말해야죠. 사실 시위대는 다른 수많은 사람들을 대변하고 보살피면서 책임감 있게 아주 열정적으로 활동하고 있습니다. 여럿이 함께하는 정치적 시스템으로 바꿔내려고 그렇게 애쓰는 것입니다. 그래서 나는 그들이 정치적 시스템을 더 잘 이해하고 그 속에서 더 열심히 일해야 한다고 생각해요. 그런데 그들은 그 안에서 해야 할 일을 모두 멈추었습니다. 민중의 힘에 모든 것을 걸고 있고, 오로지 돈에 관련된 내용으로 접근하고 있죠.

사람들에겐 각자 돈과 관련된 사연이 있어요. 많이들 집을 잃었고, 의료보험료를 지불할 능력도 없고…… 이런 사연들이 합쳐지는 가운데 모든 이슈를 돈과 관련지어 몰아가고 있는데, 그렇게 돈에 대해 이야기하면 할수록 우파의 논리 속에 서게 되는 셈입니다.

논쟁이 계속 시장 속에서 벌어지는 거군요. 경제적 실패에 대한 불만을 표출하고 금융자본의 탐욕을 응징하겠다는 강한 마초적 모습을 보여주면서, 오히려 이들을 사회 전체에 대한 위협 세력으로 보이게 하려는 우파의 프레임 속으로 빨려 들어가게 되고요.

투쟁에 참여한 이들은 반드시 이것을 이야기해야 합니다. "우리의 활동은 서로를 보살피게 하려는 것입니다. 세상 모든 사람은 반드시 서로 아끼며 함께 살아야 합니다." 사람들은 공공에 대한 인식을 갖고 있어요. 우리가 그 인식을 자극하고 북돋아야 합니다. 하지만 아쉽게도 지도부는 돈에 대한 이야기를 시작하자마자 곧 우파의 담론 안에 갇힌다는 것을 이해하려 들지 않습니다.

한국에는 제3의 정당이 있습니다. 국민은 이들에게 자유주의자의 우경화를 막아내는 역할을 기대합니다. 그런 의미에서 '견제 세력'이라고 부르기도 하죠. 서로의 지분이 안착된 양당제인 미국과 달리 한국에서는 아직 이들의 입지가 분명합니다. 제3의 정당에게 조언을 한다면요?

그와 비슷한 경우가 캐나다에 있습니다. 자유주의 정당이 있고, 중도좌파가 있죠. 그런데 그 둘은 서로 함께해야 한다는 것을 이해하지 못하니, 결과적으로 보수당이 의회를 주도합니다. 자유주의자들은 기업으로부터 돈을 받고, 좌파는 노조와 함께 일하니까 서로 미워합니다. 하지만 둘은 중복되는 점이 많습니다. 그런 부분에서 합쳐야 해요. 정책이 아니라 도덕적 시스템에 기반을 둔 연합을 이뤄야 하는데, 항상 정책을 가지고 싸워요. 상대의 긍정적인 면이 무엇인지 말하고, 서로 동의하는 지점에서 하나의 긍정적인 언어를 창조해야 합니다. 그런 다음 각자의 위치를 인정하며 타협안을 만드는 거죠. 현안에 대해서는 다른 입장을 밀고 나갈 수 있습니다.

하지만 세력이 비교적 큰 자유주의당이나 좌파당 모두 가부장적인 마초성을 갖고 있어요. 둘 다 남성이 집권하고 자기 위치를 고수하려고 하니 끔찍하죠. 이는 지지기반을 분리하는 손실만을 가져옵니다. 비슷한 도덕성에 동의하는 사람들을 갈라놓으면서 보수들이 이기도록 자리를 내주는 거죠.

미국은 양당제이기 때문에 자유주의자들이 점점 더 우경화되어간다는 평가도 있습니다.

그것은 자유주의자들이 상황을 제대로 이해하지 못하고 있기 때문입니다. 더 나쁜 점은 만약 당신도 자유주의자라면 오른쪽으로 옮겨 갈 수 있다는 거예요. 자, 무슨 말인지 설명할게요.
중앙이란 것은 없습니다. 보수주의자들은 왼쪽으로 옮겨 가지 않아요. 그들은 그러기엔 너무 똑똑합니다. 보수주의자의 시각과 언어로 이야기하게 되면 사람들의 두뇌 속에 있는 보수적 사고 부분을 활성화할 수 있다는 것을 알고 있죠. 앞서 말했듯이, 사람들이 두 가지 개념을 동시에 갖고 있기 때문입니다. 보수의 언어가 사람들을 더욱 보수적으로 만들고, 지금은 거기에 자유주의자들까지 어울려 함께 가고 있습니다. 같은 보수의 언어를 쓰거나 보수의 언어에 걸려 협상을 한다면 별 효과를 얻지 못합니다. 그 보수들의 사고에 익숙해지는 지점으로 이동하는 겁니다. 자유주의자들은 보수주의자들을 돕고 있어요.

조금 전 제3의 당과 보수야당의 정치적 연대에 대해 이야기했습니다. 한국에서도

조지 레이코프

한미 FTA 문제에 대응하기 위해 진보진영과 자유주의 진영이 정책적 연대를 하겠다는 의지를 보였고, 4·11 총선에서 야권연대 후보를 내기도 했습니다.

가능한 일이에요. 그 둘은 하나의 큰 도덕적 가치에 대한 밑그림만 있으면 됩니다. 그런 다음에 각자의 위치를 인정하고 기본적으로 존중할 점을 협의하는 거죠. 자기들 입으로 공통의 도덕적 가치 시스템을 도출했고, 또 함께하고 있다고 끊임없이 이야기해야죠. 이 나라의 바탕인 민주주의의 가치를 함께 지향해나간다고 말하는 겁니다. 각자 이슈에 따라서는 입장이 다르겠지만, 이는 작은 부분입니다.

선거에서 가장 중요한 힘은 후보의 자격이라고 봅니다. 그렇다면 대중을 사로잡는 후보의 자세는 무엇일까요?

간단합니다. 자기가 신뢰하는 것이 무엇이라는 말을 하는 겁니다. 로널드 레이건Ronald Reagan 전 대통령이 이런 것을 아주 잘했죠. 그는 배우였어요. 그런 척하는 법을 알았습니다. 여론조사를 해보니 사람들은 레이건의 정책을 별로 좋아하지 않지만 레이건에게 표를 주겠다고 했어요. 그래서 제가 나서서 사람들을 인터뷰하며 설문조사를 한 끝에 그 이유를 몇 가지 발견했습니다. 우선, 레이건은 자기네 세력이 지향하는 가치에 대해서만 말했어요. 두 번째로 사람들과 매우 잘 소통하면서 공감을 느끼게 했습니다. 세 번째로는 말한 것을 꼭 지켜낼 만한 진정성 있는 사람으로 인정받았습니다. 그러나 그가 솔직하게 자기 이야기를 했다면, 사람들은 어처구니없는 구석들을 발견했을 겁니다. 그렇지만 그 당시 사람들은 레이건이 자신의 신념을 설파한다고 믿더군요.

만약 우리가 누군가의 도덕성을 알게 되고 그가 진짜로 신념을 말하고 있다는 생각이 든다면, 우리는 그 말하는 이와 깊게 연결됩니다. 적어도 그 상대에게 가까이 다가가게 되죠. 심지어 그 사람의 의견에 동의하지 않는다 해도 신뢰를 보내게 돼요. 참 진실한 말을 하는구나 하고요. 그러면 그걸로 그 사람을 규정하게 됩니다. 우리 입으로 그 사람은 참 신뢰가 간다고 말할 수도 있게 되죠. 이런 마음의 변화를 이끈 것이 레이건 캠프가 해낸 일입니다. 민주당이 정책으로 논박을 할 때, 레이건은 자신의 도덕적 가치로 진실한 신뢰를 쌓아간 거죠.

자유주의 성향의 사람들도, 비록 입장이 다른 후보에게서라도 진정성을 느끼면 내면에 있는 보수의 프레임이 긍정적으로 작동하게 된다는 말이군요. 이와 반대로 진정성을 갖춘 진보 또한 보수적인 유권자의 진보적 프레임을 활성화할 수 있겠네요. 진정성이 드러나는 삶과 더불어 이를 가치 프레임으로 만드는 전략이 중요하다고 봅니다. 그런데 레이건의 도덕성은 기존의 보수와 차이가 있었나요?

아니요, 전형적인 보수의 도덕성이었습니다. 정부의 권한을 축소하고, 사업가들이 완전히 자유로운 환경에서 활동할 수 있도록 하자고 했죠. 모든 사람들은 각자 자기를 책임져야 하고, 또한 군대를 더욱 강하게 확대하자고 했습니다. 보수의 조건을 다 갖췄어요.

권한을 시장으로 넘기는 보수 자본주의적인 도덕적 가치라서 사람들이 그 속성을 알아차렸을 것 같은데요.

그는 소통의 귀재였습니다. 진보이면서 부분적으로 보수적인 사람들에게까지 그들의 보수적인 뇌가 작동하도록 자극했습니다. 당시 '레이건 민주당원'이라는 말까지 나올 정도였으니까요. 레이건은 그렇게 대통령이 됐고, 조지 W. 부시 역시 같은 방식으로 승리를 거머쥐었죠.

조지 W. 부시의 경우는 카우보이이자 아버지 부시의 사람들인 보수 올드 세력의 꼭두각시 이미지 아니었나요?

단순한 카우보이가 아닙니다. 부시는 카우보이로 키워지지 않았습니다. 그는 미국 동북부에서 자랐고 명문 사립대학인 예일 대학교를 다녔어요. 그가 남부의 텍사스로 이사 가서 처음 연방하원 선거(1978년)에 출마했을 때는 예일대 출신들의 악센트로 말했습니다. 잘못 발음하는 단어 하나 없이 고전적 그리스 수사형식으로 논쟁했습니다. 당시의 비디오를 보았기 때문에 확실히 말할 수 있습니다. 그리고 그는 떨어졌어요. 레드넥인 남부 사람들을 놓친 겁니다. 그러고 나서 레드넥처럼 말하는 법을 배웠고, 그렇게 엉터리 발음을 자유자재로 구사하며 카우보이인 척한 거죠.

미국 백인 상류사회의 물을 빼고, 일부러 시골 사람 행세를 하고 카우보이의 거친 힘을 강조하며 보수의 총아가 된 거군요. 이민 세력이 아닌 정통 보수 미국인들과 똑같은 생활과 추억을 공유한다는 동질감을 심어줬다고 봅니다. 가치에 어울리는 화술과 제스처는 미디어 선거에서 더 깊이 대중 속으로 들어가는 열쇠죠.
한국의 진보세력이 선거철마다 맞닥뜨리는 장애물이 있습니다. 일명 '북풍北風'이라 불리는 것으로 남북 간 긴장을 고조하는 수법입니다. 이때마다 야권은 보수의 '안보 애국심 프레임'에 옭아매이죠.

흥미로운 질문이에요. 이 사안에 대해 전문가처럼 굴진 않겠지만, 제 생각은 이렇습니다. 진보가 더욱 당당하게 이런 이야기를 해야 합니다. "북한은 독재국가다. 우리는 독재정권과 북한 주민에 대해서 각각 다른 관점을 갖고 있다. 형제인 북한 동포들에게는 정부가 경제적 지원을 할 것을 촉구하지만, 북한 정부의 공격적 자세에는 단호히 반대한다. 북한 정부는 양쪽 국민을 다치게 하지 말라. 동포를 위해 개방하라." 결국, 비판하는 방법이 중요합니다.

진보가 스스로의 언어로 프레임을 짜야겠군요. 안보와 강한 군사력을 이야기하는 우파와는 달리 접근해야겠습니다.

보수는 당연히 그렇게 이야기해야 합니다. 하지만 우리는 사람을 이야기하고 교역을 말하며 보호를 외쳐야 합니다.
우리는 강해요. 그 이유는 우리가 서로를 돌보기 때문이고, 또 자유롭기 때문입니다. 우리는 열심히 일하고 매우 유능합니다. 자유가 우리에게 그럴 수 있도록 허락한 겁니다. 위축될 필요가 없습니다.

민주적 아버지군요. 보수의 권위적이고 엄한 아버지상과 대조되는 부드럽고도 든든한 다버지상요.

우리는 강하기 때문에 두려울 것이 없고, 우리는 자유롭기 때문에 강합니다. 그리고 이것이 바로 애국자입니다. 우리는 애국자를 일컫던 낡은 틀을 국민이 내버리도록 다시 정의해야 합니다. 매우 중요한 일입니다.

이것이 우리의 애국심입니다. 안보, 애국, 성장, 모두 우리의 언어로 다시 만들어나가는 겁니다. 자, 이제 깃발을 듭시다!

인터뷰 후기

세상과 공유하는 삶

조지 레이코프 선생과 인터뷰를 하기 전, 그의 최근 글에서 미국 대통령 선거가 왜 중요한지 지적한 대목을 읽었다.
"보수가 대통령이 되면 보수의 언어가 중심이 되어 모든 선거에 작용할 것이다."
보수의 언어가 자주 노출되면 작은 동네의 교육위원회 선거에서도 진보인사의 자리는 줄어들 것이라는 경고였다. 만약 우리 중 누군가가 스스로 진보라고 여긴다면, 자기가 발 디딘 공간에서 진정성을 전달하면서 자신의 가치를 인정받고 자신의 언어가 사용되게 할 수 있을 것이다. 진보적 가치가 온 나라를 보살피는 키 프레임이 되도록 만들 주체는 어쩌면 그런 한 사람 한 사람이 아닐까 싶다. 미미한 물줄기가 모여 장강의 흐름을 이루듯이.

인터뷰를 시작하기 전 선생께 양해를 구하고자 입을 떼었다.
"선생님, 이 녹음기는 인터뷰를 풀어쓰는 데 사용하는 것이고, 이 캠코더는…… 이것도 인터뷰를 기록하려는 것인데, 만약 영상을 사용할 경우에는 제가 선생님께 허락을……."
내 설명이 채 끝나기도 전에 선생은 성급하게, 그리고 부드럽게 이른다.

"맘껏 쓰세요. 다 쓰세요. 괜찮아요."

이 말의 억양이 그리는 곡선을 따라 선생의 두 팔이 무대 위 지휘자처럼 활짝 열리며 손바닥은 하늘을 향하고 얼굴엔 미소가 햇살처럼 번졌다.

나는 2010년부터 2년여 동안 서구 현대미술의 거장들을 인터뷰하면서 한국과 다른 분위기에 늘 긴장해왔다. 그 거장들은 대부분 인터뷰에 사용하는 단어 하나하나에도 민감했고, 작품 이미지를 사용하는 경우 엄격한 제한을 가했다. 원고로 풀어내는 데 쓰려고 녹화를 하기 전에도 조건이 걸린 허락을 받아야 했으며, 어떤 경우에는 작가의 얼굴을 담을 수 없어 두 시간 동안 바지 아랫단만 녹화한 적도 있다. 물론 저작권 때문이다.

특수한 조건에 둘러싸여 있던 예술가들에 비해 그동안 만나온 서구 석학들은 자애롭고 여유로웠다. 한국에서 방송을 만들며 함께했던 지식인들과 다름없이, 자신이 아는 것을 세상에 내놓아야 한다는 의무를 지키려는 듯했다. 특히 시간당 노임에 출퇴근 시간까지 포함하는 미국 문화와 다르게 너무나도 관대해 당혹스러울 때도 있다.

자신의 말이나 이미지를 거침없이 사용하라고 하고, 자신을 이용해 세상의 일에 도움을 주라는 레이코프 선생의 유쾌하고도 겸손한 태도는 두 시간 내내 활기차고 자유롭게 대화하도록 자극해주었다.

프레임 이론의 권위자인 레이코프 선생에게 처음 연락을 취한 것은 〈오마이뉴스〉 기획연재 '깨어나자 2012: 석학을 만나다'를 막 시작하려던 2012년 2월이었다. 이메일을 몇 번 보내도 답이 없어 포기하려던 참에 한국의 총선 상황이 긴박하게 흘러가고 급기야 예상치 못한 여당의 승리를 접하게 되면서 다시 선생께 장문의 편지를 보냈다. 12월의 대선까지 네거티브 프레임이 이어질지도 모른다는 염려가 든 데다가, 선거를 삶의 현장이나 단위사업장의 투쟁과 동떨어진 채 계속 치러나간다면 온 국민이 함께 논의해야 하는 시대적 쟁점들이 묻히거나 보수의 논의 틀에서만 거론될 듯하여, 한발 물러나 선거를 살피는 조언이 필요하다고 생각했기 때문이다.

선거 시기에 프레임이라는 단어는 유행어처럼 반복된다. 나는 그 프레임이 도대체 뭐기에 프레임을 아느냐는 식의 논쟁까지 등장하는지, 권위자에게 직접 듣고 싶었다. 게다가 레이코프 선생의 《코끼리는 생각하지 마 Don't Think of an Elephant》는 야권 인사들이 수시로 거론하는 책이었다. 뜻밖에 선생에게서 한두 달 뒤도 아닌 바로 다음 주에 만나자는 답이 왔다. 그동안 새 책을 탈고하느라 연락을 해줄 수 없었으니 양해해달라는 말까지 덧붙이며.

UC 버클리 캠퍼스에 있는 언어학과 건물은 놈 촘스키 선생이 있는 세련된 MIT 언어학과 건물과는 달리 세월의 흔적이 쌓인 소담한 곳이었다. 그 건물에서 1972년부터 후학을 지도했다고 한다. 그러면서 선생은 앤티크풍 의자 두 개를 자랑했는데, 질 좋은 원목에 가죽 쿠션을 대어 편안하면서도 자세를 의젓하게 갖추도록 해주는 품위 있는 의자였다. 아주 오래전 은퇴하는 교수에게서 샀다고 한다. 가격을 알아맞혀보라고 하더니, 금세 8달러였다며 흰 수염이 날릴 정도로 웃었다. 아마도 처음 오는 손님에게 만 원짜리 의자들을 꽤나 여러 번 자랑하셨던 듯하고, 그 의도에 맞게 다들 화들짝 놀라며 감탄했으리라 짐작해본다. 물론 나 또한 부러운 마음을 여과 없이 넉넉히 표현했다.

책상 하나가 방을 꽉 채우는 좁은 연구실에는 자료가 담긴 박스와 책이 그득했고, 그곳에서 선생은 몰입하여 웅변을 토해냈다. 마치 한 시간 반짜리 연속강의를 하는 듯 막힘없는 답변이었다.

선생과 대담을 마치니 안개가 걷히는 느낌을 받았다. 그동안 프레임을 이야기하는 사람들에게서 마치 어떤 공식에 대입하는 듯한 인상을 여러 번 받았다. 그럴 때마다, 늘 변화하는 것이 본질인 세상의 일이 어찌 획일화된 틀 속에 정답처럼 똬리를 틀 수 있을까 의문이 들었다. 선생의 말을 들으며 이해한 프레임은 바로, 끊임없이 변화하는 세상 속에서 그 변화를 쫓으며 가치관을 적용하도록 일깨워주는 도구였다.

현실이 공공의 이익에 들어맞도록 이끌어가기 위해 우리는 발 딛고 서 있는 이 자리를 끊임없이 살펴야 한다. 함께 살아가는 이들의 어려움에서 멀어진다면 함께 나아가도록 이끌 언어를 전달할 수 없기 때문이다. 우리 내면에 있는 긍정의 프레임을 작동시키는 가장 효율적인 도구가 바로 창의적 언어인데, 이것은 세상 모두의 삶 속에서 함께 나누고 부대껴나갈 때만 전달할 수 있다. 가장 상위에 있는 도덕적 가치 프레임은 우리 모두의 열망이 담긴 진정성과 연결된다. 진정성을 갖췄을 때 세상 사람들의 갈급함을 대변할 수 있고 연대의 끈 또한 더 단단해질 것이다.

더불어 진보의 가치를 품은 한 사람 한 사람이 서로의 생각 차이를 넘어 큰 틀에서 함께하는 마음으로 다가선다면 자연스레 좁은 마음을 풀고 큰 밑그림을 보게 될 것이다. 그 속에서 공공의 가치를 담는 화해와 긍정의 언어를 스스로 찾아내지 않을까? 그 언어와 삶이 일치하게 되면 주변의 신뢰는 자연스레 따라올 것이고, 그럼 우리가 믿는 진보의 가치도 신뢰를 얻을 것이다.
레이코프 선생의 말을 들으며, 가치 프레임을 세우고 창조적 언어와 실천을 이루어나갈 주체는 멀리 정계에 있는 권력자들만이 아닌 우리 개개인이 될 수도 있겠다는 것을 깨달았다. 아마 그가 전해준 진심 어린 조언이 내 안에 있는 긍정의 프레임을 작동시키지 않았나 싶다.

인터뷰를 마치고 돌아오는 길에 태양을 품은 듯 뜨거운 기운이 온몸에 돌았다. 문득 선생의 미소와 크게 휘젓는 손짓으로 전하던 환영의 에너지가 열어놓은 기운이구나 하고 느꼈다. 마음을 활짝 열지 못하는 현대 도시인의 경직된 몸짓…… 말을 나누기 전에 그런 경계의 기운이 상대의 마음까지 차갑게 굳히는데, 그날 선생과 함께한 시간은 온전히 활짝 열린 소통으로 가득했다. 대화 도중 어떤 선입견이나 평가도 없이 열린 진심으로 다가가도록 선생께서 먼저 열어주었기에 가능했다.
선물로 차를 건넸을 때도 선생은 버클리에 정말 좋은 잎차를 파는 녹차 가게가 있다며 위치까지 일러주었고, 중국인 차상이 햇차가 나올 때 직접 중국에서 사가지고 온다는 살가운 정보 또한 나눠주었다. 레이코프 선생이 뿜어내는 긍정의 기운은 공유하는 삶의 자세에서 나오는 것 아닌가 싶다.

미하이 칙센트미하이
Mihaly Csikszentmihalyi

스스로 행복을 찾아가는 삶
경쟁보다 소중한 존재의 가치

미하이 칙센트미하이　　　　　　　Mihaly Csikszentmihalyi, 1934년생, 헝가리

'긍정심리학positive psychology'을 이끌어온 세계적 석학으로, 40년 동안 시카고 대학교 심리학 교수로 재직했으며, 현재 클레어몬트 대학원대학교에서 피터 드러커 경영대학원 심리학 교수이자 삶의 질 연구소 소장으로 일하고 있다. 행복과 창의력 연구의 권위자인 그는 미국교육아카데미와 미국여가학아카데미 회원으로서 미국인의 행복과 삶의 질을 높이는 정책을 조언하고 있다.

그의 '몰입flow' 이론은, 인간의 행복이 물질의 소유가 아니라 자아 성취를 통해 생겨나며, 창의력 또한 타고나는 것이 아니라 자발적 노력으로 만들어지는 것임을 보여준다. 또 명상 역시 몰입 상태에 이르는 데 도움을 주며, 어떠한 활동을 하면서 그것에 완전히 몰입한다면 그 순간 에고ego가 사라지고 시간의 흐름도 느끼지 못한다. 이러한 몰입의 시간을 통해 자연스레 연마한 기술 위에서 창의력이 꽃핀다. 그의 이론은 덴마크, 핀란드, 일본 등 세계 여러 나라의 교육 정책에 적극 수용되고 있으며, 그 밖에도 많은 기업들이 경쟁력을 높이기 위해 그에게 컨설팅을 요청하고 있다. 그는 구성원이 행복해지도록 민주적 동기를 부여하라고 조언한다.

주요 저서로 《몰입Flow》(1990) 《청소년Being Adolescent》(1984, 리드 라슨Reed Larson과 공저) 《자기진화를 위한 몰입의 재발견The Evolving Self》(1994) 《창의성의 즐거움Creativity》(1996) 《몰입의 즐거움Finding Flow》(1998) 《어른이 된다는 것은Becoming Adult》(2000, 바버라 슈나이더Barbara Schneider와 공저) 《몰입의 경영Good Business》(2003) 등이 있다.

미하이 칙센트미하이

자녀를 학원에 보내지 않는 한국의 40대 중년들을 만났다. 그들의 아이는 선행학습을 하지 않는다. 그 아이들의 성적이 궁금했다. 엄청난 비용을 내며 사교육을 받는 아이들보다 높기를 바랐지만, 현실 속 아이들의 성적은 중간 혹은 그 아래였다. 초등학생과 중학생 자녀들이 경쟁하기보다는 자유롭게 호기심을 개발하고 자아를 성숙시킬 수 있는 대안교육을 주도했던 부모들 가운데 꽤 여럿이 결국 입시교육으로 돌아섰다. 부모의 교육철학 때문에 아이가 실험대상이 되는 것은 아닌지 하는 불안을 넘어 자책까지 밀려든다고 했다.

모두들 우리의 교육이 문제라고 입을 모으며, 오늘날의 사회적 불안과 지나친 경쟁도 기성세대가 받아온 교육 탓이라며 책임을 묻는다. 다들 마음속으로는 아름다운 교육 풍경을 꿈꾸지만 불안한 미래 때문에 더 경쟁적인 교육에 몰두하는 것이 부모들의 현실이다. 이런 어려운 문제를 안고 미하이 칙센트미하이 교수를 만났다. 2012년 4월 9일 클레어몬트 대학원대학교에 있는 선생의 연구실에서 인터뷰했다.

칙센트미하이 선생을 만나기로 한 시각은 오전 11시였다. 비행기를 타고 이른 아침 로스앤젤레스에 도착했고, 다시 차를 빌려 한 시간 운전을 해서 포모나에 다다랐다. 사막의 높은 산 아래 자리한 작은 도시에 있는 클레어몬트 대학원대학교는 소담하면서 정갈했고, 특히 선생의 연구실이 있는 곳은 작은 주택을 개조한 듯 평안함이 묻어났다. 난 그렇게 마음을 모으며 선생에게 향했고, 흰 수염이 가득한 노교수는 책상 위에 책 한 권을 올려놓고 인터뷰를 기다리고 있었다. 표지에 거울이

붙어 있는 독일 책인데, '난 그 일에 대해 잘 알지 못했단다'라는 제목이 적혀 있었다. 표지에는 어린 소녀가 억울한 듯 거울을 독자에게 들이대며 무표정하게 서있었다. 책 속의 이야기를 선생이 들려주었다. 소녀가 자기 할아버지에게 물었다고 한다.

"왜 이런 일이 일어나도록 내버려둔 거예요?"

제목은 바로 할아버지의 변명이었다.

"난 그 일에 대해 잘 알지 못했단다."

한국은 자살을 권하는 사회가 됐다. 그 많은 죽음이 이어진 다음에도 우리 역시 "잘 알지 못했다"고 답하고 있다. 그 우울함을 안고, 여러 나라에 행복의 조건을 컨설팅해주는 칙센트미하이 선생과 이야기를 나누기 시작했다.

...

한국은 교육열이 높아 모든 국민이 교육 전문가라고들 합니다. 그만큼 교육에 대한 다양한 주장들이 펼쳐집니다. 교육이란 무엇인가요?

원숭이나 사자, 기린은 교육이 필요 없습니다. 유전자에 프로그램이 입력된 채 태어나기 때문이죠. 먼저 태어난 동물의 행동을 따라 하긴 하지만 그리 많이 배우지 않아도 잘 살아갑니다. 하지만 인간은 다르죠. 선천적으로 완전한 프로그램을 갖추지 못합니다. 사실 우리가 하는 활동 대부분이 유전적으로 입력된 것이 아니라 습득한 거예요. 예를 들어 말하는 것도 배워야 합니다. 말을 어떻게 사용할지는 알지만 실제 단어와 표현은 따로 익혀야 하고, 글쓰기와 수학

도 마찬가지죠. 이렇듯 각자가 속한 문화에서 중요하게 여겨지는 정보를 습득할 수 있도록 우리의 뇌는 점점 커져왔습니다.

문제는 문화가 급격하게 바뀔 때인데, 이럴 때는 무엇을 가르쳐야 할지 갈피를 잡기가 힘들죠. 아이들이 사회에 나올 때 무엇이 필요할지 교육을 주도하는 기성세대가 예측할 수 없기 때문입니다. 그 아이들이 스물다섯이 될 때, 지금 우리가 학교에서 공급하는 것과는 완전히 다른 정보체계가 필요할 수도 있습니다.

게다가 아이들은 우리에게 이렇게 묻습니다. "왜 역사를 배워야 하고, 문학을 배워야 하죠?" 우리도 아이들에게 "교양 있는 사람들이 알아야 할 것이니까"라고 당당하게 대답해주기가 꺼림칙합니다. 아이들은 새로운 기술을 배우는 것이 더 쉽고 유용하다고 생각하죠. 어른보다 훨씬 빨리 습득하고요.

오늘날 우리의 교과 내용들은 이렇듯 아이에게도 어른에게도 선명하게 다가가질 못하고 있습니다. 그것이 한국뿐 아니라 모든 곳에서 일어나는 문제입니다.

그래서 교육 역시 앞으로 시장에서 각광받는 내용을 갖춰야 한다는 요구가 있습니다. 최근 5년 동안 한국 정부가 시행해온 교육 개혁은, 형평성에 치중하면 교육의 질이 떨어진다는 전제 아래 이뤄졌다고 해도 과언이 아닐 거예요. 시장에 적합한 인력이 효율적으로 생산되도록 대학은 취업 도구가 되었고, 고등학교 역시 성적 중심의 재배치가 이뤄지면서 외국어·과학·영재 등의 특수목적고등학교에 자립형 사립고 등으로 분화되어 입시경쟁이 오히려 가중되고 있습니다. 자연스레 중학생들까지 가치관을 세워나가야 할 시기에 입시에 매달리게 됩니다.

지금 이 시대에는 통합을 강조해야 합니다. 지난 2000년간의 학습은 분화된 정보들을 입력하는 수동적인 방식이 대부분이었죠. 우리도 분화된 정보를 배우고 가르치는 데 익숙해져 있고요. 그런데 이런 관습은 더 이상 효율적이지 않습니다. 이제는 세상에 넘쳐나는 정보를 어떻게 이해하고 의미 있게 가공해낼지에 관심을 기울여야 해요.

아이들이 인문학보다 컴퓨터에 더 호기심을 보이고 더 능숙하죠? 컴퓨터는 온갖 자세한 이야기와 정보를 줍니다. 하지만 삶 속에서 이를 연결 짓고 사용하는 법을 가르치고 배워야 합니다. 아쉽게도 우리는 통합에 서툽니다. 경제, 물리, 생물 등이 모두 분리된 연구의 결과이기 때문이죠. 이제는 하나로 연결 지어 생각해야 합니다. 왜냐하면 자본의 흐름 같은 경제 문제를 고려할 때도 앞으로는 더욱 대기나 수질 등의 환경 문제가 중요해지기 때문입니다. 이런 문제는 경제학자보다 물리학자, 생물학자, 화학자가 더 잘 알고, 또 이 영역에서 지식을 분리하여 사고하는 것이 더 이상은 불가능해지고 있어요. 그러니까 융화되어야 합니다.

어린 친구들에게는 자신의 관심사에 마음을 쏟아부으면서 익히고 발산할 수 있는 시간이 필요합니다. 그러려면 우리가 학교를 창의적인 공간으로 만들어주고, 창의력을 스스로 끌어낼 기회를 줘야 하는데, 정보를 주입하는 식의 일방적인 교육에서는 학생들이 주도적으로 이끌어나가는 법을 배우지 못합니다. 이는 나중에 그 학생의 인생에 부정적인 요소로 작용할 수도 있어요. 수동적인 학생은 어른이 되어 난관에 부딪힙니다. 우리는 학습을 개별적인 활동으로 인식하지만, 사실은 그렇지 않습니다.

융화라는 말을 들으니, 이제 한 학생이 습득해야 할 것이 더 많아지는구나 하는 부담도 밀려옵니다. 워낙 한국 사회가 경쟁이 심한 교육 환경을 갖고 있기 때문에, 창의력조차도 저는 평가의 기준이라든가 점수 같은 경쟁적 사고로 접근하게 됩니다.

보통 공부는 혼자서 읽고 쓰는 극기의 과정이죠. 그런데 이와 달리 실생활에서 벌어지는 문제들은 대부분 집단이나 팀이 함께 풀어갑니다. 특히 요즘에는 혼자 풀어낼 수 있는 문제가 거의 없습니다. 그래서 어린이들이 팀을 이뤄 함께 풀어가는 법을 반드시 배워야 합니다. 융화란 함께 풀어나가는 겁니다.

협동하게 만들 때 우리는 학생 개개인이 주도권을 갖도록 더 많은 여유를 마련해주어야 합니다. 함께 풀어내는 과정에 모두 주도적으로 참여하는 거죠. 문제를 풀려면 서로에게 귀 기울이며 의견을 결합하고 조율해야 한다는 것을 이런 경험으로 자연스레 배우게 됩니다. 저는 혼자서 잘하는 것이 그리 바람직하다고 생각하지 않아요. 학생에게 자율권을 주고, 학생 스스로 배움에 책임감을 갖게 하고, 동료와 함께 팀을 이뤄 문제를 풀어가게 하는 것, 이 세 가지가 교육 시스템이 갖춰야 할 요건입니다. 이렇게 진행되지 않으면 현대 사회에서 좋은 교육 효과를 얻을 수 없어요.

미국에서 경험한 발도르프 교육이 떠오릅니다. 구구단 배우는 모습에 충격을 받았죠. 둥그렇게 원을 만들고 교사가 그 가운데에서 "7 곱하기 8은?"이라고 물으며 공을 던지면 그 공을 받은 아이가 답을 합니다. 차례차례 돌아가면서요. 저 같으면 차례가 오기 전에 미리 답을 준비하고 기다릴 텐데, 아이들은 옆 친구의 답에 귀를 기울이고 있었어요. "8 곱하기 8은?" 질문에 "64"라고 답하면, 다음 친구는 거기에

8을 더해 답했고, 그렇게 12단, 13단을 이어가도 옆 친구의 대답을 듣고 12나 13을 더해 막힘없이 답했습니다. 제게 구구단은 암기하는 것이었는데, 이 여덟 살 아이들은 같은 수가 계속 더해진다는 원리를 옆 친구의 답에 귀 기울이며 몸으로 터득하더군요.

학생들에게 스스로 하도록 자율권을 주면 됩니다. 그러면 아이들은 책임감을 갖고 배웁니다.
제가 참으로 아름답다고 생각하는 수업이 있어요. 최고의 교실이었죠. 헝가리에 있는 초등학교인데, 선생님 한 명에 나이가 제각각인 학생 28명이 있었습니다. 그 남자 교사는 아이들을 직접 가르치질 않더군요. 매일 아침 이렇게 이야기했습니다. "그래, 너희 세 명은 저 오빠한테 수학을 배우렴. 너희 넷은 여기 이 누나에게 역사를 배우고." 그리고 나이 많은 학생들을 준비시키는 일만 한 겁니다. 그렇게 넷이나 다섯 그룹으로 반을 나눠 매일 지도했는데, 정작 그룹 안에서 설명을 하는 사람은 나이 많은 고학년 학생이었어요. 그렇게 하는 특수한 배경이 있긴 했습니다. 1학년부터 8학년까지 한 선생님이 지도해야 하기 때문이었어요. 여섯 살부터 열다섯, 열여섯 살까지 한 반에 있었던 거죠. 참관하던 저 역시 그날 고학년 학생한테 배웠는데, 어떤 학생은 역사를 참 잘했고 어떤 학생은 수학을 정말 잘했어요. 그런 선배들이 어린 후배들을 가르쳤습니다. 그들은 자기가 하는 일을 아주 재미있어했습니다. 그렇기 때문에 열심히 배우고 그걸 소화하여 가르친 거죠.

직접 가르치면서 그 과목을 더 잘하게 되었겠다 싶기도 하지만, 아무래도 전문 교사가 각 학년을 집중해서 가르치는 것이 더 효과적이지 않을까요? 제가 학부모라면 좀 불안할 듯합니다.

아이들은 참여하면서 모두 굉장히 즐거워했어요. 정말 신 나서 가르치고 배우고 아끼고 하더군요. 그러니까 제가 하고 싶은 말은 가르친다는 활동에 꼭 교사, 학생, 강의 등의 요소만 있는 것이 아니라는 겁니다. 훨씬 더 효과적인 방식이 얼마든지 있고, 그것을 개발하는 것이 교육계에 있는 이들의 역할이죠.

제 사고는 아직 경쟁적 입시교육 속에 있고 선생께서는 행복한 학교에 대해 말씀하시니, 제 사고의 틀이 경쟁주의에서 비롯된 한국 사회의 병폐를 반영하는 것 같습니다.

이런 학습이 갖는 진정한 가치가 있습니다. 그 각각의 학생이 어린 후배들에게, 그러니까 타인에게 책임감을 가진다는 겁니다. 그러면서 서로를 보살피게 됩니다. 그 헝가리 선생님은 오케스트라 지휘자 같았어요. 아주 아름다운 수업이었습니다.
아쉽게도 우리에겐 전 세계에 일반적으로 적용할 수 있는 교육 프로그램이 없습니다. 다만 가장 가치 있는 교육 프로그램이라고 제안할 수 있는 것이 하나 있다면, 교사들이 자기 학생들에 대해 잘 알아야 한다는 겁니다. 서로 사이좋게 이해해야 하는데, 그러려면 교사가 아이들 속으로 들어가야 해요. 애들이 자기가 뭘 좋아하는지 스스로 말하고 싶게끔 해야죠. 그럼 그걸 적어놓았다가 가르칠 때 적용하고, 서로 관심을 나눌 통로를 더 많이 발견하게 되겠죠.

물론 모든 학생에게 이런 기회를 줄 수는 없습니다. 그렇다 해도 다수의 학생이 그런 대접을 받을 수 있도록 애써볼 수는 있지 않을까요?

《교육 과정The Process of Education》이라는 저서로 세계 교육계에 큰 영향을 미친 교육학자 제롬 브루너Jerome Bruner의 말이 생각납니다. "교육은 교육자가 세상에 대안적 시각을 제시하고 탐험하겠다는 의지를 세울 때 강화된다." 그러면서 브루너 박사는 교사의 열정을 강조했죠. 공교육 위기가 거론되는 현재 누구보다도 교사의 역할이 중요하다고 봅니다.
선생은 미국교육아카데미 회원으로서 교육 정책에도 많은 조언을 하시겠죠. 그런데 미국의 교육은 조지 W. 부시 행정부를 거치면서 공립학교 예산이 학생들의 점수에 따라 배정되는 등 경쟁 중심의 구도로 변해가고 있습니다. 초등학교 저학년의 경우, 캘리포니아 주에서 최근 2년 사이에 한 반 정원이 20명에서 30명으로 과밀해지면서 사립학교로 이탈하는 학생이 늘고 있고요.

네, 그렇습니다. 미국에는 구조적인 한계가 있죠. 프랑스나 한국처럼 교육부가 있어 그곳에서 규정을 갖추는 것이 아니라, 모든 도시나 마을이 자기들만의 교육감을 두고 어떤 교과서를 사용할지 등의 세부 사항까지 결정합니다. 미국에서 통일적인 정책을 만드는 것은 거의 불가능합니다. 오히려 제 의견은 외국, 비교적 작은 국가에서 실효를 거두고 있습니다.
덴마크가 대표적인 예입니다. 특히 이들은 '몰입flow' 이론을 학교 정책으로 도입하는 국가적인 프로젝트를 추진해나갑니다. 핀란드도 제 아이디어를 많이 활용하고요. 싱가포르에는 직접 가서 조언을 했

© Jennifer Yates

미국 캘리포니아 주 새크라멘토의 카밀리아 발도르프 학교 5학년 학생들이 카누 만들기 수업에서 대나무를 엮어 호수에 띄우고 있다. 경쟁보다는 협력을 통해 배우면서 아이들은 스스로 행복을 찾는 법을 익힌다. 그 학교의 모토는 이렇다.
"교육은 경주가 아니라 여정(旅程)이다."
교육을 고민하면서 우리가 찾는 답은 어쩌면 종교와 철학이 구하는 답과 닮지 않았을까 싶다. 당장의 수업이 조금만 바뀌어도 학교가 밝아지고, 내일의 세상도 좀 더 활기를 띨 것이다.

는데, 깊은 관심을 보였지만 얼마나 많이 받아들였는지는 모르겠습니다. 일본 정부 관계자와도 교육 변화에 대한 토론을 했어요.

최근 일본의 '배움의 공동체'에 대한 연구가 한국 교육운동가들에게서 각광받고 있습니다. 실제 현장에 도입되기도 하고요. 경쟁에서 배우는 것에는 한계가 있다는 반성이 일고 있기 때문입니다. 더불어 한국 교육계에서 가장 좋은 대안으로 떠오르는 것이 핀란드와 덴마크의 교육입니다. 그들의 혁신을 배우자는 의견이 많고, 실제로 이민을 떠나는 경우까지 있습니다. 물론 이들 나라에서는 사회 전반의 제도와 문화가 뒷받침되기에 자본의 논리에서 벗어나 평등한 기회를 부여하는 교육이 이루어진다고 봅니다. 특히 교육 내용의 창의력과 혁신은 국제적으로 주목받고 있습니다. 이들도 협동을 우선시하나요?

제가 협동보다 먼저 강조하는 것은 모든 학생이 자신의 가능성을 드러낼 수 있는 기회를 가져야 한다는 것입니다. 교육자는 아이들에게서 스스로 배우겠다는 의지가 샘솟도록 접근해야만 하고요. 점수나 등급 때문에 공부에 매달리는 것이 아니라 순수한 관심을 기울이게 하는 수업 방식을 교육부에서, 또 일선 현장에서 마련해야죠. 그러면 우리 학생들은 스스로 배웁니다.

그들이 좋아하는 것을 어떻게 발견할 수 있을까요?

각자가 찾아야 합니다. 샌프란시스코에 사는 제 손자들 다섯 명은 모두 몬테소리 학교에 다녀요. 학교 가기를 참 좋아하죠. 아주 많은 걸 배웁니다. 교과목뿐 아니라 서로 돕는 것을 배우는데, 아침에 교실에 들어올 때부터 외투를 벗어 옷걸이에 걸고 옷가지를 정리하면서 다른 학생들을 살피고 도와줍니다. 특히 어린 동생들을 거들도록 합니다. 후배들이 잘하는지, 먹는 것은 어떤지, 서로 잘 지내는지도 살피도록 책임을 부여받습니다. 그 아이들이 배우는 핵심입니다.

사회 과목social study을 그런 식으로 가르치는 걸까요?

그렇게 적용될 수도 있겠네요. 그러면야 진짜 사회 과목이 성공적으로 완성되는 거죠. 저는 발도르프 교육도 좋다고 생각하고, 몬테소리도 마찬가지로 최상의 교육 프로그램이라고 봅니다. 창시자인 마리아 몬테소리는 어린이들이 배우는 것을 좋아하고 집중하고 몰입할 수 있다는 것을 이해했어요. 아이들은 마음에 드는 관심거리 속으로 완전히 들어갑니다. 그러니까 그녀의 결론은 아이들을 그들의 큰 관심거리 속으로 집어넣는 교육을 하자는 것이었어요.
기하학적인 도형이 펼쳐진 곳에 아이들을 탐험하도록 놔둬봅시다. 잠시 후에 다가가서 "이쪽 변이 마주 보는 변과 길이가 똑같다는 것을 알았니?"라고 물어보면, 아이들은 "네, 알아요" 그럴 겁니다. 실제로 그래요. 또 거북이를 바라보고 있는 학생에게 갑니다. "어떤 거북이가 가장 건강하게 보이니? 이유는 뭐지?"
교사의 역할은 가르치는 것이 아니라 학생이 배우고 싶은 마음을 갖도록 함께 노력하는 겁니다. 그렇게 마음이 움직인 학생에게는 선생님이 가르치고 싶은 모든 것을 줄 수 있어요. 최고의 학교 시스템이라고 불리는 교육들에 이러한 환경이 잘 조성되어 있죠.

저는 학부모로서 여러 교육 이론들을 조금씩 살펴보기도 했습니다. 이탈리아 로마나 지역에서 발생했다는 교육 공동체 형식의 레지오 에밀리아, 몬테소리 학교, 그리고 몇몇 가톨릭 학교를 눈여겨보았어요. 그중에 몬테소리와 발도르프 교육에 불교의 생명존중 사상을 접목한 샌타크루즈의 타라 레드우드 스쿨은 특히 인상적이었습니다. 캘리포니아 주립공원 속 원시림에 있어 도심에서 등교하는 학생들에게 대자연의 풍광에서 탐험하듯 공부하는 환경을 제공하는 것도 특별했고, 동서의 철학과 문화를 융합한 점이 아이들을 순하게 이끌더군요. 그곳 아이들은 그 지역에서 착한 학생들로 유명했습니다. 또 요즘에는 성적을 강조하니까 미국에서도 아카데믹한 프로그램을 강조한 형식, 가령 발도르프 교육에 싱가포르 수학 과정을 넣는 것 같은 응용 형식까지 생겨나고 있습니다.

우리 교육에는 늘 부족한 부분이 있습니다. 사실, 우리가 이루어온 문화 속에서 가장 우수한 것을 가져오고 이를 후세에 전달하는 일은 매우 힘듭니다. 우선 우리가 가진 것 중에서 무엇이 최고인지 알지도 못하고, 또 아이들이 자란 뒤엔 무엇이 가치 있을지 예견하기도 어려우니까요. 어린이들은 서로 다른 관심과 재능을 갖고 있습니다. 모든 사람에게 이 모든 것을 전달할 수는 없습니다.

사실 모든 것이 늘 변화하기 때문에 불안합니다. 부모나 학교의 입장에서는 현재의 경쟁 상황이 미래까지 이어질 것이라는 불안감에 지금 남을 제치고 앞선다면 조금 안심이 되는 거죠. 성적과 대학의 순위가 보험의 효과를 준다고 할까요? 이는 사회 전반의 경쟁의식과 복지에 대한 불안감에서 비롯되는 반응이라고 봅니다.

이해할 수 있어요. 제 큰아들이 수학을 아주 잘해서 하버드 대학교

에 들어갔습니다. 수학을 전공하면 엔지니어, 의사, 생명공학 등 좋은 직업을 얻을 수 있으니 저도 든든했죠. 그런데 1년이 지나 중국 고대사를 공부하겠다고 하더군요. 그건 보험이 아니었어요. 그래도 아들은 그 길을 갔고, 지금까지 그 일을 사랑합니다. 만약 그 아이가 수학을 선택했다면 소진되었을 거예요. 아들은 그 길이 너무나 좁고 인간미가 없다고 했으니까요. 제가 지금 이 말을 드리는 것은, 당신의 아이가 어떤 순간에 최고라고 선택하는 것은 그 아이의 본능에서 나오는 매우 소중한 결정임을 깨달으라고 당부하기 위해서입니다.

경제는 늘 변화하고 있습니다. 그렇기 때문에 진짜로 자기가 원하는 것을 선택해서 배우고 숙달되는 경험이 더 중요합니다. 마음에서 우러나 노력하고 자신감을 갖는다면, 배움 자체를 받아들이고 영원히 배우는 자세를 놓지 않을 거예요. 이미 숙달이 됐어도 그 길이 더 이상 만족을 주지 못하면 다시 새로운 배움을 시작할 테고, 그것도 잘 헤쳐나갈 겁니다. 스스로 자신의 행복을 만들 줄 아는 지혜를 얻었기 때문이죠.

선생의 책 《몰입Flow》을 읽으면, 하나의 일에 흥미를 가지고 매진해서 통달한 이가 더 이상 흥미를 느끼지 못했을 때 다시 다른 일에 도전하는 예를 반복적으로 볼 수 있습니다. 물론 새로운 일에서도 어느 정도 몰두의 시간을 보낸 다음 또 두각을 나타내죠.

그렇기 때문에 멀리 내다보는 그들의 삶은 늘 행복을 추구하며 나아가는 셈이죠. 물론 당신도 나도 앞으로 무슨 일이 생길지 결코 완벽하게 내다볼 수는 없지만 과정 속에서 행복을 누리게 됩니다. 행복은 우리가 무언가를 하면서 '나는 이 일을 참 잘한다'라고 만족감을 느낄 때 찾아와요. 그 일이 아무리 단순하고 단조롭더라도 스스로 자부심을 갖는 사람들은 훨씬 행복해합니다. 공장의 조립 라인에 앉아서도 올림픽 출전 선수와 같은 도전을 하는 이를 보았고, 일생 동안 생선회를 얇게 저미면서 커다란 회사의 CEO보다 더 만족하는 이도 만났습니다. 그래서 저는 부모와 교육자가 학생이 더 잘하는 일을 가르쳐야 한다고 봅니다. 누군가 스스로의 행복에 책임을 느끼면서 이를 찾아가는 길은 바로 자기가 좋아하는 일을 하는 겁니다.

현대의 물질문명 속에서 많은 어른들이 소외감을 호소합니다. "왜 우린 학교에서 행복해지는 법을 배우지 못했는가?" 탓하기도 합니다.

한국 학교도 학생을 중심에 놓고 그들이 변화를 모색해나가도록 만들어야 합니다. 그래야 똑똑하고 교육받은 학생들이 사회에 나가서도 자기 역할을 찾을 수 있죠. 자기가 원하는 것이 무엇인지도 모르고 졸업한다면, 길을 잃어버린 것과 같아요. 사회는 성적이나 성과가 해결해주지 못하는 문제들로 가득합니다. 성적 위주, 성과 위주의 교육은 시간이 지나면 국가의 위기로 돌아옵니다.
아이들은 자연을 돌보고 공기와 물, 들판에 대해 책임감을 지니며 서로에 대해서도 책임감을 보여주는 어른으로 자라나야 합니다. 문화적·정신적으로 계발되어야 해요. 이것이 국가가 꾀해야 하는 사회 변화의 본질이죠. 이런 사회적 마음을 갖도록 가르치는 것이 바

미하이 칙센트미하이

로 교육입니다.

그동안 스웨덴, 오스트리아, 일본, 핀란드, 헝가리 등 여러 나라의 최고지도자에게 조언을 해오셨습니다. 물론 한국을 방문하셨을 때도 많은 조언을 주신 걸로 압니다. 그리고 2010년 7월에 캐나다 밴쿠버에서 선생을 인터뷰했을 때, 제게 서울시와 한국 정부에 대해 물으셨습니다. 당시 한국 정부가 선생께 지속적인 조언을 부탁하며 큰 제안을 했다고 하셨죠.

그때 한국 정부로부터 국가적인 기획으로 추진될 창의력 센터를 맡아달라는 제안을 받았습니다. 엄청난 자금 지원과 협조를 약속했어요. 하지만 맡지 않았습니다. 가장 큰 이유는 내가 한국어를 모른다는 것이었고, 또 그 일에 대해 확신이 생기지 않았기 때문입니다.
베이징에서도 '더타오 마스터'가 되어달라고 초청했어요. '베이징 더타오 마스터스 아카데미Beijing DeTao Masters Academy, 北京德稻教育機構'에서는 세계적인 석학과 예술·IT 등 각 분야의 거장들을 초청합니다. 정부에 있는 사람들이 함께 대화하며 아이디어를 발전시켜나가는 자리죠. 창의적인 프로그램이지만, 이 역시 하지 않기로 했습니다.
창의력은 대부분의 사람들이 갖고 있습니다. 창의력이 사회 속에서 표출되지 않는 것은 사람들에게 창의력을 쓸 마음이 생기지 않는다는 뜻입니다. 사회가 개인의 창의적 아이디어를 받아들이지 않기 때문이죠. 공급이 아니라 수요가 부족한 겁니다.

창의적인 아이디어를 생산하는 센터를 만들기에 앞서 사회 리더들이 열린 자세를 보여야겠군요. 당시 선생의 질문에 한국 정부가 눈에 보이는 개발 위주의 행정을 펼치고 신자유주의에 휘둘린다고 말씀드렸습니다. 그러면서도 한국 인문학이 새로운 기운을 받을 수 있는 기회인데 괜한 말씀을 드렸나 하는 자책도 조금 들었고요. 물론 여러 경로로 의견을 수렴하셨으리라 여깁니다.

창의적인 환경은 창의력을 불러내는 뮤즈muse(시, 음악, 예술의 여신) 입니다. 역사를 살펴보면, 특정한 시기에 한 도시에서 느닷없이 창의성이 번성합니다. 그리스의 아테네, 이탈리아의 피렌체, 프랑스의 파리 등이 그랬죠. 갑자기 수많은 창의적 기운이 과학, 예술, 철학, 인문 등에서 일어났어요.

르네상스라고 불리는 운동도 1400년부터 1425년까지 단 25년 사이에 피렌체에 불었던 기운입니다. 이 시대의 생산물은 오늘날 위대한 예술로 인정받고 있습니다. 이는 사람들이 알약을 먹고 갑자기 창의적으로 변해서 만들어낸 것이 아닙니다. 사람은 그 전이나 후나 똑같습니다. 다만 그 시기에 도시 전체가 뭔가 창조적인 결과물을 원했을 뿐이죠. 대다수의 부자들이 새로운 예술, 좋은 예술을 가지려 했고, 주교와 정부의 지도자, 은행가들이 새로운 기술, 새로운 아이디어, 새로운 예술, 새로운 시각을 원했던 겁니다. 좋은 작가에게 기꺼이 돈을 지불하며 모든 도구와 원조를 제공했어요. 창의력은 그렇게 해서 세상에 나오게 됐습니다. 바로 사람들이 공급해준 거죠.

내 생각에 이와 같은 일은 또 생길 수 있다고 봅니다. 사람들이 자꾸 새로운 전자 기기를 찾는 것도 그런 환경을 제공하는 셈입니다. 이전에는 없던, 기존의 틀에서 벗어난 사고 속에서 새로운 시도들이 나오는 것도 창조적 환경의 부산물이죠.

우리가 이보다 더 염두에 두어야 하는 것은 창의성이 적용될 수 있는 공간을 만드는 겁니다. 창의성이 갈 곳이죠. 홑개를 펼 여건만 되면 사람들은 너도나도 나설 거예요. 창의적인 사고가 퍼져나가게 됩니다. 사람들은 아시아 문화가 너무 고답적이라는 선입견을 가지고 있습니다. 참신한 생각을 받아들이지 않는다고 하죠. 우리가 과거의 틀에 심하게 매여 있다면 창의적인 생각이 나와도 그 가치를 알지 못합니다. 창의력으로 향하는 첫걸음은 더 이상 세상에 옳은 답은 오직 하나라고 주장하지 않는 것입니다.

더 유연하고 느슨한 사회가 더 많은 창의력을 공급할 수 있는 건가요?

그렇게 쉽게 이야기할 수 있는 사안이 아닙니다. 단순하지 않아요. 창의적인 사회를 들여다보면, 거기서는 아주 심한 경쟁이 벌어지며 기대 수준이 매우 높다는 것을 알 수 있습니다. 그래서 우리는 하나의 도그마 dogma(독단적인 신념이나 학설)를 내세우거나, 또는 갈 수 있는 길이 단 하나뿐이라고 정의할 수 없는 거죠. 사람들은 다양한 시도를 할 수 있었고, 혁신을 이루도록 북돋아졌지간, 살아남은 결과물은 정말 최고의 것들뿐이었잖아요? 무엇이 좋고 싫은가에 대한 강한 감각이 저변에 있는 거죠. 어린이들에게도 일찍부터 스스로 생각하는 기회를 충분히 줘야 합니다.

하버드 대학교의 심리학자 하워드 가드너 Howard Gardner가 창의력에 대한 책을 몇 권 썼습니다. 그 책 가운데 이런 일화가 소개되어 있어요. 가드너 부부가 중국의 한 호텔에 머물면서 카드처럼 생긴 방 열쇠를 아이한테 열라고 건넸다고 해요. 아이는 열쇠를 받아 쥐고는 구덩에 끼워보려고 이리저리 맞춰보았습니다. 아이가 잘 못해도 가드너 부부는 그저 잠자코 지켜보며 아이 스스로 잘 넣는 법을 알아가도록 기다렸죠. 그런데 아이가 성공하기도 전에 호텔 직원이 오더니 아이 열쇠를 가져다가 문을 열더랍니다. 그러면서 부모를 쓱 훑어보더래요. 뭐 이런 부모가 있나 싶었겠죠.

여기서 우리는 교육에 대한 두 가지 접근법을 보게 됩니다. '어떻게 하는지 아이에게 보여주기'와 '아이가 스스로 발견하도록 놔두기'입니다. 스스로 발견하기까지는 시간이 더 오래 걸리고 좌절도 할 수 있다고 하겠죠? 하지만 저는 그런 말에 흔들리지 않습니다. 거듭 말하지만, 창의력으로 향하는 첫걸음은 사람들에게 세상에 답은 오직 한 가지라고 가르치기를 멈추는 겁니다.

선생께서 이야기하는 창의력 교육은 자발적으로 참여하고 몰두하게 하는 것인데, 한국의 사교육 시장에서는 창의력 하면 영재 교육으로 연결되는 경향이 있습니다. 조기 교육, 선행학습 등 여러 방식으로 이루어지고, 공교육에서까지 지원하는 영재 교육에 대한 선생의 의견을 듣고 싶습니다.

쉽지 않은 주제입니다만 이야기를 한다면, 꼭 한 가지, 우리가 장기적인 결과를 염두에 둬야 한다고 당부하고 싶어요. 먼 훗날을 가늠하기란 어려운 일이지만, 아이들의 삶을 길게 보며 고려해야 한다고 생각합니다. 그리고 우리가 중심에 두어야 할 것은 어린이들의 독창성을 존중해주는 환경입니다. 어린이들 개개인이 독창적인 능력을 갖고 있습니다. 이들의 가치를 깊이 존중해준다면 우리는 미래에 더욱 평화롭고, 더욱 행복하고, 더욱 자신을 편안하게 인정하는 어른을 갖게 될 겁니다. 세상을 더욱 적극적으로 살아가는 어른을 얻을 거예요.

각자가 가진 가능성을 충분히 개발할 수 있는 교육 여건을 만들어주면, 각 분야에서 우수한 자질을 보이는 어린이들이 고루 혜택을 얻게 되겠죠. 말씀대로 그 아이들이 어른이 되면 분명 좀 더 밝고 활기찬 모습을 보여주리라 생각합니다.
하지만 아쉽게도 요즘 한국은 우울합니다. 자살률이 경제협력개발기구OECD 국가들 가운데 가장 높고, 20년 전에 비해 다섯 배나 늘었습니다.

1880년대에 사회학자 에밀 뒤르켐Émile Durkheim이 자살 증가에 대한 글을 썼어요. 19세기 말 당시 프랑스에서도 자살이 급증했다고 합니다. 그들은 일찍부터 통계를 내오고 있었는데, 그 그래프를 뒤르켐이 분석했습니다. 그는 경제 상황이 갑자기 좋아져서 나라가 부자가 될 때나 또는 갑자기 가난해질 때 자살이 급격히 증가한다는 것을 발견했습니다. 그래서 도덕적 규범이 붕괴될 때 사람들이 자살을 결심한다는 이론을 발표했어요. 사람들이 전부터 믿고 의지했던 규범들이 무너질 때 휘청댄다는 겁니다. 내 생각에 한국도 이와 같은 문제를 안고 있다고 봅니다.
예를 들어 물건을 아끼고 오래 쓰는 것이 미덕인 시절이 있었습니다. 그러는 사람에게는 물건을 잘 깨뜨리는 옆집 사람보다 스스로 좀 신중하게 잘 살고 있다는 자부심이 있을 겁니다. 자녀들에게도 절약을 가르치며 존경을 받고요. 그런데 어느 날부터 그릇이 깨져도 오히려 새 물건을 소비함으로써 경제에 활력을 줄 수 있다는 생각들이 주변에서 밀려듭니다. 그러면 이제 절약은 미덕이 아니라 구차한 것이 됩니다.

프랑스가 그와 같았습니다. 당시에 사람들은 특히 가난했어요. 절약해야 했고, 자녀들에게도 그러라고 가르쳤죠. 그런데 갑자기 그 의미가 사라지고, 절약은 더 이상 규범이 되지 않았습니다. 그들은 '이제 아이들에게 무엇을 말해야 할까? 무엇이 가치 있는 거지?' 하며 자신의 가치를 놓쳤어요.

물질이 풍요로워지면서 상대적인 빈곤감이나 박탈감은 더 심해졌습니다. 게다가 경쟁이 심해지면서 과거의 미덕이던 우직함이나 정직함은 무능함으로 빛이 바랬고요. 한국은 청소년 사망 원인 1위도 자살(13퍼센트)이고, 자살 노인 숫자도 10만 명당 81.9명으로 일본(17.9명), 미국(14.5명)과 비교가 안 됩니다. 자살률의 증가와 더불어 가슴 아픈 현실은 해고 노동자들의 잇따른 죽음입니다.

일자리를 잃으면 모든 것을 잃는 거죠. 가치 있던 존재가 하루아침에 쓸모없는 존재로 되면서 삶 자체의 의미가 사라지게 됩니다. 바로 그것이 문제예요.

무엇으로 이 가치가 몰락한 자리를 채워나가야 할까요?

일본에서 지진과 쓰나미에다 방사능 피폭까지 겪은 다음 제게 신문에 격려의 말을 실어달라고 요청해왔습니다. 그때 그들에게 들려준 이야기입니다. 일본은 그동안 성공을 이뤘지만 아쉽게도 많은 문화적 가치들을 잃었다고 했습니다. 기술적인 힘이나 부유함보다 더 중요한 것인데 말이죠. 현대 일본을 되돌아보면, 사람들이 자살하

칙센트미하이 선생은 베를린에 있는 친구분이 보내온 이메일을 보여줬다. 도시의 기분을 알려주는 플로 데이터라고 했다. 베를린 전역에 설치된 카메라가 그 장소를 지나가는 시민들을 촬영하면, 이 프로그램은 시민들의 표정을 데이터로 만들어 중앙에 전송한다. 그 시각 비디오에 닫긴 시민이 모두 웃으면 도시의 커다란 전광판은 스마일이 되고, 슬픈 얼굴이 많으면 전광판은 울상이 된다.

한 사람 한 사람의 우울함을 씻지 않으면 도시는 웃을 수 없을 것이다. 우리도 학교 앞, 공장 앞, 광장 앞에 카메라를 달면 어떨까? 도시가 울기 전에, 누군가 목숨을 버리기 전에 따늦지 않게 다가갈 수 있지 않을까?

거나 과로 때문에 갑자기 쓰러져 죽는 경우가 많았어요. 말 그대로 일을 너무 많이 해서 죽은 겁니다. 우리가 가치를 발견하려면, 물질을 좇는 자세에서 벗어나 지금 이 순간을 바라보아야 합니다. 경쟁에서 가치를 발견하지 말고, 스스로 이렇게 존재하는 그 모습이 이미 충분히 소중하다는 것을 알아차리는 거죠. 우리를 지켜줄 수 있는 힘은 물질에 있지 않습니다. 경쟁하기보다 함께 있고자 하는 그 순간이 훨씬 값집니다.

한국도 마찬가지입니다. 과거의 소중한 문화를 현대 사회에 전해야 합니다. 홀로 시간을 갖고 내면을 보며 명상하는 것도 의미가 있고요. 물론 가치가 무너진 상황에서 그런 노력을 하기란 쉽지 않습니다. 그래도 스스로의 중심을 잃지 않으려면 시도해볼 만합니다.

사실 모든 사람이 부자가 되는 것은 수학적으로 불가능합니다. 그리고 모든 사람이 최고가 되고 성공하는 것도 수학적으로 불가능해요. 그렇지만 우리는 스스로에게 최고의 자리를 마련해줄 수는 있습니다. 다른 사람과 나를 비교하지 않으면 됩니다. 그 대신 어떻게 하면 내가 이 우주와 사회 속에서 한 부분으로 함께할 수 있을까, 최선을 다해 내가 기여할 수 있는 일은 무엇일까를 생각하는 겁니다. 우리는 그저 이 세상을 소비만 하고 있습니다. 아무것도 안 남기고 다 해치우니 결국 산업 황무지가 되어가겠죠. 각자 스스로 먼저 나서야 사람이 사람을 두려워하는 세상을 바꿀 수 있습니다.

선생의 '몰입' 이론은 물질이 행복에 기여하는 범위가 매우 한정되어 있음을 보여줍니다. 연소득이 1만 달러까지 늘어나면 행복감이 점점 커지지만, 1만 달러가 넘어가면 그 상승 곡선이 완만해지고, 결국 5만 달러일 때나 500만 달러일 때나 별로 다르지 않다는 조사결과였죠. 사회의 행복 역시 마찬가지라고 봅니다. 한국의 1인당 국민소득이 1만 달러가 넘은 지 12년이 지났습니다. 그러면서 물질적 성장을 계속 외쳐왔습니다. 이제는 국가 경쟁력이 아닌 국민 개개인의 행복을 살피는 시대로 넘어가야 할 텐데, 이 시대가 요구하는 지도자의 자격에 대해 묻고 싶습니다.

제가 지도자들에게 바라는 것은 미국에서나 한국에서나 같습니다. 나라의 행복이 군사력이나 산업에서 나오는 것이 아님을 깨달아달라는 겁니다. 국가의 성장은 국민들이 느끼는 감성에서 나옵니다. 사람들이 자신의 삶이 의미 있다고 여기고, 미래에 희망이 있다고 여기면, 자신이 처한 사회적 환경 속에서 최선을 다합니다. 그런데 부자와 가난한 사람의 격차가 늘어나면 국민의 90퍼센트가 희망을 잃게 되죠. 그럼 사람들은 '내가 무엇을 할 수 있을까?'라고 자문해요. 그 감성의 원인을 살피는 정책으로 나아가야 합니다.
대통령은 국민들의 요구에 항상 열린 자세를 가져야 합니다. 나날이 새로워지는 과학 지식에도 열려 있고, 창의력을 발휘하려는 주장에도 열려 있어야 합니다. 창의력은 새롭고 실용적인 것이 나올 거라는 희망적인 환경을 만들어줍니다. 그러면 미래에 대한 신뢰가 생성되고, 경제에도 도움이 됩니다. 무엇보다 중요한 것은 세상을 더욱 재미있고 인간미 있게 만든다는 겁니다. 개인이 우울해지면 국가 역시 위태로워집니다. 그러니 진정한 지도자라면 국민이 힘이 나도록 정책으로 북돋아줘야 합니다.

인터뷰 후기

대가의 못 말리는 책상, 그리고 창의력

교육 분야의 인터뷰 대상자를 선정하기 위해서는 다양한 면을 고려해야 했다. 경제 전문가만큼이나 교육 전문가들 또한 숫자가 많고 철학적 기반도 다양했기 때문에, 우리의 현 상황에서 무엇을 중심에 두고 이야기할지를 결정하기가 어려웠다.
우리의 교육열은 한국전쟁 이후, 먹고살기 힘든 가운데서도 교육으로 신분 상승을 모색하던 그 경쟁의 시대부터 지금까지 뜨거움이 식을 줄 모른다. 이와 반대로 교육을 받는 당사자의 감성은 오히려 차디차게 얼어붙고 있다. 굳이 비대해진 사교육 시장이나 부모의 소득에 따라 제한되는 교육 혜택 등의 이야기를 들먹이지 않아도, 누구나 사람살이의 정이 메마르는 것을 우려하고 있다.
겨울에 보일러를 틀어도 방이 따뜻해질 기미가 없을 때면, 어른들은 작은 대야를 챙겨 방으로 들어오시곤 했다. 어른들 말로 '에어'를 빼는 처방을 하기 위해서다. 기본적인 점검이지만, 그 기본을 살피지 못하는 신출내기들은 놓치기 십상이다. 보일러 밸브를 열어 물을 조금만 빼주어도 차디차던 냉골엔 금방 훈기가 돈다. 나는 바로 그렇게 해줄 분을 만나고 싶었다. 누구나 앎 직한 평범한 답이지만 애써 무시해왔던 그것으로 다시 눈을 돌리게 해줄 사람을 찾아,

서정이 넘치는 낭만적인 사회를 꿈꿀 기회를 갖고 싶었다.
서구 교과과정에 지대한 영향을 미친 교육학의 거성 제롬 브루너에게도 연락을 했다. 그는 아흔일곱의 연세임에도 새 책 준비 때문에 시간을 낼 수 없다고 했다. 물론 일정을 여름 이후로 다시 조정해볼 수도 있었지만, 그러지 않았다. 내친김에 더 근원적인 답을 향하고자 했기 때문이다. 교육은, 아니 인간의 삶은 궁극에는 만족을 지향하는 것이기에, 행복한 삶을 추구하는 교육 이야기를 하고 싶었다. 그래서 교육심리학뿐 아니라 삶의 질에 대한 연구에서도 권위를 인정받는 미하이 칙센트미하이 선생을 다시 찾았다. 2년 전 선생을 인터뷰하면서 좋은 인상을 받았기에, 이번에는 더욱 본격적으로 교육과 행복한 삶에 대한 이야기를 나누고 싶었다.

칙센트미하이 선생에게서 강한 인상을 받았던 첫 대면은 TED●에서 본 강연을 통해서였다. 제2차 세계대전이 끝나고 20대 초반의 선생은 스위스의 어느 스키장에서 아르바이트를 했다. 산골 마을에서 그래도 휴일이면 동료들은 영화를 보러 가곤 했는데, 돈이 없던 선생은 마을에 강연회가 있다는 소식을 듣고 영화표의 반값이라 그거라도 들을 겸 읍내에 나갔다. 강연은 예상 밖으로 흥미로웠고 선생에게 새로운 탐험의 세계를 안내했다. 그때 그 강사의 이름이 카를 구스타프 융 Carl Gustav Jung이었다고 선생은 무심하게 말했다. 바로 분석심리학의 창시자인 융의 강연이 긍정심리학의 대가 한 사람을

● 기술(Technology), 엔터테인먼트(Entertainment), 디자인(Design) 분야를 주제로 프레젠테이션을 개최하는 미국의 비영리 재단.

탄생시킨 셈이다.

그리고 처음으로 직접 선생을 만난 것은 2010년 7월 밴쿠버에서 인지과학 콘퍼런스가 열렸을 때다. 온 얼굴을 뒤덮은 흰 수염에서 바람이 일도록 환한 웃음을 지으며 맞아주었다. 마땅한 장소가 없어 스태프 회의실 뒤 작은 방에서 겨우 인터뷰를 했는데, 콘퍼런스 접수대에 필요한 종이컵이며 접이의자가 빼곡했고, 스태프들 옷가지와 가방이 봉분처럼 쌓여 있었다. 그 허접스러운 방에서 탁자도 없이 무릎을 거의 맞대고 앉아 한 시간 반을 이야기했다. 예우를 해드리지 못해 송구스러웠지만, 선생은 전혀 개의치 않았다. 모가 없는 분이었다. 선생은 큰아들이 6세기 중국을 연구하고 있다며 동양에 대한 친근함을 표현했다. 앞의 인터뷰에서도 언급된, 어느 날 갑자기 수학에서 중국 고대사로 전공을 바꾼 그 아들이다. 당시 이백李白의 시를 읽고 매료되어 진로를 바꾼 아들은 지금도 학문을 즐기며 행복해한다고 했다. 그의 이름은 중국사 권위자이자 UC 버클리 교수인 마크 칙센트미하이이다.

2012년 4월 9일 선생을 다시 만났을 때 뜻밖의 발견을 했다. 비서의 안내로 들어간 연구실엔 예의 환한 웃음의 산타 할아버지 같은 선생께서 서 계셨지만, 내 눈을 사로잡은 것은 방을 거의 다 점령한 커다란 책상과 그 위에 자유로이 쌓인 책과 물건들이었다. 물론 책상 위뿐 아니라 연구실 곳곳에 현재 진행 중인 온갖 프로젝트의 분신들이 어지러이 몰리거나 흩어져 있었다. 참으로 반가웠다. '아, 최고의 창의력 전문가답게 책상에 흩어져 있는 그 어지러움의 질서 또한 상상을 초월하는구나.' 그동안 정돈, 질서정연, 간결…… 이러한 지청구들에 짓눌리며 쌓여온 압박감이 순식간에 날아갔다. 미국인 선사禪師 조코 벡Joko Beck이 한 말도 떠올랐다. "깨끗하게 정돈해야 한다는 것도 생각일 뿐이다. 이는 좋고 나쁘다는 판단의 기준이 아니라 단지 의견일 뿐이니 그 생각에 갇히거나 속지 말자."
선생은 인터뷰를 위해 몇 권의 책을 들어 보여주기도 하고, 일부러 프린트해놓은 사진이나 명상 잡지도 순간의 두리번거림 없이 척척 찾아내 보여주었다. 그러니 그 책상 위엔 어지러움 가운데 질서정연한 배열이 있었던 것이다. 그저 일반적인 배열 방식과 조금 다른 모양일 뿐이었다.

창조성을 기르는 교육은 답이 하나라고 가르치는 것을 멈추는 데서 시작된다는 것을 선생이 강조했는데, 과연 부모로서 그의 모습은 어땠는지 물었다. 선생은 둘째 아들 이야기를 들려주었다.
그의 막내 크리스는 학교 성적이 아주 안 좋았다. 매일 방에 틀어박혀 있었고, 방에는 온통 종이로 만든 산과 들판에 군인, 탱크, 벙커까지 갖춘 군부대가 진을 치고 있었으며, 급기야는 작은 막대 다이너마이트까지 터뜨리며 미니어처 군대놀이를 했다. 어느 날 경찰이 집에 찾아왔다. 창틈으로 연기가 나는 것을 본 이웃에서 혹시 불이 난 건 아닌지 경찰에게 확인해달라고 한 것이다. 칙센트미하이 선생 부부는 그래도 '괜찮아, 두고 보자' 하며 기다렸다.
조금 더 시간이 흐르자 크리스의 전쟁놀이는 시들해졌다. 이제 공부를 하겠거니 기대했는데, 고등학교에 진학하고 나서는 연극반에 온 정신을 쏟기 시작했다. 무대조명과 음향으로 호기심을 옮긴 아들이 시간을 낭비하는 것 같아 선생 내외는 못마땅했지만 그래도 참았다. 크리스 칙센트미하이는 현재 MIT 미디어 랩 교수로, 과학을 통해 어려운 이들을 돕고자 서원을 세웠다.

선생은 책 읽기보다 더 중요한 일이 개인이 흥미를 보이는 활동이라고 했다. 그 활동에 빠져 기술을 연마하는 것도 스스로를 표현하는 일이고, 그런 기회를 기성세대가 보장해야 한다는 것이었다. 행복한 아이를 원한다면 그들이 흥미를 가지고 인류에 도움이 되는 능력을 키우도록 도와주자고 선생은 당부했다.

선생과 인터뷰하고 난 후 내 또래의 친구들과 나누고픈 생각이 한 가지 생겼다. 현재 아이들 교육에 전념하고 있는 학부모들만, 이 한 세대만 조금 참아준다면 세상이 달라지지 않을까?
내 자식이 경쟁 속에서 승리하도록 돕겠다는 생각을 놓아버리면, 나중에 어른이 된 그들은 지금보다 조금은 더 조화로운 세상 속에서 행복을 찾지 않을까 싶다. 오늘날의 40대와 50대는 우리 현대사 속에서 가장 많은 것을 누리는 세대이다. 그들의 할머니들은 다 떨어진 남편의 내의를 입고 양은 장사를 하며 절약하면서도 자식에게 과외를 시켰고, 자식은 부모의 기대에 맞게 일류고, 일류대에 갔다고 자랑스럽게 말씀하신다. 그 자식들은 다행히 정년까지 직장 생활을 하는 행운을 누렸고, 그들의 자식에게 과외가 금지된 상황에서도 비밀과외를 시켜가며 주류 사회에 편입할 수 있도록 거들었다. 그리고 그 자식 세대도 다행히 운이 좋아 직장을 잡는 데에 큰 어려움이 없었다. 그리고 이제 부모가 되어 맞벌이를 하며 아이들에게 현재 부모가 누리는 삶을 이어받도록 영어 유치원부터 차근차근 입시의 다단계 속에서 개인주의적 삶을 학습시키고 있다.

바로 현재 사교육 시장에 있는 이런 아이들의 부모 세대가 욕망을 줄인다면, 경쟁은 줄어들고 박탈감이나 소외감도 조금은 덜 느끼는 사회가 될 것이다. 직장을 구할 기회조차 줄어든 청년 실업자 후배들을 향해, 경쟁에 지친 당신들이 세상을 직접 바꾸라고 하는 것은 염치없는 짓이다. 물질적·문화적 풍요를 가장 많이 누린 40대, 50대가 경쟁의 가속도에 제동을 걸 수 있으리라 본다.

지금까지 우리 사회에서는 공부 잘하는 아이가 곧 착한 아이였다. 한 세대가 성적에 대한 집착을 버리고 마음을 돌리면, 그다음 세대는 착한 마음이 빛을 발하는 세상에서 느긋한 발걸음을 함께 디딜 수 있을 것이다.

칙센트미하이 선생은 사람들이 자연을 돌보고 공기와 물과 들을 책임질 것을 다짐하도록 문화적·정신적으로 개발되어야 한다고 강조했다. 이것이 교육의 본질이고, 국가가 꾀해야 하는 사회 변화의 본질이라고 말이다. 우리가 이런 사회적 마음을 가진다면, 다음 세대로부터 이 같은 비난은 피할 수 있지 않을까? "당신들이 다 써버렸어. 아니면 파괴해버렸고, 또 남은 것마저 오염시켜버렸잖아."

〈오마이뉴스〉에 선생의 인터뷰 기사가 실리고, 몇몇 현장 교육자들에게서 격려와 감상을 담은 서신을 받았다. 교육의 본질을 돌아보는 계기였다고 했다. 나는 이런 소감까지 동봉한 기사를 칙센트미하이 선생께 전해드렸다. 선생의 답장이다.

"링크해줘서 고마우이. 사진 참 좋네. 내용은? 오호통재라, 난 평가할 수가 없네그려. …… 난 식구들과 몬태나에 있어. 다음 주에나 내려가려고. 우리 여름 집에 온 손님인데, 한번 보려나? 잘 있게."

영어로 번역하지 않은 채로 보냈기에 기사 본문을 해독하지 못하셨던 것인데, 그래도 탓하지 않고 오히려 아주 귀여운 선물까지 동봉하셨다. 몬태나 산속에 있는 선생 집 마당으로 찾아든 아기 곰 사진이었다. 평가하거나 입장을 드러내기보다 있는 그대로 상황을 보는 분이라, 그 평화로운 기운에 곰조차도 거리낌 없이 다가왔을까? 그저 짐작해볼 뿐이다.

피터 싱어
Peter Singer

탐욕이 가져온 문명의 위기
옛것의 삶, 거꾸로 가는 산업화에 희망이 있다

피터 싱어　　　　　　　　　　　　　　　　　**Peter Singer, 1946년생, 호주**

유대계 호주 철학자로 현재 미국 프린스턴 대학교 생명윤리학과 석좌교수이며, 공리주의와 무신론적 관점으로 세상에 다가서는 실천윤리학자이다. 그는 윤리학계의 거장일 뿐 아니라, 환경·반빈곤·평화 운동가들로부터 존경받는 행동가이기도 하다.
1975년 《동물 해방 Animal Liberation》을 출판하면서 세계적인 주목을 받았으며, 인간의 이익을 위해 동물을 기계처럼 취급하지 말고 자연을 이루는 공생의 파트너로 껴안자는 동물권을 제기했다. 학문적인 발표뿐 아니라 사회적으로 논쟁을 불러오는 이슈를 끊임없이 제기하는 그는 자신의 주장을 직접 실천으로 보여주고 있으며, 동물의 복지를 이뤄가며 인류의 웰빙을 만들어가는 데 큰 역할을 하고 있다. 그가 다루는 이슈는 빈곤과 기아, 생명공학 연구에서 고려해야 할 윤리, 인간의 죽음과 삶에 대한 선택, 낙태, 다윈주의적 관점에서 바라본 좌파의 오류 등 다양하다.
또한 세계 빈곤 퇴치를 위해 수입의 30퍼센트를 기부해왔으며, 최근에는 '당신이 구할 수 있는 생명'이라는 이름의 국제 구호 웹사이트 'thelifeyoucansave.com'도 운영하고 있다.
주요 저서로 《실천윤리학 Practical Ethics》(1979) 《사회생물학과 윤리 The Expanding Circle》(1981) 《민주주의와 불복종 Democracy and Disobedience》(1973) 《마르크스 Marx》(1980) 《이렇게 살아도 괜찮은가? How Are We to Live?》(1993) 《세계화의 윤리 One World》(2002) 《다윈주의 좌파 A Darwinian Left》(2000) 《죽음의 밥상 The Ethics of What We Eat》(2006, 짐 메이슨 Jim Mason과 공저) 《물에 빠진 아이 구하기 The Life You Can Save》(2009) 등이 있다.

피터 싱어

1980년대 초, 시내에 다녀오시는 어머니 손에는 통닭 반 마리가 들려 있곤 했다. 집 보는 아이들을 위해 큰맘 먹고 사 오신, 성장기 영양 보충을 위한 별미였다. 하지만 지금 난 마트에서 아이들에게 닭을 사다 줄 때마다 미안함을 느낀다. 따로 손질할 필요도 없이 간편하게 부위별로 포장되어 있고 값도 저렴할 뿐 아니라 기름기까지 제거된 닭을 집어 들며, 시간과 비용을 이유로 적당한 항생제와 성장호르몬 정도는 눈감아주고 있다는 꺼림칙한 생각을 지울 수 없어서다.

우유 또한 마찬가지다. 성장기 아이들에게 가장 완벽한 식품이라는 오래된 믿음에 매일 권하지만, 두 가지가 나를 불편하게 만든다. 첫째는 소젖에 들어 있을 성장호르몬이 내 아이에게 전달될까 우려하는 이기심이고, 둘째는 아이에게 모유를 먹였기에 잊지 못하는 수유의 고통이다.

얼마 전 학교에서 돌아온 아이가 우유를 마시며 체험학습 이야기를 했다. 아이는 젖소의 배와 젖이 다른 포유류보다 서너 배 불룩하다고 했다. 초등학생 아이는 그 산업적 배경을 모른다. 그저 축사에 있는 젖소는 그렇게 진화해 생긴 줄 안다. 산업이 가축을 기형으로 만들고 있다. 그런 면에서 2011년 뜬두에 몰아쳤던 구제역 살처분은 자본에 지배된 우리의 식탁이 결국 생명의 망에 커다란 파괴적 구멍을 내고 있음을 위협적으로 보여준 경고라 할 수 있다.

당시 살처분에 투입됐던 경상북도의 수의사와 1년 반이 지난 2012년 6월에 이야기를 나눴다. 죽어가며 젖을 물리던 어미 소, 생매장 구덩이에서 발버둥 치던 돼지, 사슴, 염소……. 지금까지도 한밤에 깨어 잠을 못 이루며 정신적 고통을 겪는 그는 살처분 현장을 나치의 유대인 학살에 비유했다. 새벽까지 기계처럼 석시콜린 (근육이완제) 주사기를 꽂아 1, 2분 만에 쓰러뜨린 소가 첩첩이 쌓였고, 태어난 지 얼마 안 된 송아지에게도 주사를 놓았다.

처음에 반발하던 기업농들은 보상금으로 수지타산을 맞추고 난 후 잠잠해졌다. 하지만 그에게는 아직까지 선명하게 떠오르는 순간이 있다. 할머니가 10년 넘게 키운 단 한 마리 소만 있던 집. 노파의 울부짖음은 한나절을 넘겼고, 마침내 몸속에 주사바늘이 꽂히자 다리가 풀려 주저앉던 소의 큰 눈망울에서는 눈물이 흘러내렸다. 수의사는 도망치고 싶었다. 그도 눈물을 흘리며 소에게 빌었다. "그래도 넌 할매 덕에 행복했겠구나. 미안하다…… 잘못했다."

농업의 산업화, 현대인의 소비습관, 자본의 이동, 빈곤까지 한데 얽혀 있는 이 고리에서 하나씩 심각한 증상이 불거지고 있다. 이 얼기설기 엮인 타래를 풀어주길 기대하며 실천윤리학자인 피터 싱어 교수에게 편지를 보냈다. 그는 2012년 안식년을 맞아 호주 자택, 그리고 일정에 따라 외국에 머무는데, 캘리포니아 대학교 버클리에 딱 나흘간 있을 예정이라 했다. 그래서 우리는 4월 18일 오후 버클리 교정에서 대화를 나눴고, 이후 한두 차례 더 이메일로 이야기를 주고받았다.

....

수많은 소·돼지가 살처분되던 그 당시 인터넷은 뜨거웠습니다. 우리 삶을 돌아보는 자성의 목소리도 나왔고, 공장화된 축산업 실태에 대한 관심도 커졌죠. 하지만 지금은 불편한 진실이 되어 다시 뒷전으로 밀린 듯 보입니다.

동물의 산업화라는 아주 큰 주제를 꺼내는군요. 물론 돼지를 산 채로 묻어 처리한 일은 끔찍합니다. 하지만 이런 일을 배태한 더욱 잔혹한 본질은 거대한 산업 시스템 속에서 동물을 사육한다는 점입니다. 돼지들은 한 공간에 1000마리 넘게 몸을 맞대고, 오물 처리 때문에 지푸라기 하나 없는 쇳덩이 위에서 일생을 보냅니다. 새끼를 낳아도 몸 한 번 뒤척이지 못하는 좁은 박스에 갇히고, 쇠창살 너머에 있는 새끼들이 창살 틈으로 젖을 물고 있죠. 몸 뒤척이다 새끼를 깔아뭉갤까 봐 그런다고 합니다. 동물의 모성을 부정하고, 새끼를 이윤을 얻는 상품으로 보기 때문입니다. 공장식 기업농장에 수용된 동물의 전 생애는 고통 그 자체예요. 그 동물들은 그런 환경에 적응할 수 있도록 진화해오지 않았습니다.

더구나 기업식 사육 방식은 질병이 퍼져나가는 데 최고의 조건을 제공합니다. 한 마리가 감염되면 삽시간에 수천 마리에게 퍼지니까요. 그러다 병균이 돌연변이라도 일으킨다면 인간도 위험해지겠죠. 공장형 축사 같은 수용 시설이 있다는 것 자체만으로도 공중보건은 위험에 노출된 겁니다. 또한 거기서 나오는 분뇨의 양도 엄청나고, 그에 따른 대기오염은 결국 기후변화로 이어집니다. 인류의 삶에 엄청난 영향을 미치고 있어요.

소규모 축산농장들이 기업형으로 바뀌며 대형화된 것은 그만큼 고기를 싸게 생산할 수 있는 이점이 있기 때문이죠. 축사의 형태가 변해온 것도 식품용 고기를 효율적이고 위생적으로 생산하기 위한 것 아닐까요? 덕분에 어린이들의 발육 상태가 향상되긴 했습니다.

요즘은 닭고기가 참 싸다고들 합니다. 제가 어렸을 때는 쇠고기만

피터 싱어

큼 귀했어요. 그런데 저는 닭고기가 싸졌다고 보지 않습니다. 미국의 예를 들면, 유명한 닭고기 회사가 들어온 지역에서 여러 문제들이 생겨났습니다. 하천이 오염되고 공기가 나빠져 창문 열기도 힘들어진 데다 집값도 떨어졌죠. 켄터키 주에서는 환경단체가 소송을 제기했는데, 예상을 뒤엎고 기업에게 암모니아 중화 비용 50만 달러를 배상하라는 판결이 나왔습니다. 거꾸로 보면, 이는 그동안 지방자치단체에서 세금으로 그 비용을 충당해왔고 지금도 그런다는 뜻이에요. 어떤 지역에서는 공장 한 곳에 수용된 닭에서 나오는 오물이 지역 주민이 배출하는 것보다 많습니다. 이 처리 비용도 곧 세금이죠.

사료를 먹이는 농가들은 이런 이야기를 합니다. 옥수수 재배농에 들어가는 정부 지원금이 중단되면 사료 값이 올라 농장을 닫게 될 거라고요. 닭을 안 먹어도 닭고기 생산 비용, 그리고 돼지고기·쇠고기 생산 비용을 우리가 부담하고 있는 셈이죠. 고기의 질도 예전 같지 않습니다. 옥수숫대 주면서 허술하게 먹고도 살이 찌도록 항생제와 성장호르몬을 넣습니다. 동물의 살은 빨리 오르지만 뼈 성장이 이를 따라가지 못해서, 어느 회사의 경우 90퍼센트가 다리를 절고 26퍼센트가 뼈 관련 질병으로 고통을 받다가 죽는다는 조사결과가 나왔습니다. 우리 눈에 보이는 포장된 고깃덩이로는 알 수 없는 상황들이죠.

미국 닭고기 생산업자들의 협회에서도 동물 복지 기준을 제안합니다. 그리고 웰빙 well-being을 생각하는 소비자들의 수요에 맞게 차별적인 관리를 통해 생산한 제품들을 시중에 판매합니다. 유기농 사료를 주고 더 넓은 공간에서 키운 동물로 만든

식품이죠.

소비자들이 스트레스 덜 받은 고기를 찾는다고 해서 일부 동물만 습성을 염두에 둔 조금 넓은 공간에다 수용하고 먹이에 신경 쓰는 것이 과연 그 동물의 복지를 고려하는 걸까요? 비정한 장삿속이죠. 그리고 업자들이 규정하는 복지 기준은 동물 복지라는 말을 붙이기 민망합니다. 미국닭고기협회가 제안하는 복지 기준은 닭 한 마리에게 적어도 A4 용지만 한 공간은 보장하라는 겁니다. 어느 정도 자란 닭들이 있는 닭장 문을 열면 바닥이 안 보일 정도로 하얗게 양탄자처럼 빽빽합니다. 시장에 팔려 나가기 전 얼마 동안은 날개도 못 펴고 다른 닭의 공격도 피할 수 없을 정도로 비좁아져요.

그동안 우리는 조류독감 소동도 겪었고, 돼지독감도 지나왔습니다. 조류독감은 동남아시아의 공장식 축사에서 비롯되었다고 하죠. 제가 확신하건대 이런 일은 앞으로 계속 벌어질 겁니다. 더 위험한 질병들이 퍼져 나올 수 있습니다.

2008년 미국 선거 기간에 캘리포니아 주에서 치러진 주민투표가 인상적이었습니다. 공장식 축사에 대한 규제안이 상정되어 통과됐죠. 동물이 다리나 날개를 쫙 펼 수 있고, 다른 동물을 밀치거나 벽에 부딪치지 않아도 자리에서 한 바퀴 몸을 돌릴 수 있는 공간을 갖게 되었습니다.

이미 유럽에서는 훨씬 전부터 동물권을 보호하는 다양한 법률이 시행되어왔어요. 유럽 연합 전체는 달걀을 낳는 암탉에게 철사로 엮어 만든 기존의 닭장을 쓰지 못하도록 법으로 금지했습니다.

또 돼지 사육 방식도 2013년부터 규제가 더욱 강화되기 때문에 법에 맞춰 설비들이 바뀌고 있습니다. 유럽 연합의 새 법에 따르면, 돼지가 코로 땅을 파헤치는 본능적인 행동을 죽을 때까지 할 수 있도록 바닥을 바꿔줘야 하고 공간도 더 넓혀야 해요. 암퇘지를 임신 4주부터 분만할 때까지 개별적인 좁은 우리에 가둬서도, 사슬에 묶어놓아서도 안 됩니다. 그리고 돼지 사육과 도살에 관련된 일을 하는 사람들은 동물 복지 교육을 반드시 받도록 정했습니다. 이에 비해 2008년 캘리포니아에서 어렵게 개정한 법은 미흡하죠. 하지만 확실히 이전보다는 개선됐습니다. 한국에서도 이와 같은 법을 만들어 시행할 수 있으리라 봅니다.

캘리포니아의 경우, 당시 한편에서는 시설투자가 많아지면 가격이 올라 식비 부담이 커진다는 지적도 있었고, 인간도 힘든데 동물에게까지 복지를 적용하는 것은 시기상조라는 불만도 있었습니다.

인간의 건강과 연결되는 문제입니다. 돼지가 땅을 파고, 닭이 부리를 잘리지 않아 쪼을 수 있고, 소가 풀밭을 나다닐 수 있다면 질병에 대한 면역력이 회복될 뿐 아니라 항생제나 호르몬 사용도 줄겠죠. 하지만 이런 규제 이전에 가장 근본적인 해법은 우리의 식습관을 바꾸는 겁니다.
우리가 동물로부터 생산된 것을 더 적게 쓰고, 고기를 덜 먹어야만 해요. 고기를 많이 먹는 식습관에 따라 축산업이 이윤을 좇다 보니 동물의 생리를 거스르며 공장식으로 변질되는 겁니다. 육식을 많이 하면 몸에도 좋지 않아요. 특히 쇠고기는 소화기 계통의 암과 심장

질환을 유발합니다.

한국인은 전통적으로 고기를 많이 먹지 않았습니다. 고기를 먹어왔지만 다른 반찬과 함께 하는 일부였을 뿐이죠. 예전보다 더 많은 고기를 섭취하는 현대 식습관은 건강에 해롭고 동물들에게도 고통을 줄뿐더러 환경에도 끔찍한 영향을 줍니다. 되돌아가야 해요. 한국인들이 따라왔던 나물과 김치를 기본으로 갖춘 전통 식습관이 참 좋습니다. 또 저는 한국이 불교적 전통을 이어가길 희망합니다. 불교에서는 생명에 대한 자비심을 계율로 가르칩니다. 그 마음을 담고 있다면, 동물에게 일생토록 끊임없이 고통을 가하는 데 동참하고 싶지 않을 거예요.

한국의 경우, 긍정적인 면은 미국에 비해 아직 소농의 비율이 높다는 데 있다고 봅니다. 미국은 농가당 경지 면적이 120헥타르인 데 반해 한국은 1.45헥타르이고, 미국 인구의 4퍼센트가 농민인 데 반해 한국은 17.9퍼센트죠. 경작지 대비 농업 인구를 비교하면 그 차이가 더 뚜렷합니다. 물론 소농의 생활은 어렵습니다. 정책이 다수 소농을 위한다기보다는 소농의 규모를 키워 소득을 높이고 기업화하는 데 초점을 맞추기 때문에 기업이 오히려 혜택을 받는다는 비판이 있습니다.

일반 축산 농가에서도 최근에는 사료 값이 오르면 소를 굶겨 죽이는 일이 생기고 있어요. 그만큼 생명을 키우는 전통적 가치가 자본의 논리에 잠식되고, 기업농으로 변해가면서 위기에 부닥치지 않았나 싶습니다. 미국에서는 동물의 생태를 보장하는 재래식 축산법으로 소비자에게 건강한 상품을 공급함으로써 다시 일어나는 소농들이 있는 걸로 압니다.

미국의 경우 전통적으로 있어왔던 소농과 가족농이 죽었어요. 이들은 1980년대에 선택을 해야 했습니다. 농장을 공장식 비슷하게 만들어 키우든가, 도시로 떠나든가 둘 중 하나였죠. 그 결과 3대째 내려오는 한 가족농은 제일 싼 사료로 생산원가를 낮추고, 항생제를 물에 섞어 돼지에게 먹이면서 축사를 키웠습니다. 그 농부에게 수퇘지를 거세할 때 마취주사를 쓰면 어떻겠냐고 제안했더니, 단 10원이라도 더 쓰면 가격 경쟁력이 없다고 했습니다. 기업형 마인드가 된 거죠.

그러다가 최근 들어 친환경적인 축산법으로 소비자와 직거래하는 식의 개선이 대안운동처럼 일어나고 있습니다. 가족사진을 고기나 유제품 앞에 붙여서 전통방식으로 키우고 있다는 것을 보여주며 소비자의 신뢰를 얻어가죠.

그래도 아직 미국에 있는 농부의 수는 교도소에 갇힌 죄수보다 적습니다. 또 농장에서 사고로 죽는 농부보다 자살로 죽는 농부가 다섯 배나 많다고 합니다. 지킬 수 있는 소농이 있다는 것이 한국이 가진 기회입니다.

인류의 삶도 위험해질 수 있다는 언급을 앞서 하셨습니다. 선생께서는 우리 문명이 종말을 고할 거라고 느끼시나요?

전 그리 비관적이진 않습니다. 종말이 오진 않아요. 저는 우리 문명이 처한 주요 위험을 기후변화라고 생각합니다. 심각한 문제죠. 육식을 계속하는 것도 기후변화를 부르는 큰 요인입니다. 그래도 이 문명은 아마 다음 세기까지 거뜬히 살아남을 겁니다. 새로운 기술들을 개발하겠죠.

다만 이 살아남는다는 말이 대규모 죽음을 피해 갈 수 있다는 뜻은 아닙니다. 기후변화로 인해 10억 명이 넘는 사람들이 피난민이 될지 모릅니다. 심지어 수억 명이 죽게 될 수도 있어요. 그렇게 처참하다 해도 인류 문명의 종말까지 이어지진 않을 겁니다. 그 고통 속에서도 충분한 여유가 생기고 사람들이 이겨내리라 믿어요. 사실 저는 문명이 유실된다 해도 그리 마음에 걸리진 않습니다. 기후변화 때문에 오게 될 불필요한 죽음과 고통에 비하면 그건 아무것도 아니죠.

일주일 전인 4월 11일, 한국에서는 총선이 있었고, 야권의 패배로 끝났습니다. 예상을 뒤엎는 결과였죠. 진보진영에서는 반성과 자책의 비판이 이어졌습니다. 저는 선생께서 새천년을 맞아 제시했던 질문이 떠올랐습니다. 선생의 책인 《다윈주의 좌파 *A Darwinian Left*》에 나오는 "좌파의 본질은 무엇인가? What is essential to the left?"라는 문구입니다. 이제 그 좌파에 대한 이야기를 해보려고 합니다. 선생은 기존의 좌파는 실패할 수밖에 없었다고 지적하셨어요.

일반적으로 말한다면, 좌파는 다윈의 설명을 받아들이지 않았습니다. 좌파들은 인간 본성을 이상주의적 관점으로 바라봤습니다. 다윈이 말한 진화는 동물에 대한 설명이지 인간에게는 해당되지 않는다고 보았죠. 하지만 다윈은 인간도 동물처럼 진화해왔다고 했습니다.
좌파는 사회·경제적 기반이 바뀌면 사람들이 해오던 이기적인 행동이 사라질 거라고 믿었어요. 하지만 현실은 그렇지 않습니다. 아무리 사회적 여건이 달라져도 인간의 행동은 쉽게 바뀌지 않죠. 우리의 행동에 미치는 생물학적 영향은 끈질깁니다. 그렇기 때문에 우리는 먼저 인간의 본성을 이해하고, 그 속에 있는 이런저런 면을 포용하려고 노력해야 해요.

혁명적인 변화로 체제가 바뀐다 해도 사람의 행동은 쉽게 달라지지 않는다는 주장이군요. 인간의 본성도 세대를 지나며 획득된 형질이라는 건데, 그 특성을 설명한다면요?

인간의 본성에는 이기적인 속성과 이타적인 속성이 있죠. 인간은 위계를 형성하려고 합니다. 그렇다고 우리 사회 손에 있는 위계질서가 정당하다는 설명은 아닙니다. 우리가 어떤 특정한 형태의 위계를 제거한다고 해도 인간 사회 속에 있는 위계 일반이 사라지지 않는다는 의미죠. 예를 들어 프랑스 대혁명이나 미국독립전쟁 등으로 세습귀족 제도를 철폐하자 곧 새로운 형태의 위계가 등장했습니다. 볼셰비키 혁명은 세습귀족제와 사적인 부를 모두 철폐했지만 공산당 내의 지위와 영향력을 바탕으로 한 새로운 위계가 곧 그 자리를 대체했죠. 이스라엘의 키부츠_{kibbutz}•도 그리 성공적이진 않았고요.

우리는 일상에서도 사소한 권위에 촉각을 세우며 신경전을 벌이는 모습을 종종 봅니다. 자연 속에서처럼 동종 간의 경쟁이 존재하는 거죠. 위계를 철폐하는 것은 과거 혁명가들이 상상했던 것만큼 결

● 집단농장의 한 형태로 철저한 자치조직에 기초를 둔 생활공동체. 키부츠 구성원은 사유재산을 가지지 않고 토지는 국유(國有), 생산 및 생활재는 공동소유로 하며 구성원의 수입은 키부츠에 귀속된다.

ⓒ 송학선

세계 온실가스 배출량의 3분의 2를 선진국에서 내뿜는다. 그러나 지구 온난화 때문에 실제로 피해를 입는 나라는 적도 인근 개발도상국이다. 농사에 매달려 끼니를 잇는 아프리카 말라위 국민들은 지구 온난화로 비가 줄어 애가 탄다.

그런가 하면 대대로 물고기를 잡아온 어부 집안의 세네갈 청년은 유럽으로 목숨을 건 불법이민을 감행한다. 유럽과 중국의 어선이 바다 밑바닥까지 긁어대는 통에 물고기가 사라졌기 때문이다. 그 물고기는 선진국 식탁에 놓여 있다.

코 쉬운 일이 아님을 보여주는 사례입니다. 좌파들이 바로 이것을 염두에 두어야죠. 우리 인간의 본성도 진화를 통해 형성된 것인 만큼 매우 강한 성질을 갖고 있다는 것을 받아들여야 합니다.

절대적 평등을 이룰 수 없다는 말씀인데, 좌파가 가져야 하는 다윈주의적 시각이란 무엇인가요?

제가 말하는 좌파는 정치적으로 조직화된 세력이 아니라 더 나은 사회를 이루려는 하나의 사상 같은 것입니다. 그런 의미에서 좌파란 강자가 아닌 약자의 편에, 억압하는 사람이 아닌 억압받는 사람의 편에 서 있는 거죠. 더욱 평등한 사회를 꿈꿔나가는 거고요. 그러기 위해서는 혁명적 변화보다 오히려 점진적인 변화를 더욱 많이 보여줄 필요가 있다고 봅니다. 작은 발걸음들 속에서 변화를 일궈내야만 해요. 한 번에 이룰 수 있는 것은 없다고 봅니다. 순차적으로 만들어가야 합니다. 좌파적인 가치를 더 많이 갖도록 경쟁을 느슨하게 만들어가야 합니다.

점진적인 변화는 기존 질서와의 타협을 전제로 합니다. 세력 간에 원한의 골이 깊어지지 않고 상생하는 변화를 이룰 수 있다면 참으로 평화스럽겠지만, 이미 억압받고 빼앗기고 상처받은 입장에서 보면 이는 변화를 원치 않는 보수의 입장입니다.

다원적 사고는 경쟁과 이타주의를 모두 포괄합니다. 기존의 시장경제는 우리의 물질에 대한 욕망과 경쟁 속에서 남보다 앞서겠다는 열망을 용인하죠. 이득이 되는 것을 향하도록 하는 구조입니다. 우리는 이를 이용할 수 있습니다. 모두에게 이득을 주는 방향으로 흘러나가도록 구조를 만들어가는 겁니다. 보이지 않게 작용하는 힘을 만드는 거예요. 서로 협조했을 때 더 이득이 될 수 있는 구조를 향한 점진적인 전환입니다.

공공의 이익이 되는 방향으로 설득해나가자는 공리주의적 실천이군요.

자연을 들여다보면, 어쩌면 인류에게는 전쟁이 더 자연스러운 것일지 모릅니다. 타자를 공격하는 것이 본성의 일부분일 수도 있어요. 하지만 우리는 전쟁으로 말미암아 벌어질 비극이 얼마나 참혹한지도 알고, 그런 공격이 나쁘다는 것도 인정합니다. 바로 이런 공감대를 넓혀나가고, 우리 안에 있는 본능적인 적대감을 피할 길을 모색하는 겁니다.

문화적으로 차이는 있지만, 거의 대부분의 사회는 결혼 외적인 성 관계에 제약을 두는 결혼제도를 갖고 있습니다. 어떤 결혼제도를 갖든 얼마나 강한 제약을 두든, 불륜과 성적인 질투는 항상 나타나는 인간의 보편적인 성행동 같아요. 이 범주에 인종주의를 넣어볼 수 있습니다. 저는 인종주의가 심하지 않은 호주에 살지만, 그곳에도 잠재된 감정들이 있습니다. 예를 들어 발칸 반도의 현대사를 보면, 오래도록 평화롭게 지내다가 순식간에 인종적 혐오가 되살아났습니다. 이는 습득된 것일 수도 선천적인 것일 수도 있습니다. 그래서 우리에게는 무엇이 공동의 이익을 위하는 것인지 공공선에 대한 상을 마련하고 알리며 실천하는 윤리적 자세가 필요합니다.

저는 자연 그 자체는 도덕적으로 중립이라고 생각합니다. 좋은 것도 나쁜 것도 아니죠. 뭔가 좋은 것을 이끌기도 하고, 뭔가 나쁜 것을 이끌기도 합니다. 인간 본성을 살펴보면, 문화에 따라 크고 작은 차이를 보이는 것과 거의 유사한 모습을 갖는 것이 있습니다. 이런 차이를 이해하며 점진적 변화를 향해 접근하는 것이 다윈주의를 받아들여 선을 추구하는 좌파의 모습이 될 겁니다.

한국의 자본주의가 본격적인 궤도에 올라선 후, 지난 50여 년 동안 가치에도 많은 변화가 있었습니다. 전통적으로 선善으로 추구해오던 가치가 비효율적이고 어리석은 가치가 되기도 했죠. 다시 공동의 이익을 위하는 가치를 추구하기란 구조가 변하지 않고는 어렵다고 여겨집니다.

자본주의는 상품을 생산하는 데 효율적인 시스템입니다. 이것은 의심할 여지가 없다고 생각해요. 이를 통해 많은 양의 재화를 값싸게 생산하죠. 왜냐하면 성과급을 적절히 이용해 사람들을 더 열심히 일하도록 만들고, 남보다 창의적이어야만 인센티브를 받아 갈 수 있도록 했기 때문입니다. 이 점에서 보면, 저는 이보다 나은 생산 시스템을 보지 못했습니다.
문제는 이런 자본주의가 적절히 제어되어야 한다는 겁니다. 그러지 않으면 이러한 가치 기준이 계속 팽창합니다. 모든 것을 단기적 가치로 바꿔낼 겁니다. 숲의 가치는 그 안에 있는 자원이나 목재만으로 판단되고, 그 아름다움이나 그 속에 사는 동식물의 생활 터전은 의미를 잃게 됩니다. 상품 가격으로 환급될 수 없는 것은 모두 자본주의 시스템에서는 무가치하다고 평가됩니다. 하지만 단지 이런 경제적 이익만으로 가치를 판단하는 일은 옳지 않습니다.

그러면서 자연은 오로지 개발 대상이 되고, 또 우리는 이런 개발이 곧 경제성장으로 연결되리라는 기대를 가집니다. 성장 속에서 개인의 생활도 윤택해질 거란 희망이 사그라지지 않고 있어요. 갯벌을 메우고 강을 개발하는 일이 계속되고 있습니다.

우리는 어떤 사회가 좋은지를 경제 규모나 또는 경제적으로 만들어내는 수익으로 판단해서는 안 된다고 생각합니다. 그곳에 사는 사람들에게 공급되는 삶의 질로 판단을 내려야 해요. 우리 삶의 질을 높여주는 요소에는, 가령 예전의 아름다움을 지니고 있는 강과 같이 잘 보존되고 보살펴지는 자연환경도 포함됩니다. 이러한 가치가 인정받고 생태적 환경이 유지되는 것이 지속적인 경제성장보다 더욱 삶의 질을 좋게 만들어주는 거죠. 개발을 하게 되면 그 분야에 종사하는 사람들에게 어떤 이익이 생기는 것은 확실합니다. 하지만 생태적으로 어우러져 있는 자연 서식지들은 무너지게 됩니다. 그곳은 궁극적으로 미래 세대에게 전해야 할 귀중한 가치일 텐데 말이죠.

제가 한국에 갔을 때 고층으로 올라가는 수많은 개발 현장을 보았습니다. 사람들도 알 겁니다. 이렇게 외형적으로 마구 뻗어나가는 것을 더 이상 좋아만 할 수는 없다는 사실을요. 왜냐하면 우리가 계속해서 성장하는 것은 불가능하기 때문입니다. 세상을 어떻게 하면 안정적인 경제 상태로 이끌 수 있는지 배워야만 합니다. 그래서 인구가 계속 증가하는 것을 어떻게 조절할지도 배워야 하고요. 성장만을 원하는 그 욕망도 어느 지점에서는 멈춰야 합니다. 그래도 한국 사람들이 자신의 귀중한 자원을 돌볼 수 있으리라 생각합니다.

피터 싱어

외형적인 개발을 막아내며 자신들의 땅을 지켜낼 거라고 믿어요.

인간에게 이타적인 본성이 있다고 말씀하셨습니다. 선생의 책을 보면서 가장 선명하게 다가왔던 예가 헌혈이었습니다. 당장의 혜택이 없어도 기꺼이 피를 나누는 행위는 이윤에 따라 행동한다는 고전주의 경제학자들의 시장 논리로 설명하기 어려운 것이죠. 더불어 어떤 문화에서는 인류뿐 아니라 전 우주를 살피는 윤리적 안목과 행동을 보여줍니다. 한국의 전통적 생활양식에도 저녁밥을 짓기 전에 이웃집 굴뚝에서 연기가 올라오는지 살피는 마음이 있었습니다. 밥을 짓지 못하는 이웃이 있으면 십시일반으로 나누려는 보살핌이죠.
아메리카 인디언의 옛 가르침은 현대인에게 오히려 신선하게 다가옵니다. "마지막 나무가 죽고, 마침내 온 강이 오염되고 마지막 물고기가 잡힌 다음에야 인간은 돈을 먹고 살 수 없음을 알게 될 것이다"라는 일갈은 현대인들이 개발 경쟁 속에서 공멸로 가고 있음을 일깨워줍니다. 무엇으로 우리의 이타적 본성을 깨울 수 있을까요?

전통적인 텍스트에 귀를 기울였으면 합니다. 확실히 우리가 배울 것이 있습니다. 특히 저는 불교의 가르침 속에 있는 '지각할 수 있는 모든 생명에 대한 자비 사상'을 좋아합니다. 불교철학은 인간과 인간 아닌 존재 사이에 더 나은 관계의 기반을 공급할 수 있다고 생각합니다. 이는 일부 서구적 생각들이 갖는 인간과 동물 사이를 분리해내려는 경향을 메워줄 수 있다고 봐요. 유대교와 그리스도교에서 파생된 이 같은 사고를 보완해줄 겁니다.
그리고 저는 맹자의 가르침을 더 널리 알리고 싶습니다. 배고픈 이들을 도와야 한다는 의무를 잘 설명하고 있어요. 맹자가 양혜왕에게 한 말입니다.

"왕께서는 길에 굶어 죽은 시체가 있는데도 창고를 열 줄 모르며, 사람들이 굶어 죽는 일을 놓고 '내 탓이 아니라 흉년 탓이다'라고 하십니다. 사람을 찔러 죽이고 '내 탓이 아니라 무기 탓이다'라고 하시는 것과 무엇이 다릅니까?"

이는 우리 주변에서 벌어지는 일에 우리가 책임감을 가져야 하고, 그 나라에서 벌어지는 일에 정부가 책임 있게 나서야 한다는 겁니다. 정부가 개입해서 긍정적인 변화를 만들어낼 수 있다면, 그곳에 정부의 책임이 있어요. 그래서 우리는 그저 시장이 조절할 것이다 또는 자연에게 책임이 있다고 말할 수만은 없습니다. 타인이 배를 곯고 있는 것이 우리 책임이 아니라고 말할 수 없는 거죠. 우리는 이러한 일들에 대해 진정으로 책임감을 가져야 합니다. 악에 대항하면 그 악을 막아낼 수 있고, 착한 정의를 이루고자 하면 그 선을 행할 책임이 있다는 것을 명심해야 합니다.

선생께서는 빈곤 지역을 열정적으로 돕고 계십니다. 한국에서도 해외 구호에 대한 지원이 늘어가는 추세인데, 한편에서는 국내에 먼저 도움의 손길이 필요하다는 의견이 있습니다.

네, 한국에도 아직 빈곤이 있죠. 그래도 저는 다른 나라들이 겪는 극단적인 상황이라고는 생각하지 않아요. 한국에 하루 1, 2달러로 살아가는 사람들이 얼마나 있을까요? 극단적인 상황이라기보다는 상대적인 빈곤감을 느끼는 것이라고 봅니다. 저는 한국에 있는 저소득층을 지원하는 것보다 기아로 고통받는 지역에 도움을 주는 것

피터 싱어

이 더 가치 있다고 여깁니다.

한국의 가난에 손 놓고 있으라는 말은 아닙니다. 이제 한국이 절대 빈곤선의 위험에 빠진 이들을 돕는 일에 우선 나서야 할 이유가 있다는 거죠. 같은 액수의 돈도 빈곤 국가에서는 더 오랜 시간 힘이 됩니다. 500달러를 한국에 있는 한 가족에게 줄 경우, 아마 일주일에서 한 달 생활비 정도일 거예요. 이 돈을 사하라 사막 남쪽에 있는 아프리카 국가에 주면 어떨까요? 아프리카 개발도상국에서 500달러는 한 가계의 1년 수입보다 큽니다. 그 사람들에게는 엄청난 차이를 만들어내는 돈이죠. 꼭 돈이 아니어도 그 동네에 깨끗한 물이나 위생에 필요한 시설을 갖춰줄 수 있고, 의료 지원이나 학교 설립을 거들 수도 있습니다. 이 모든 것이 개발도상국에서는 아주 적은 돈으로 가능합니다. 물론 그들은 그 돈조차 구할 수 없는 처지고요.

"가난은 나라님도 구하지 못한다"는 우리네 옛말이 있습니다. 이 말 속에는 일종의 방관적 심리 혹은 도움의 손길을 내밀기에 앞서 효과를 따져보는 경영적 심리가 담겨 있는 것 같습니다.

실험 사례가 하나 있어요. 르완다 난민촌의 난민 1500명을 살리기 위한 성금을 모으자고 하면서 전체 인원수를 계속 바꿔 말했습니다. 그 결과, 1만 명 중 1500명이라고 했을 때보다 3000명 중 1500명이라고 했을 때 가장 많은 기금이 만들어졌죠. 저는 우리가 살릴 수 있는 그 생명만 바라봤으면 합니다. 생수 한 병을 줄이면 한 아이가 하루 밥을 먹을 수 있다는 것을 가슴으로 받아들였으면 해요.

우리가 다른 이의 고통을 외면하면 세상은 더욱 폭력적이 될 겁니다. 절대빈곤에는 단지 물질적 결핍만 있는 것이 아닙니다. 힘의 결핍, 힘없는 자의 설움이 함께하죠. 뺏고 빼앗기고, 경찰도 손쓰기 어렵습니다. 부패와 성폭행이 만연하고요.
사람들은 가난할 때 아이를 많이 낳아요. 그리고 교육시키지 않죠. 왜냐하면 아이가 교육을 미처 받기 전에 죽을 거라 짐작하기 때문입니다. 그래서도 아이를 많이 원합니다. 적어도 하나둘은 살려서 자기가 늙었을 때 보호받겠다는 기대를 합니다. 이것은 또 인구 증가로 이어지고 다음 세대에는 분명한 문제로 대두됩니다.

선생께서는 개인의 변화와 실천을 강조하시는데, 지진으로 더욱 피폐된 아이티를 보면, 자연재해가 닥치기 훨씬 전부터 다국적 자본에 의해 경제구조가 자급력을 잃었습니다. 산업화 속에서 농사를 포기하다 보니 결국 경제 불황이 계속되는 상황에서 식량난까지 겪는 빈한한 처지로 떨어졌습니다. 아이티 수도의 가난한 지역에선 강간, 범죄가 일상이 됐고요. 이런 구조적 모순에 빠진 곳에 그 문제점을 들추기보다 돈을 보내는 일은, 오히려 부자에게 위로를 주고, 그들이 경제구조를 이용해 얻는 이익을 보장하는 것 아닐까요?

아이티는 오랫동안 매우 가난하게 지내왔어요. 그 원인이 무엇인지 정확한 진단은 나오지 않았습니다. 지금까지 아주 나쁜 정부들이 되풀이돼왔고요. 개발도상국의 부패한 정부와 엮이는 다국적기업들은 제겐 장물아비로 보입니다.
그런 다국적기업들과 장물아비들이 다른 점은 국제법과 정치적 역학관계가 다국적기업을 소유권을 행사하는 당당한 존재로 인정한

ⓒ 더프라미스(thepromise.or.kr)

5리터짜리 물통에 식수를 담아 맨발로 두 시간 산길을 걸어 집에 돌아오는 동티모르 아수마노 마을의 아이. 인도네시아 식민지 시절, 토벌군이 진입하기 어려워 독립군의 은신처로 사용되었던 산간 오지다. 주민의 70퍼센트 이상이 이렇게 멀리 떨어진 산간 식수원에서 아직도 물을 길어 연명한다. 주로 아이들이 이 일을 도맡고 있다. 2011년 현재 동티모르 국민의 37.4퍼센트가 국제빈곤선인 1일 1.25달러 이하의 삶을 살고 있다.

다는 것이죠. 그래서 좌파들이 제게 부자에게 면죄부를 준다는 비난도 합니다. 그런 부자들이 구호기금을 내놓고 스스로 위로를 받도록 하니까 그들을 인정하는 거라면서요. 저는 우리가 할 수 있는 모든 일에 가능성을 열어놓습니다. 하지만 각자 바라는 혁명적 방식이 성공하기 어렵다면, 가난한 사람을 돕는 현실적 방법을 더 다양하게 모색하는 것이 현명하다고 봅니다.

큰 그림으로 보면, 우리 사회가 변화하고 있는 흐름이 그래도 긍정적이에요. 세계은행이 절대빈곤 기준으로 제시한 액수가 하루 1달러 25센트입니다. 이 이하의 수입을 버는 사람이 14억 명이고요. 1981년에는 19억 명이었어요. 열 명 중 네 명이 절대빈곤선 아래 있었는데, 지금은 네 명 중 한 명으로 줄었습니다.

나머지 세 명이 조금씩 자기 몫을 내놓는다면 한 명을 살릴 수 있겠네요.

우리에게는 끔찍한 비극이 여러 번 있었습니다. 불필요한 전쟁을 했고, 르완다에서 그리고 나치 치하 유럽에서 인종청소를 했어요. 그렇지만 장기 추세 속에서 전쟁과 폭력은 가라앉는 경향을 보입니다. 1945년 이후 강대국들이 직접 충돌하는 세계대전은 일어나지 않았습니다. 매년 피할 수 없는 가난 속에 죽어가는 아이들의 수는 1960년대에 2000만 명이 넘었는데 오늘날에는 약 800만 명으로 떨어졌습니다. 지금의 인구는 1960년대의 두 배가 넘으니, 비율로 보면 절반에서도 훨씬 더 격감한 거죠. 가난 속에서 신생아들이 어쩔 수 없이 말라리아, 홍역, 설사로 죽는 일도 많이 줄었습니다. 이는 지구적 빈곤을 막으려는 우리의 노력이 계속 성과를 만들어나가고 있다는 예시라고 봅니다.

선생은 국제생명윤리협회를 만들어 이끌고 있습니다. 2004년 미국 대선에서는 매우 어려운 주제를 놓고 온 미국인들이 토론을 했습니다. 바로 줄기세포 연구였죠. 한국에서는 복제양 탄생 성공을 대대적으로 보도하고 바이오 연구를 미래의 주요 산업이라고 내세웠지만, 생명윤리적 논쟁이 국민적 안건으로까지 퍼지진 못했습니다.

어떤 일이 진행되고 있는지 모든 나라가 반드시 토론하고 짚어봐야 합니다. 미국에서 벌어지는 것 같은 토론을 말하는 것이 아닙니다. 왜냐하면 미국의 논쟁은 복음주의 기독교인들의 시각에서 접근합니다. 그러니까 초기 배아의 지위를 염두에 두고, 줄기세포를 취하는 실험을 초기 배아를 파괴한다는 데 집중해서 바라봅니다. 저는 이런 점이 잘못이라고 생각해요.
한국 사람들의 시각은 이와 다르다고 여깁니다. 저는 초기 배아를 지각 있는 존재인 유정有情·sentient being으로 보지 않습니다. 초기 배아에는 통증을 감지하는 신경 시스템이 없습니다. 그렇기 때문에 초기 배아가 보호받아야 하는 존재라고 생각하지 않죠. 줄기세포 연구에 대한 미국의 논쟁은 기독교적 시각에서 조정되었다고 생각하기에 저는 그런 관점을 인정하지 않습니다. 한국 사람들의 논쟁이 대중적으로 확산되지 않았다고는 해도 미국 사람들보다 현명하게 접근했다고 봅니다. 그리고 무엇보다 바이오산업에서 나오는 성과를 의료적으로 어떻게 활용할지에 대한 토론이 반드시 이뤄져야 합니다. 돈이 있는가 없는가에 따라 혜택을 차별하지 말고 공공보건

차원에서 접근해야 해요.

불교의 주장 중 "의식이 깃드는 시기를 연기緣起가 일어나는 생명의 시작으로 보기 때문에 초기 배아를 유정중생有情衆生으로 인식하지 않는다"는 입장이 있습니다. 초기 배아를 지각 있는 존재로 바라보지 않는다는 선생의 입장과 통한다고 봅니다.

국제생명윤리협회에서는 공식적인 의견을 갖지 않습니다. 다양한 주제와 토론을 활성화한다는 데 목적을 두죠. 매우 광범위한 주제에 대해 토론하고 있고, 앞으로도 어떤 공식적인 의견을 갖지 않을 겁니다. 생명윤리 분야에서 표현의 자유를 늘려나가고 싶기 때문이에요. 일부 나라에서는 생명윤리가 세간의 주목을 받지 못한다는 이유로 학자의 생명윤리에 관한 견해를 검열하고 삭제하고 있습니다. 우리는 줄기세포 연구가 좋다거나 나쁘다는 입장을 밝히지 않아요. 더 다양하게 접근하는 대중과 함께하는 토론이 필요합니다.

고통을 느끼는지 여부를 중시하는 선생의 관점에서 인간과 동물에게 차별 없이 접근하는 태도를 다시 확인합니다. 윤리, 도덕성 같은 덕목은 주로 지도자들에게 바라는 것입니다. 누가 윤리적인 지도자가 될 수 있을까요?

모두입니다. 저는 우리가 단 한 명의 위대한 윤리적 지도자를 가져야 한다고 생각하지 않아요. 윤리적으로 생각하는 것은 자기 자신을 알아차리며 사는 겁니다. 그리고 다른 지역, 다른 사람들에게 귀를 기울이는 겁니다. 다른 사람의 입장에 서보면 이해가 싹틉니다. 지독하게 가난한 나라에서 하루 1달러로 살아보겠다고 몸부림치는

피터 싱어

일이 어떤 건지 궁금증을 가져봅시다. 너무 가난해서 아이가 죽는 걸 바라보고만 있어야 하는 심정은 어떨까요? 조금만 형편이 좋은 나라에서 태어났다면 그렇게 죽진 않을 겁니다.

공장식 축사에 갇혀 있는 동물이라면 어떤 느낌일까요? 이런 질문을 스스로에게 던져볼 필요가 있습니다. 우리에게 따로 윤리적인 지도자가 있을 필요가 없죠. 모두 그렇게 물어볼 능력이 있으니까요.

세상을 바꿀 수 있다면 무엇을 하겠습니까?

나는 가난한 나라들에게 주는 도움의 양을 엄청나게 늘릴 겁니다. 지구의 빈곤을 줄일 거예요. 나는 공장식 축사를 없앨 겁니다. 그래서 동물이 비록 도살되어 고깃덩이가 되더라도 죽기 전까지는 짐승다운 생을 살게 하겠어요. 그리고 나는 불필요한 고통을 줄일 겁니다. 미국을 비롯한 전 세계에서 의료 서비스가 이를 정말로 필요로 하는 사람들, 삶을 절박하게 이어가고 싶어 하는 이들에게 사용되는 것을 볼 겁니다.

인터뷰 후기

공리주의자의 신발

싱어 선생과의 대화는 UC 버클리 캠퍼스 안에 있는 오래된 호텔의 찻집에서 이뤄졌다. 이 호텔은 강의 건물들 사이에 마치 단과대학처럼 자리 잡고 있다. 학교에서 국제 행사를 치르기에 편리하겠다는 생각이 들면서, 선생도 나흘 동안만 머무르신다 했으니 학술대회 참석차 오셨나 짐작했다. 하지만 선생은 대학원 강의 때문에 머문다고 했다. 버클리에서는 비행기로 여섯 시간 걸리는 동부의 프린스턴 대학교에 적을 두고 있고, 특히 금년에는 호주 자택에서 지내는데 일부러 수업 때문에 호주에서 왔다는 말이 의아했다. 새삼 선생의 교육자로서의 열정과 UC 버클리의 투자 규모에 감탄했다. 인터뷰를 하러 연구실이나 집으로 찾아가는 경우, 건물 어귀에서부터 그분들의 삶을 엿보게 된다. 그들을 만나기 전부터 은근하게 공감이 시작된다. 특히 서가에 꽂힌 책 제목들이 전하는 이야기는 오랜 세월 지나온 사유의 길을 따라가는 기쁨을 준다. 연구실의 의자 모양마저 주인을 따라 고전 스타일에서 빈티지, 히피 스타일까지 제각각이다. 취향과 인간적 풍모가 사물에 배어 있다. 그렇게 시나브로 평온함을 얻다 보면 내 안에 일어난 순한 기운이 상대에게도 전달되면서 더욱 깊은 대화로 집중해 들어가곤 했다.

이런 점에서 싱어 선생과의 인터뷰는 좀 느닷없이 본론으로 들어가겠구나 생각하니 아쉬움이 들었다. 하지만 로비로 걸어 들어오는 선생의 맑은 미소는 공간 전체를 평화롭게 안정시켰다. 촬영하려고 캠코더를 켜는 내게 스피커에서 들리는 음악 소리가 괜찮으냐며 마음도 써주었다. 살가운 어른이다.

인터뷰 내내 그는 때론 잔혹한 현실을 이야기하고 비참함과 분노를 전달하기도 했지만, 목소리와 말투는 여름날 냇물처럼 맑고 경쾌하면서도 잔잔했다. 오랜 시간 사색하고 실천해오면서 다듬어진 냉철함인 듯하다. 선생에게 당돌한 질문을 던졌다. "그래서 선생 스스로의 삶은 어떻게 바꾸어왔나요?" 선생은 흐트러짐 없는 온유한 톤으로 말했다. 이미 자신은 오래전에 먹고 입고 쓰던 습관을 대부분 바꾸었다고.

그는 옥스퍼드대 대학원 시절 우연히 알게 된 불편한 진실들 때문에 주식으로 먹어오던 고기와 감자 위주의 서양 식단을 채식으로 바꾸었고, 유제품과 생선에 대해서도 생산 과정의 윤리성 등을 살피며 이전의 습관과는 다르게 조심성을 갖게 되었다. 입는 옷과 소비 습관도 바꾸었다. 그는 수입의 30퍼센트를 꼭 기부한다. 그렇게 생각과 삶이 일치하도록 노력해왔다. 한 사람의 변화된 생활이 40년 이어지면서 세상을 바꾸는 거대한 중심축이 됐다는 사실이 감동적이다. 〈오마이뉴스〉에 인터뷰 기사가 실리고 난 뒤 환경운동가들과 학계에 있는 지식인들로부터 싱어 선생에 대한 평을 더 많이 듣게 됐다. 모두 한결같이 요즘 세상에 존경할 만한 몇 안 되는 철학자이자 행동가라고 표현했다.

진보의 가치를 추구하는 이들 가운데는 실천윤리를 양심을 달래는 나른한 개인적 만족으로 평가하는 사람도 있다. 나 또한 선생과 이야기를 나누면서 이슈마다 구조적인 문제로 확대해내려고 했다. 그 사안의 책임을 특정 세력에게 돌리고, 그 세력을 바꿀 대안을 듣고자 질문을 반복했다. 그럴 때마다 선생은, 가장 핵심적인 대안은 스스로의 변화라고 강조했다.

선생의 말을 들으며, 단 한 사람이 육식 습관을 바꿔도 세상의 산업이 그만큼 다른 방향으로 이동할 터이고, 그 변화를 일구는 개인이 곧 우주의 중심임을 다시 기억하게 됐다. 어찌 보면 실천윤리야말로 강력한 변혁의 동력이 아닐까.

피터 싱어 선생의 통찰은 현대의 삶을 관통하는 여러 구조적 문제들을 주변의 소소한 일상 속에서 바라보게 해준다. 기업형 농장을 통해 자본주의 속에 존재하는 유일한 가치인 환금성을 보게 하고, 가난의 문제를 들춰내며 국가의 역할을 강조한다. 고전주의 경제학자들이 주장해온 시장 만능에 담긴 위선을 꼬집으며, 규제를 법으로 만들어갈 개인의 실천을 북돋운다. 각자의 내면에 흐르는, 남을 살피며 돕고자 하는 그 본능을 키워 세상을 바꿔가자 한다.

"세상을 바꿀 수 있다면 무엇을 하겠습니까?"라는 마지막 질문을 했을 때, 답을 하던 싱어 선생의 모습은 마치 소년 같았다. 또박또박 지그시 다짐하듯 대답했다. 초등학교 1학년생이 처음 작문을 하듯 그의 소망은 짤막짤막 간결하게 이어졌다. "나는 가난한 나라들에게 주는 도움의 양을 엄청나게 늘릴 겁니다." "나는 공장식 축사를 없앨 겁니다." 이렇듯 '나는'으로 시작되어 실 잣듯 이어진 그의 소망은 마치 마틴 루서 킹 목사의 "내 꿈은I have a dream……"으로 시작되는 연설처럼 영혼을 울리며 절박하게 다가왔다.

선생과 헤어지기 전, 문득 그의 신발을 사진 찍고 싶었다. 삶의 고단함을 얼굴 주름보다 더 강렬하게 드러내는 빈센트 반 고흐Vincent van Gogh의 신발 그림과 대공황기에 일거리를 찾아 떠도는 농부의 팍팍함을 대변한 워커 에번스Walker Evans의 신발 사진이 생각났기 때문이다. 발을 좀 찍겠다고 하니 그는 계면쩍게 웃고는 의자에 다시 앉아 발을 내밀어주었다. 그러곤 허허롭게 웃으며 한마디 덧붙였다. "채식주의자의 신발을 보려고요?"
선생의 발에는 검은색 천 운동화가 신겨져 있었다. 동네 슈퍼마켓에서도 살 수 있는 값싸면서 튼튼한 신발이었다. 정가는 우리 돈 3만 원 정도인데 할인을 많이 해서 서민들이 즐겨 신는다. 윤기 나는 신사용 가죽구두가 아니어서 다행이었지만, 그래도 인생의 여정과 연륜을 보여주는 신발이면 좋겠다 싶었는데 너무 평범했다.
깔끔하고 소탈한 그의 모습은 뒤늦게 살펴본 옷차림에서도 드러났다. 붉은색 면 셔츠엔 솔기마다 잔주름이 잡혀 있었다. 환경운동을 하는 이들은 전기를 쓰는 다림질을 멀리하기도 한다는데, 선생의 생활도 그런 건 아닐까. 소탈하고 살뜰한 웃음에선 타인에 대한 여유와 관용이 풍겨났지만 스스로에겐 엄격하시리라.
녹차를 좋아한다기에 지리산에서 난 우전을 보내드렸더니 호주에서 편지를 보내주셨다. 오동나무 상자가 참 예쁘고, 그 안에 든 차는 그보다 더 아름다운 풍미를 지녔다며, 차를 우리는 아침이 행복하다고 하셨다.

코넬 웨스트
Cornel West

멈추지 않는 저항
역사의 흐름을 이끄는 민중의 힘

코넬 웨스트　　　　　　　　　　　　　　　　Cornel West, 1953년생, 미국

미국의 신학자이자 민중 지도자인 그는 2012년 봄까지 프린스턴 대학교의 아프리칸 아메리칸 역사 교수로 재임하다 9월부터 미국 내에서 가장 진보적인 신학교로 유명한 뉴욕 유니언 신학교로 자리를 옮겼다. 1973년 20세의 나이로 하버드대를 졸업하고, 프린스턴대에서 철학 석·박사학위를 받았다. 하버드 대학교에서 종신교수로 후학을 지도했으며, 예일 대학교, 파리 대학교 교수도 역임했다.

민주주의, 인종, 여성, 마르크시즘, 빈곤 등의 주제로 왕성한 저술활동을 선보이면서 급진적이고 적극적인 사회활동을 펼쳐왔으며, '미국민주사회주의자' 회원이기도 하다. 영화 〈매트릭스〉 3부작 중 2편과 3편을 위해 조언을 해주면서 카메오로 직접 출연하기도 했다. 그 밖에도 25편의 다큐멘터리 영화에 등장하는 한편 CNN, PBS 등의 인기 토크쇼 고정출연자로서 대중과 적극적으로 소통하면서 큰 영향력을 발휘해왔다. 마틴 루서 킹 주니어 목사의 뜻을 잇는 계승자로 인정받는 그는 사회정의에 앞장서고 있으며, 최근에는 대표적 진보 방송인 태비스 스마일리Tavis Smiley와 미국 전역을 돌며 '빈곤 투어 2.0 The Poverty Tour 2.0'을 이끌고 있다.

주요 저서로 《선지자적 단상들Prophetic Fragments》(1988) 《마르크스주의 사고의 윤리적 관점들The Ethical Dimensions of Marxist Thought》(1991) 《인종 문제Race Matters》(1993) 《신념을 지키며Keeping Faith》(1993) 《민주주의 문제Democracy Matters》(2004) 《외줄 위의 희망Hope on a Tightrope》(2008) 등이 있으며, 2007년에는 긍정적인 가사의 음악을 통해 사랑, 연대, 하나됨 등의 의미를 세상에 전달하고자 음반 〈네버 포겟Never Forget: A Journey of Revelations〉을 발표하여 인기를 얻었다.

코넬 웨스트

2012년 10월 4일 오후 3시, 뉴욕 맨해튼에 있는 유니언 신학교에서 코넬 웨스트 교수를 만났다. 미국에서 가장 진보적인 신학교인 유니언 신학교는 기독교와 타 종교 사이의 소통을 이끄는 중심이기도 하다. 이곳에 가면 참선하는 신학자와 이슬람을 흠모하는 신학도를 만날 수 있다. 그리고 이런 개방적이고 진보적인 전통은 2012년 9월 새 학기를 맞아 웨스트 교수가 부임해옴으로써 더욱 견고한 명성을 갖추게 됐다.

그는 만나자마자 한국과 관련된 말로 인사를 대신했다. 현존하는 최고의 인문학자 가운데 한 사람인 코넬 웨스트의 언어는 늘 화려하면서도 바늘 끝처럼 예리하다. 그가 꺼낸 한국에 대한 말들은 지극히 평범한 것이었지만, 극과 극의 감동과 아픔을 전했다. 처음 던진 말은 완벽한 한국어 발음으로 구사한 '민중'이라는 단어와 우리 민중에 대한 찬사였고, 그다음에 이어진 말은 "한국 대통령 선거에 독재자의 딸The Dictator's Daughter이 나왔다면서요?"였다.

독재자의 딸. 대한민국의 대표적 정치지도자 한 사람(박근혜)을 서구 지식인들은 독재자의 딸로 인식하고 있었다. 앞서 만난 석학들도 물론 그의 아버지(박정희) 시대를 기억하고 있었고, 독재라는 말도 언급했다. 하지만 여기서 독재자의 딸이라는 적나라한 호칭을 들으니 참담했다. 한국의 대선이 다가오면서 서구 언론에 보도되는 한국의 한 단면을 그대로 마주하는 듯했기 때문이다. 그들은 한국의 정치 상황에 당혹스러워하는 것 같았다. '우간다라면 아민의 딸을, 세르비아라면 밀로세비치의 딸을 이렇게 유력 대권주자로 받아들일까?' 비교하는 듯한 냉기가 느껴졌다. 서구의 언론조차 잊지 못하는, 인권이 유린되었던 그 과거를 우리는 어떻게 포용하고 있다고 설명해야 할까.

물론 웨스트 선생의 한국에 대한 시각에는, 촘스키 선생의 "한국의 지난한 민중투쟁의 힘이 세계 민중을 깨웠다는 것을 기억해달라"는 당부처럼 우리 역사와 문화에 대한 깊은 애정과 존경이 담겨 있었다. 그는 한국의 현대사가 세계 민중의 역사 속에서 희망의 불을 밝힐 모델이라 했고, 신자유주의 질서 또한 한국의 민중이 미국보다 앞서 타개해나갈 것이라 기대했다.

...

선생께서는 제게 인사를 건네며 "한국 '민중'은 정말 대단해요"라고 하셨습니다. 제가 한국의 '민중'을 아시느냐고 묻자, 고난에 저항하면서도 웃음을 잃지 않는 '블루스맨'이라고 하셨죠. 선생의 답을 듣고 한국인인 제가 오히려 뭔가를 놓치며 살고 있구나 하는, 마치 숙제를 잊고서 한눈을 팔다가 들켜버린 것 같은 자책감이 들었습니다. 동시에 진한 감동을 받기도 했고요. 한국 민중의 무엇이 선생을 자극했습니까?

한국 사람들의 역사죠. 수많은 제국주의와 마주했던 그 과정들 말입니다. 특히 일본 제국주의는 참으로 추하고 악랄했습니다. 그리고 한국전쟁으로 지금까지 갈라져 있고요. 그렇지만 한국인들은 등을 곧게 폈습니다. 어떤 고난 속에서도 다시 일어나 싸웠죠. 상처투성이에 멍투성이가 되면서, 온갖 흉터를 남겨가면서 끊임없이 싸웠어요. 한국인들은 다방면에서 영웅적인 태도를 보여주었습니다.

독재도 이겨내야 했던 현대사였습니다.

네, 군사정권의 독재도 겪었죠. 그 같은 정권이 지금 북한에도 있고요. 매우 추하고 전제적인 독재통치입니다. 북한 민중이 그런 대접을 받는 것이 안타깝습니다.

자, 그럼 이제 한국의 노동계급에 대해 아주 솔직하게 이야기해볼까요. 한국의 노동자들이야말로 현대사회의 모든 노동계급 중 가장 영웅적이고 용감한 이들입니다. 조직했고, 파업했고, 총파업으로 연대해 일어나 저항했습니다. 그들에게선 장엄함이 묻어납니다. 그들은 한국을 산업대국으로 번영하도록 일으켜 세운 주역이고, 도시를 건설한 저력을 가진 노동자들이죠. 이들은 대부분 농촌 출신이고, 도시로 던져지자마자 산업의 규율 속으로 빨려 들어갔습니다. 그 상황에서 스스로를 지킬 보호구를 찾기 시작했고, 그 답을 노동운동 속에서 발견한 거죠.

이들은 성경 속 선지자들이 품고 있는 것과 같은 진실함을 갖고 있습니다. 제 삶의 방향을 잡아주는 한 축이 바로 기독교 선지자들입니다. 이들은 불평등에 굴종하지 않았고, 부정과 유연하게 어울려 들어가는 현실을 인정하지 않았습니다. 우리가 현실과 타협하기보다 고난에 처한 이들을 사랑할 때, 현실에 맞서는 곳에서 함께할 때, 이웃과 연대할 때, 바로 선지자들의 뜻과 함께하는 겁니다. 사랑과 정의를 실현하고자 하는 이들에게 현실은 만족을 주지 못하는 곳이고, 그렇기에 우리는 비판적인 사고로 현재를 주목해야 합니다. 오늘의 상황을 기억하는 증인이 되어야 하고, 세상 속에서 함께 맞서나가야 해요. 한국에는 이러한 선지자들의 삶과 상통하는 풍부

코넬 웨스트

한 전통이 있습니다.

선생은 한국의 민중을 말할 때, 1987년 노동자 대투쟁을 언급하기도 했습니다. 그런데 불행하게도 요즘 우리는 우울합니다. 과거의 연대가 많이 느슨해졌고, 일자리가 부족해진 데다 신자유주의 질서에 따라 노동시장이 너무나도 불안정해졌기 때문입니다.

네, 불완전고용이 양산되었죠.

심지어 일하고 있는 고용상태에 있다고 해도 가난에서 벗어날 수가 없습니다. 워킹 푸어working poor인 거죠. 미국이나 한국이나 고용조건은 갈수록 고약해지고 있어요.

맞습니다. 미국에서는 빈곤에 처해 있는 어린이가 전체의 22퍼센트입니다. 세상에서 가장 부자인 나라인데 말이죠. 수치스럽습니다. 소득 상위 1퍼센트의 사람들이 전체 부의 42퍼센트에 상당하는 부를 가지고 있고, 100대 부자들이 소유한 돈이 1억 5000만 명이 가진 것보다 더 많아요. 부의 불평등이 미쳐 날뛰고 있습니다.
한국에도 그 나름의 부의 불평등이, 신자유주의 질서가 존재하죠. 그런 곳에서는 최상위 1퍼센트는 아주 잘살지만, 중간에 버티고 있는 사람들은 추락하느냐 마느냐 하는 경계로 자꾸만 밀려가게 됩니다. 이는 전 지구적인 현상이고, 한국 역시 미국처럼 신자유주의의 파괴력이 막강하게 지배하는 중심에 놓여 있죠.
이럴 때 우리는 역사 속에서 희망을 건져내야 합니다. 한국은 악몽을 지나왔습니다. 하지만 한국 사람들은 그걸 딛고 일어섰어요. 지금 미국 사람들도 이 상황을 딛고 일어나려 노력하고 있습니다. 어떤 면에서는 한국이 미국보다 먼저 회복하리라 생각합니다.

이미 10년도 넘게 반복되어온 이야기가 하나 있는데, 바로 미국 경제가 휘청거리는 상황에서 균형을 잡아줄 반대쪽 날개, 즉 대안 세력이 없기에 세계 경제가 위태롭다는 해석입니다. 이 말 속에는 그만큼 미국이 어서 굳건하게 일어나길 바라는 주류 경제세력의 절박한 희망이 담겨 있죠. 그렇다면 선생께서 블루스맨, 언더독 underdog이라고 정의하신 민중과 비주류의 삶에는 오히려 한국이 희망을 주는군요.

미국에서는 다른 어느 곳보다 훨씬 더 강한 우파들이 자리를 차지하고 있습니다. 그들은 아직도 지난 불평등한 세월에 대한 향수를 품고 있죠. 이제는 감히 자리할 수조차 없는 부당한 일에 대해서도 그리움을 품고 있습니다. 미국의 우파들은 가난을, 월스트리트의 탐욕을 이야기하고 싶어 하지 않습니다. 그리고 같은 인간임에도 아직 온전히 동등한 대접을 받지 못하는 여성을, 남성 우월주의를 말하는 것도 꺼리죠. 그들은 미국 내 백인 우월주의도 언급하려 하지 않습니다. 우익, 그들은 정말이지 타협하려 들지 않는 세력입니다.

선생의 '빈곤 투어'에서 사용하는 "부자와 나머지 사람들The Rich and the Rest of Us"이라는 표현이 인상적이었습니다. 우리 사회에는 늘 가난한 사람들을 따로 분리해서 바라보는 시각이 있어왔는데, 실상은 부자가 아주 특별한 소수의 존재고 그 나머지는 한 묶음이죠. 하지만 거리나 텔레비전 화면에 가득한 풍요는 빈곤을 특수한 상태, 감춰진 상태로 소외시켰습니다. 가난을 개인의 노력이 부족해서, 절약하지 못해서 비롯된 결과로 취급했죠. 하지만 현실에서는 소수의 부자 말고는 다들 같은 처지입니다. 미국의 실상은 어떻습니까?

'미제국', '미합중국USA'이라 불리는 민주주의 국가에서 지금 위태로운 실험이 벌어지고 있는데, 이 실험이 아주 깊은 쇠락의 길로 우리를 이끌고 있습니다. 미국의 맨 꼭대기에서는 정치를 지배하는 소수가 재벌과 함께하고 있습니다. 중간계급은 천천히, 그렇지만 확실하게 워킹 푸어, 가난한 노동자로 밀려 내려가고 있습니다. 그래서 아내와 남편이 함께 매달려 일을 해야만 하죠. 직장인의 월급은 35년 동안 거의 변하지 않았습니다. 오늘날의 평균적인 노동자가 35년 전의 평균적인 노동자와 똑같은 금액을 벌고 있어요. 그런데 꼭대기에 있는 사람들이 버는 돈은 600퍼센트 증가했습니다.
그리고 생산성이 증가했는데, 이것도 사실은 노동조합이 약해지면서 노동자가 무방비 상태에 놓인 탓입니다. 제조업 일자리 500만 개가 북미자유무역협정NAFTA으로 사라졌습니다. 지금은 여기에 환태평양경제동반자협정Trans-Pacific Partnership까지 있어 기업들이 모두 아시아로 나가버렸죠. 다국적기업은 값싼 노동력을 찾아 지구를 여행합니다. 처음에는 멕시코, 라틴아메리카였고, 지금은 아시아예요.
그 여파로 미국의 문화는 데카당트decadent해졌어요. 한마디로 타락했죠. 여기서 제가 말하는 데카당트의 의미는 표피적인 쾌락에 사로잡혀 있다는 겁니다. 사람들은 자극, 성적 충동, 연예인 모방 등의 문화적 공격에 노출됩니다. 중요한 일에는 관심을 두지 않고 한눈을 팔면서 몽유병자처럼 굴도록 무감각을 강요당합니다. 결국 세상을 이루는 가장 기본적인 요소인 공공의 이익에 대한 관심이라는

가 삶과 죽음, 슬픔, 환희와 고뇌에 대한 인식은 마비되고, 소비자로서만 기능하도록 이끌려가고 있죠.

이 같은 문화는 환희 없는 쾌락을 탐닉하면서 점점 확산됩니다. 일단 쾌락을 한번 맛보면 또 다른 것을 원하게 되죠. 거기서 환희는 빠져 있습니다. 하나의 자극을 얻고 나면 또 다른 자극을 찾게 되고, 하나의 성적 충동이 채워지면 또 다른 진한 흥분을 바라게 됩니다. 결코 만족을 얻을 수 없는 지경이 되는 거죠. 하지만 환희는 이와 다릅니다. 환희란 어떤 어려움을 견디어냈을 때 다가오는 것으로, 우리 영혼의 저 깊은 심연까지 뚫고 들어옵니다. 쾌락은 그저 표면을 긁어줄 뿐입니다. 이런 타락한 문화가 가져온 결과는 세계에서 가장 높은 수준의 정신질환과 우울증 발병률, 영아 사망률, 자살률, 수감률, 불평등지수입니다. 이것이 바로 오늘날 미국인들이 처한 현실입니다.

요즘 고도로 산업화된 곳에서는 오히려 '치유'라는 단어가 유행합니다. 우리가 무엇부터 시작해야 할까요?

현실을 알아차려야 합니다. 마치 문제가 존재하지 않는 양 부인하면서는 더 이상 살 수 없어요. 정면으로 마주해야 합니다.

내면의 혁명을 말씀하시는 건가요?

무엇보다도 이것은 인식의 문제입니다. 알아차림의 문제죠. 심리적·도덕적·정신적 자아를 성장시켜야 합니다. 그리고 정치적으로 조직되고, 서로 손을 맞잡고 일어나야 합니다. 우리 가운데 누군가는 거리로 뛰쳐나가야 하고, 누군가는 감옥에 가야 하고, 누군가는 정치인들을 압박해야 해요. 마틴 루서 킹 주니어Martin Luther King, Jr.는 민중을 이해했습니다. 아주 깊고 깊은 저 심연으로부터 받아들였죠. 고통받는 이들, 바로 우리의 굽은 등을 쫙 펴주고, 정신을 똑바로 차리게, 깨어나게 해줬어요. 그러자 우리 민중들은 다른 이들을 돌아보고 함께 연대했습니다.

보세요, 이것이 바로 사랑입니다. 우리가 나아가는 변혁의 중심에는 바로 사랑이 콱 박혀 있어야 합니다.

민중들은 연대의 힘이 대단하다는 것을 알고 있습니다. 그러나 또 한편으로는 그래도 자신만은 부자가 되어 이런 상황을 벗어날 수도 있다는 생각들을 하죠. 그래서 하나씩 떨어진 섬으로 존재하기도 합니다.

미국에도 물론 무일푼에서 벼락부자가 되는 사례가 있어요. 그래서 사람들은 자신을 건강한 공동체를 만들어나가는 구성원으로 바라보며 다잡기보다는, 빠른 시일 안에 부를 이룰 수 있는 개인으로 받아들이죠. 이렇게 각자 분산되어 있는 모습이 개인주의입니다. 소비주의에서 벗어나지 못하는 우리의 현실이기도 하고요. 이는 가족과 이웃을 아우르는 공동체의 전통 속에서 자긍심을 갖고 그 결속을 자원이라 여기며 삶을 일궈가는 가치와는 반대되는 거죠. 이런 결속은 단지 돈을 더 많이 벌어서 경제적인 부를 소유하는 것과는 다릅니다. 정신적으로 풍요로워지고, 문화적·도덕적으로 부유해지는 거예요. 우리 인생이 위대해지는 것과 성공하는 것 사이에는 근본적인 차이가 있습니다.

아쉽게도 이런 분별력이 우리 문화 속에서 망가졌습니다. 큰사람이 되는 것과 성공하는 것을 동일개념인 듯 하나로 합체하고 혼돈스러워합니다. 위대해지는 것은 마틴 루서 킹 주니어처럼 되는 거예요. 위대한 사람은 타인을 위하는 사랑을 갖추고 있고, 타인을 위해 헌신하고 그들의 삶을 섬기겠다는 마음을 품고 있습니다. 특히 민중에 대해서요. 소외된 언더독, 가난한 사람, 부적응자, 고아, 홀로된 부인, 아버지가 없는 가정, 어머니가 없는 가정, 바로 그들 속에 함께 있는 겁니다.

성공이라는 것은 물질적 번영이고, 많이 소유하고 높은 지위를 갖는 거죠. 그러면 모든 사람들이 그를 마치 우아한 관엽식물 뒤에서 살짝 발걸음을 떼며 등장하는 공작처럼 바라봅니다. 하지만 위대함이라는 것은 독수리 같은 것이에요. 비상하지만, 그러면서도 지상에 있는 다른 이들을 염려하는 것입니다.

2008년 오바마 대통령이 당선됐을 때, 미국뿐 아니라 한국에서도 희망의 기운이 일었습니다. 우리는 그가 세계를 위해서 뭔가 보여주리라 생각했죠. 선생의 평가는 어떻습니까?

그가 이겼을 때 우리는 모두 큰 희망을 가졌죠. 백인 우월주의가 아주 깊이 뿌리박힌 미국에 있는 흑인들에게 이는 상징적 승리요, 아름다운 순간이었습니다. 하지만 슬픈 현실은 그가 경제 조언자를 월스트리트에서 뽑았다는 겁니다. 결국 우리는 다수를 아우르는 주류 정부가 아니라 월스트리트 정부를 갖고 말았습니다. 월스트리트 정부는 월스트리트에게 퍼주었죠. 그리고 대출을 얻어 집을 장만한 이들은 거들떠보지도 않았습니다. 오바마가 선택한 월스트리트 사람들은 16조 달러를 얻었고, 가난한 사람들은 그동안 부어온 집 대출 상환금마저 날리고 쫓겨났습니다. 정부 정책의 우선순위가 잘못된 거죠.

오바마의 군국주의도 마찬가지입니다. 그는 마틴 루서 킹 주니어를 존경한다고 이야기했어요. 킹은 베트남 전쟁에 끼어든 미국을 비판하다가 죽었습니다. 베트남에서 벌어진 미 제국주의의 무고한 인명 살상과 네이팜탄 투하를 정면으로 비난했죠. 그런데 킹을 존경한다는 오바마는 오히려 군국주의적 군사정책으로 무고한 민간인까지 희생시켰습니다. 그가 집권한 후 살상용 폭탄을 장착한 무인전투기 출정 횟수가 더 늘어났습니다. 아프가니스탄도 전정에 휩싸였고요. 그가 이라크의 전쟁을 종식시키기는 했지만 아직도 수천 명의 용병이 거기 있습니다. 미국은 6억 8500만 달러를 주 이라크 대사관을 지키는 데 썼어요. 산업재해를 입은 노동자들에게 노동안전위생국이 쓰는 돈은 5억 8000만 달러입니다. 결국 피해를 겪은 미국 노동자들보다 미국 대사관을 지키는 데 돈을 더 많이 쓰는 겁니다. 이것이 미국의 우선순위예요.

그러니까 오바마는 킹과 같이 선지자적 전통에서 나온 인물로 여겨졌지만, 결국 신자유주의 정치가로 완성된 겁니다. 모든 신자유주의의 흐름과 함께하며 아직도 월스트리트에 너무나 심하게 종속된 긴축재정을 펴고 있습니다.

이런 신자유주의의 배경은 어디서 찾을 수 있을까요?

1970년대에 등장한 세력으로 거슬러 올라갑니다. 그들은 1973년 석유위기 당시, 시장에 대한 규제를 푸는 것이 해결책이라고 주장했습니다. 그들이 요구한 것은 세계를 아우르는 더욱더 강력한 기업의 힘이었죠. 자본에 대한 모든 규제를 없애라는 것이었습니다.

자본의 여행이 시작되었군요.

자본은 어느 곳에나 갈 수 있습니다. 노동은 여러 국가적 실정에 따라 묶여 있어도 말이죠. 만약 노동이 여행을 할 수 있다면 철새처럼 돈벌이에 따라 이동하겠죠. 그러나 노동이 이동권을 가지는 것은 자본과는 달리 대단히 많은 고난을 감내해야 합니다.
자본은 나라를 옮겨 갈 때 어마어마한 이득을 얻습니다. 세금 혜택에 보조금을 받고, 어떤 경우에는 공짜로 땅을 제공받으면서 개발 이익까지 챙기죠. 그런 여러 가지 이득을 자본이 얻는 동안, 이 세계는 규제도 없고 기준도 없는 대형 할인 마켓으로 포장된 자유시장에 빙 둘러싸이게 됐고, 그 결과 불평등과 환경파괴마저 덤으로 얻게 됐습니다. 피라미드의 맨 꼭대기에 있는 이들에게는 어마어마한 부가 돌아갔고요.

2012년의 미국 대선이 이런 시장중심 경제에 제동을 걸 기회가 되지 않을까요?

그렇지 않습니다. 재벌과 함께하는 금융과두정치˙ 아래서 보수주의자인 롬니를 선택하느냐, 신자유주의 버전의 오바마를 선택하느냐 하는 상황일 뿐입니다. 그러니까 미국인들에게는, 이미 주머니

"한국 사람들은 어떤 고난 속에서도 다시 일어나 싸웠습니다. 영웅적입니다."
웨스트 선생의 이 말이 채 끝나기 전, 내 입에서는 탄식 어린 한마디가 나왔다.
"독재도 이겨내야 했죠."
다시, 그의 말이 이어졌다.
"양쪽 모두요."
그 순간 내 머릿속이 하얘졌다. 남한과 북한 양쪽 모두 같은 경험을 했다는 것, 양쪽 모두 독재라며 규탄하는 세력과 이를 부정하는 세력이 엉켜 있다는 것, 그리고 나는 그 두 곳에 속해 있는 한국인이라는 것을 그제야 느꼈기 때문이다. 남북은 변화를 두려워하는 유사한 성질을 지닌 뿌리 깊은 거대 권력 아래에서 각자 다양한 구조적 모순을 견뎌가고 있다.

어 큰돈과 큰 기업을 넣고 있는 사람이냐, 아니면 큰 기업과 큰 은행이냐 말고는 다른 선택의 여지가 없는 겁니다.

한국에서는 미국의 양당제를 참 지루하다고 봅니다. 두 세력의 차이도 점점 희석되고 함께 보수화되어가면서 그들만의 정치라는 틀이 굳어간다고 보는 거죠. 선생께서는 제3의 정당이 필요하다고 생각하시나요?

엄밀하게는 양당제가 아니라 다양한 후보들이 나올 수 있죠. 미국에는 아주 중요한 무소속 상원의원도 있습니다. 바로 버몬트 주의 버니 샌더스Bernie Sanders**입니다. 사회주의자인 그는 최고의 상원의원이에요. 텔레비전에서 그의 활약을 볼 수 있죠. 샌더스는 기업이 휘두르는 힘, 기업의 탐욕, 일하는 사람들, 가난한 사람들, 노후한 학교 시스템, 새로운 흑인 차별정책인 감옥-산업 복합체Prison Industrial Complex에 대해서 이야기합니다. 의회에서 미국의 실상을 드러내는 그는 양당제에서 한 걸음 밖으로 나올 수 있는 사람이에요.

민주당과 공화당, 이 둘의 목을 돈이 조르고 있습니다. 우리는 금융개혁운동을 해야 합니다. 정치에 들어가 있는 엄청난 돈을 빼내 와야 합니다. 호주에서 시행된 선거 방식인 '노 머니 노 애드No Money No Advertisements'를 도입하고, 투표하지 않으면 벌금을 물려야 합니다. 호주의 투표율은 90퍼센트가 넘어요. 미국은 48퍼센트죠.

● 금융 자본을 독점한 소수의 자본가가 국가 권력과 결탁하여 한 나라의 정치와 경제를 좌우하는 정치 형태.

●● 샌더스는 2012년 11월 6일 미국 대선과 함께 치러진 버몬트 주 상원의원 선거에서 71퍼센트의 지지를 얻어 재선에 성공했다.

코넬 웨스트

호주에서는 국민들이 투표에 참여할 수 있도록 시간 제약을 두지 않고, 부재자투표 등을 유연한 방식으로 운영하며, 유권자가 최대한 투표할 수 있도록 외딴곳에 사는 사람들에게도 적극적으로 찾아가 돕는다고 합니다. 또 투표 48시간 전에는 돈에 의해 판단이 흐려지지 않도록 모든 정치광고를 법으로 금지합니다.
미국에서는 상대 후보를 비방할 뿐만 아니라 각 정책에 대한 거짓 비방에 가까운 로비성 광고가 투표 전에 더욱 쏟아지는 걸 보면서, 심각할 정도로 돈에 좌우되고 있음을 느꼈습니다.

우리가 지금 당장 깨어나지 않으면 모든 민주적 요소를 잃게 될 수도 있습니다. 저는 오바마가 확실히 롬니보다는 낫다고 믿지만, 그도 아직 큰 돈줄인 신자유주의 진영에 있다는 것이 문제입니다.

선거 때면 사람들은 차악에 대해 이야기합니다. 차악이 오히려 절대악보다 더 위험한 것일까요?

그렇게 이야기할 수도 있죠. 그렇지만 만약 롬니가 이긴다면, 가난한 이들은 대단히 파괴적인 결과를 맞이할 겁니다. 만약 오바마가 이긴다 해도 서민들은 몹시 힘든 길을 가겠죠. 하지만 일터에서 쫓겨나는 노동자들이나 생활 터전을 잃게 될 사람들의 수는 더 적어질 겁니다. 그러니까 대참사와 재난 사이에서 선택을 해야 하는데, 재난이 대참사보다는 좀 낫지 않을까요?

가슴 아픈 현실입니다. 계속 밀려가기만 하는 상황이 반복되는 한계가 느껴집니다.

그래서 우리는 체제 그 자체의 근본적인 문제를 제기해야 합니다. 지금 이 체제는 제대로 작동되고 있지 않아요. 이 체제는 가난한 사람들에게는 실패작입니다.

이미 1980년대 말부터 선거에 몰려드는 검은돈dark money에 대한 문제의식이 있었습니다만, 2012년 선거에 퍼부어지는 돈이 1000만 달러가 넘었습니다. 워싱턴의 잘 알려진 단체부터 '미국은 바보가 아니다America is not Stupid'라는 정체 모를 단체까지 온갖 이름으로 들어오는 막대한 돈이 콜로라도, 오하이오의 지방선거전에까지 파고들어 텔레비전 광고에 쓰이고 있습니다. 광고의 80퍼센트가 민주당에 대한 부정적인 내용과 원색적인 비난을 담은 것이죠.

결국 건강보험, 교육 지원, 식품 안전 등의 공익적 목표를 가진 법안들이 몇몇 개인의 이익을 위해 저지당하고 있구나 하는 부당함을 느끼게 됩니다. 그 정도 금액이면 미국의 1600만 홈리스 어린이에게 한겨울에도 따스한 침대를 제공해줄 수 있을 텐데요. 자본의 논리에 따라 작동되는 국정의 우선순위가 참 매정합니다. 선생 말씀대로 가난한 이들에게는 실패한 체제입니다.

그럼에도 불구하고 보수 세력의 결집은 역시 이번 미국 선거에서도 다각도로 이어지고 있습니다. 돌아오는 일요일(10월 7일)에 보수 기독교단 가운데 일부가 무슬림에게 관대한 오바마에 대항하는 내용으로 기도회를 갖겠다고 합니다.

세상에! 미친 짓입니다. 기독교인인 제가 느끼기에도 보수 기독교의 표현들은 매우 강성입니다. 우리가 기독교 전통의 존경받는 선지자 같은 기독교인이 되고자 한다면, 우선 교회를 소유한 주류 교단에 대한 저항부터 시작해야 합니다.

코넬 웨스트

복음주의 기독교단의 후원을 받는 미 정부가 이들 보수주의자의 다각적이고 막강한 압력에 못 이겨 중동에 폭탄을 떨어뜨리는 것이며, 결국 이는 종교적 파워 게임이라는 말이 떠돕니다. 최근 선거 열기가 한창인 가운데 기독교인들 사이에서는 모르몬교도인 롬니와 가톨릭 신자인 부통령 후보 폴 라이언이 차라리 무슬림인 오바마보다 낫다는 말도 나온다고 하고요. 오바마의 아버지가 이슬람교도이고, 또 오바마가 낀 반지에 신을 부정하는 글귀가 새겨져 있다는 루머까지 있죠.

오바마가 이슬람교도라는 말은 사실이 아니에요. 반면에 민주당이 특정 보수들을 두려워한다는 것은 의심할 여지가 없는 사실이고요. 뼛속까지 보수인 폭스 뉴스와 텔레비전·라디오 진행자들을 두려워하죠. 정치평론가이자 방송인인 러시 림보 Rush Limbaugh 같은 이의 눈치를 봅니다. 항상 우익이 무엇을 말하는지에 귀를 기울이는데, 저는 이런 태도가 옳지 않다고 생각해요. 왜냐하면 우리가 할 수 있는 일에서 점점 더 벗어나도록 기준을 옮겨놓기 때문입니다. 만약 그들이 "당신들 민주당은 국가방위 능력이 약하다. 이라크에 폭탄을 투하해야 한다"고 말하면 즉시 따라 합니다. 왜냐하면 강하다는 것을 증명하고 싶어지니까요. 그러면 우파 방송에서는 또 다음 비판을 해요. 그들은 결코 민주당을 용납하지 않을 것이기 때문이죠. 정치인들은 자신이 믿는 것, 자신의 신념을 서슴없이 말해야 합니다. 하지만 민주당은 그렇게 하지 않습니다. 그들은 선거를 염두에 두고 있고, 방송 진행자들의 영향력을 신경 쓰니까요. 그러나 정치력을 갖춘 정치가라면, 흔해빠진 정치가들의 행태를 벗어던지고 비록 인기 없는 것일지라도 자기 신념을 밝혀야 합니다. 이런 일은 요즘 보기 드물죠. 한국에서도 드물 테고요. 우리 지도자들의 가장 깊은 곳에서 울려 나오는 신념은 무엇일까요? 여론조사원들이 말해 주는 것 말고요.

내 영감의 한 가지 원천인 선지자적 기독교인들은 불평등에 굴종하거나 타협해 들어가지 않았어요. 현실에 저항하며 세상을 이끌었습니다. 한국에서도 선지자적인 기독교인들의 올바른 역할이 매우 중요합니다.

한국의 보수 기독교 또한 굉장히 강경한 입장을 내보입니다. 특히 2012년 5월에는 창조론자들의 요구로 한국 과학교과서에서 진화론을 설명하는 시조새 등이 삭제된다는 보도가 나오면서 파문이 커졌습니다.

이런! 그건 과학 자체를 거부하는 반과학입니다. 그러면 다음 단계에는 지구가 평평하다고 할 건가요? 왜냐하면 우리 눈에 그렇게 보이잖아요! 그런 그들도 휴대전화를 쓰며 과학 속에서 살고 있습니다. 흠, 이들의 그런 주장에는 훨씬 복잡한 함의가 있습니다. 거기에는 깊은 두려움이 있어요.

특히 이명박 정부 5년 동안 한국의 산천은 더 많은 개발로 몸살을 앓았습니다. 이 과정에서 일부 강경론자들은 자연은 신께서 인간에게 주신 선물이기에 인간이 편의를 위해 감사히 잘 개발하는 것이 정당하다고 합니다. 자연과 인간의 관계에 대해 신학자인 선생의 생각을 듣고 싶습니다.

우리 인류는 자연적인 존재이며, 언어적 지각이 있는 동물입니다. 깃털은 없지만 두 다리를 이용해 사는 동물이에요. 심지어 우리가

코넬 웨스트

신의 형상대로 만들어졌다고 믿는 기독교인들도 생물학적 존재입니다. 동물인 우리는 자연과 서로 주고받는 유기체이기에 자연과 공존해야만 지속적으로 살아갈 수 있어요. 하지만 불행히도 우리는 자연을 잘못 대해왔습니다. 자연 위에 군림하려 들었어요. 우리한테 이득이 될 만한 모든 것, 가져올 수 있는 모든 것을 자연으로부터 쥐어짜냈습니다. 특히 권력과 금권을 쥐고서 꼭대기에 있는 이들의 탐욕은 극렬하죠. 그렇게 자연과 함께, 나와 당신이라는 섬김의 관계가 아니라 나와 물건이라는 주종 관계를 맺어온 겁니다.
지금 자연은 우리에게 반격하고 있습니다. 환경 붕괴, 생태 대참변, 지구 온난화가 현실이죠. 얼마나 많은 사람들이 이 현실을 부정하든 상관없이 지금 우리는 엄청난 도전에 직면해 있습니다. 계속 아니라고 우긴다면 우리는 생존 자체가 위태로운 상황을 계속 만들며 아슬아슬 버텨가겠죠.

미국이나 한국이나 정치에 종교가 관여하고 있는 것 또한 엄연한 현실입니다. 그렇다면 이를 긍정적인 방향으로 이끌어나가는 것이 중요하지 않을까요?

정치는 공공이 원하는 것과 보편적 선, 그리고 대중의 시선에 부합해야 하고, 그럼으로써 사람들이 서로 연결될 수 있습니다. 이를 종교적인 방식으로, 다시 말해 사랑, 정의, 신념, 은혜에 대해 이야기하면서 풀어갈 수도 있습니다. 세속의 일도 자비, 박애, 평등의 관점으로 접근하면 갈등이 풀립니다.
이때 종교는 항상 세상에는 다양성이 존재할 수박에 없다는 자각을 먼저 해야 합니다. 다양한 종교가 있을 뿐만 아니라 같은 종교 속에도 다양한 갈래와 줄기가 있다는 것을 염두에 둬야죠. 그렇기 때문에 인권에 대해 이야기할 때도 우리는 전체 대중의 관점을 생각하는 공익적 여유를 가져야 합니다. 단지 어느 누구의 종교적 전통이나 특정 종파의 입장에서 접근하는 것이 아니라 보편적 선의 입장에서 다가가야죠.

공공의 이익이라는 관점이 곧 종교와 세속, 종교와 민주주의를 잇는 고리군요.

네, 제가 이토록 급진적인 방식으로 민주주의에 깊게 관여하는 이유이기도 하죠. 나는 노동하는 곳에서의 민주주의를 신봉합니다. 노동자는 자신이 속한 산업을 대변하려는 출사표를 던져야 합니다. 그래야 노동계급 또한 이익에서 나오는 몫을 가질 수 있어요. 그러면 더욱 많은 자원에 평등하게 접근하도록 만드는 원천이 창조될 겁니다. 이것이 우리 급진주의자의 관점이에요. 나도 정치적 선거라는 민주주의를 믿습니다. 그러나 후보들에게 엄청난 기금이 오가는 투표가 아니라 사람들 속에서 나온 후보를 뽑는 선거를 믿을 뿐이에요.

선생께서는 가난을 현대판 노예라고 했습니다. 미국에서는 빈곤 문제에 인종 갈등까지 중첩되면서 세습되고 있죠. 이제 한국도 가난의 굴레 속에서 여러 새로운 요소들이 결합되고 있습니다. 외국인 노동자들도 한 계층을 형성하고 있고, 결혼을 위해 외국에서 이주해 온 여성들도 있습니다. 이 둘의 경우에는 같은 처지의 가난한 한국인들에게서도 차별을 받는 이중적인 소외를 당하고 있죠.

네, 새로운 이민입니다. 현실이죠. 그러나 저는 이 자리에서 그들의 소외보다 미국, 러시아, 한국, 일본, 라틴아메리카에서 소수가 독점하여 지배하는 과두정치에 대해서 말하고 싶어요. 미국, 라틴아메리카, 한국에서의 빈곤은 지금으로서는 이해조차 안 되는 앞뒤 꽉 막힌 18세기 왕들과 싸웠던 노예들의 처지와 아주 딱 맞아떨어집니다. 지금 우리는 소수 금융자본과 재벌이 지배하는 권력에 대항하고 있죠. 참으로 믿음이 안 가는 지배층입니다. 그래서 오큐파이 운동을 벌였습니다.

"가난은 현대판 노예"라는 진실은 매우 중요합니다. 이는 곧, 바로 다음이 우리 차례라는 뜻이에요. 그렇게 노예 상태가 되면 자포자기하게 됩니다. 사람들이 가난에 빠지면 의욕을 잃고 포기해버리죠. 그러면 여성을 팔고, 아이를 팔고, 신체의 일부까지 팔게 됩니다. 우리는 이 점에 집중해야 합니다.

자, 이제 정직해집시다. 어떤 일이 벌어지는지 툭 터놓고 말하자고요. 그러고 나서 대체 우리가 바꿔낼 수 있는 것이 지금 얼마나 있는지 이야기를 나누는 겁니다. 이 사회를 어떻게 개혁할까요? 어떻게 지도자들을 이끌어낼까요? 어떻게 우리 시민들에게 더 많은 진실을 갈해줄까요? 어떻게 하면, 사람들이 성공에 눈멀어 큰돈을 벌려고 몰려가기보다 정의를 위해 기꺼이 희생하도록 만들 수 있을까요?

바로 르네상스입니다. 우리는 르네상스를 일으켜야 합니다. 사랑의 르네상스, 정의의 르네상스, 자비의 르네상스, 서로를 보살피는 르네상스 말이에요. 타인의 고통을 예민하게 느끼는 르네상스 말입니다.

여럿이 함께해야겠죠.

맞아요. 우리는 연대를 위해 다시 돌아와야 해요. 민중에게 돌아갑시다.

그것이 답인가요?

그것이 길이죠. 나는 정답은 없다고 생각해요. 왜냐하면 우리가 인간인 한, 인간의 역사에는 늘 문제와 대재앙이 있으니까요. 나는 이 땅에 천국이 도래하리라 생각하지 않습니다. 지구상에 극락이란 결코……. 그러나 기독교인으로서 나는 믿습니다. 만약 신의 왕국이 우리 안에 있다면, 당신이 가는 곳 어디에나 반드시 작은 천국을 남기게 될 거예요. 그리고 당신이 남긴 그 천국 속에서 정의를 위한 싸움이 비롯될 거고요. 그 천국은 벙긋한 웃음이며 미소이자 희생이요 타인을 향한 봉사입니다. 우리는 이 세상을 훨씬 나은 곳으로 만들 수 있어요. 그러나 결코 이 세상을 완벽한 곳으로 만들 수는 없습니다.

미국이나 한국이나 신자유주의 경제에 대한 거부의 열기가 거세어진 지금, 2012년 선거에서 보수의 집권을 허락하게 된다면 두 곳 모두에서 많이들 낙담할 겁니다. 선생께서 우리에게 더 긴 안목의 비전을 주실 수 있을까요?

우리가 낙관주의를 곁들인 희망 때문에 스스로 혼란에 빠질 필요는 없습니다. 그냥 블루스로 돌아가면 돼요. 희망은 항상 먼 시간을 바라보는 거니까요. 삶을 계속 이어가는 겁니다. 커티스 메이필드Curtis Mayfield●처럼요. 한국에서 누가 이기든, 또 만약 미국에서 오바마가 이겨도 우리는 계속해서 밀어붙여야 합니다. 왜냐하면 이 체제는 그래도 여기 버티고 있으니까요.

그래서 그 결과가 무엇이 되건 간에 당신은 계속 생각을 이어가고, 싸움을 걸고, 사람들을 조직하고, 저항해야 합니다. 긴 시간으로 보면, 그 안에 일종의 탄력성이 있기에 우리는 세상을 좀 더 나은 곳으로 만들어나갈 수 있는 겁니다. 단, 이 길은 오직 투쟁과 희생을 통해서만 이뤄질 겁니다.

선생께서 남긴 말 중에 대중의 마음을 두고두고 울리는 말이 있습니다. "나는 마음의 세상에서는 블루스맨이고, 이상의 세상에서는 재즈맨이다." 무슨 뜻인가요?

언더독의 상태에 있는 민중과 아주 흡사한 겁니다. 당신이 혼돈에 맞서는 언더독이고, 아직 얼굴에서 웃음을 잃지 않았으며, 품격을 지키고 있고, 자비로움을 놓지 않았다면 스스로를 무엇이라 부를 겁니까? 그러니까 소크라테스처럼 비판적으로 생각하는 능력, 예수처럼 사랑을 베푸는 힘을 갖추었으면서도 재즈맨처럼 유연하고 흘러갈 줄도 아는 사람인 거죠.
뒤로 물러섰다가 앞으로 나아가고, 또 부르고 응답할 수 있으려면,

● 미국의 대중음악가(1942~1999). 소울, 리듬앤드블루스, 펑크 가수이며, 작곡가이자 음반 프로듀서로도 활약했다. 그는 정치의식을 담은 흑인음악의 선구자로서 1960년대 흑인 인권운동이 한창일 때 국가처럼 불리던 저항 노래의 기수였다. 인권운동가로 추앙되었던 그는 코넬 웨스트와도 절친했다.

당신은 블루스맨처럼 자신의 목소리를 찾아야 합니다. 당신은 그저 이 세상에 메아리로 머무르길 원치 않아요. 복제품이 아닌 오리지널이 되고 싶어 합니다. 이 세상에 하직인사를 하기 전에 그 어떤 이의 모조품이 아닌 창조품으로 서 있길 원하는 거죠.

이것이 블루스맨과 블루스우먼이 갖춘 위대함입니다. 그들은 자신의 목소리를 찾았고, 이는 세상 누구와도 같지 않은 오로지 그들만의 음색이에요. 베시 스미스Bessie Smith● 처럼요. 베시는 온전하게 자기다움을 갖췄어요. 자신을 당당히 드러내는 용기를 갖춘 거죠.

그렇게 되면 우리가 다른 사람들과 선입견 없이 직접 소통할 수 있다는 의미인가요?

당신의 목소리를 찾는다는 것은 다른 사람에게 감동을 줄 수 있게 된다는 의미입니다. 타인에게 용기를 북돋워줄 수 있는 거죠. 그렇게 힘을 채워주는 자가 진정한 블루스맨, 블루스우먼이에요. 이런 사람들의 노래는, 비록 어둠에 대한 것일지라도 어둠 속에서 밝은 빛을 줍니다. 그래서 계속 싸우고 사랑하고 웃음 짓고 삶을 이어갈 수 있는 거예요. 우리에겐 이와 같은 희망이 필요합니다. 이는 낙관주의가 아닙니다. 블루스는 낙관적이지 않아요.

블루스는 이렇게 말하죠. "나는 이렇게 오래도록 주저앉아 있어요. 그래도 나를 걱정하지 말아요. 왜냐하면 나는 계속 그 속에서 버텨

● 미국의 블루스 가수(1894~1937). 1920~1930년대에 '블루스의 여제'로 일컬어진 당대 최고의 가수였다.

나갈 거니까요." 블루스는 또 말하죠. "엄마 말고는 아무도 날 사랑하지 않았죠. 그러나 엄마도 날 버릴지 몰라요."

그래도 당신 얼굴에선 아직 미소가 떠나지 않았어요. 당신의 마음과 가슴, 영혼…… 이 모두를 열고, 오뚝이 같은 탄성을 지니며, 끈기 있게 지켜내고 승리를 얻어가며 저항할 수 있습니다. 당신의 마음만이 아니라, 영혼만이 아니라, 당신의 심장까지 모든 것이 하나로 되는 거예요. 그리고 필로소피아philosophia, 철학자philosopher가 되는 거죠. 지혜를 사랑하는 자, 지혜를 좇는 자, 지혜를 향하는 자가 되는 겁니다. 바로 철학하는 자입니다. 현명한 사람들과 철학자는 하나로 겹쳐지기 때문에 종교적으로 지혜를 갖춘 이들도 철학자와 맞닿게 됩니다. 지혜를 갖췄다는 것은 종교적인 경지에 다다랐음을 의미하기 때문입니다. 당신은 다양한 통찰과 관점, 시각에 마음을 열어야만 여기에 도달할 수 있습니다.

그렇다면 철학자로서, 신학자로서 선생의 역할은 사람들을 깨우는 건가요?

우리가 지혜를 추구할 수 있다면, 몽유병자를 화들짝 깨워줄 수 있는 빛이 되어야 합니다. 마비된 것, 차갑게 얼어붙은 채 멈춰 있는 것을 풀어줘야 합니다. 우리는 깨어나야 하고, 정착이 아닌 변화를 만들어야 하며, 요동쳐야 해요. 그래야 사람들이 자기 처지를 알아차리고 정신을 똑바로 차리게 됩니다. 그렇게 긴장을 하면 용기가 솟아오르게 된답니다. 몽유병자처럼 멍하니 있는 것은 다름 아닌 현실에 안주하는 것이고, 현실의 부정에 동조하는 것입니다. 그러니 사람들이 알도록 만들어야 해요. 그런 다음 그에 맞서는 조직을

코넬 웨스트

이뤄내야죠. 빠른 길은 없습니다.

마지막 질문은 인문학에 대한 것입니다. 사실 공공의 이익과 공공의 선이 무엇인지 그 답을 얻고, 또 그에 대한 동의와 공감을 구하기 위해서는 인간적인 사유가 필요합니다. 하지만 현대에는, 특히 자본의 논리, 시장의 논리가 더욱 질주하는 현재에는 나와 남이 이익을 나눠야 같이 살 수 있다는 생각을 하기 어렵죠. 경제위기가 서로 이윤을 나누지 않은 데서 비롯되었다는 경제학자의 주장, 부자의 독식이 오히려 자본주의의 위기를 불러왔다는 해석조차도, 그 속에서 개인의 스펙을 강화하여 부자가 되자는 식으로 결론을 맺는 경향이 있습니다. 그래서 이 자리에서 사고의 전환을 이야기해보고 싶습니다. 그러나 "인문학? 밥은 누가 주는데? 일자리는 어디에?"라는 젊은 독자들의 반문이 들리는 듯합니다.

우리가 꼭 알아야 할 한 가지가 있어요. 젊은이나 늙은이나 빵만으로는 살 수 없습니다. 우리는 장미를 가져야 해요. 아름다움을 가져야 하고, 가슴을 가져야 합니다. 물론 지금 우리에겐 돈이 필요합니다. 그렇지만 일자리를 갖게 되면, 아름다움을 찾게 될 거고, 장미가 필요해질 것이며, 사랑이 있어야만 살 수 있을 거예요. 젊은이들에게는 돈 이상의 자기를 이끌어줄 뭔가가 필요합니다. 루페 피아스코Lupe Fiasco●의 음악, 브러더 알리Brother Ali●●의 힙합 같은 것이죠.

● 　　미국의 래퍼이자 음반 프로듀서. 반체제적 발언으로 주목받는 저항적 음악인으로, 그의 음악도 반체제적 사상이 기본 정서를 이룬다. 흑인이면서도 오바마 정부의 대외정책을 비판하고 있다. 반향을 불러일으켰던 2011년 CBS 인터뷰 중 일부다. "나의 싸움은 가장 큰 테러리스트인 미합중국과 오바마에 대항하는 것이다. 나는 또 다른 형태의 테러리즘을 야기하는 이런 테러리즘에 대항하고자 한다. 테러리즘의 뿌리는 미국 정부이며, 미국의 대외정책이 다른 나라 사람들이 테러리스트가 되도록 부추기고 있다는 것을 알아야 한다."

이들은 빵과 장미를 함께 가져오는 데 관심을 둘 겁니다. 물질적인 것과 예술적인 것, 경제적인 것과 정신적인 것, 우리는 이 모두가 필요합니다.

만약 당신이 이것들을 갖지 못한다면, 비록 원하는 돈을 벌어 부자가 된다 해도 정신적 영양결핍과 영혼의 부재로 고통받게 됩니다. 아니면 도덕적 변비에 걸리든가요. 모든 힘을 가졌고 무엇이 옳은지도 알지만, 꽉 막혀버리는 거죠. 결국 흘러가지 못해요. 너무 많은 탐욕이 그 길에 쌓이고, 종국에 당신의 의식은 심한 강박에 휩싸이며, 심장은 마룻장처럼 딱딱하게 굳어질 겁니다. 그럼 다른 사람과 연결될 수도, 사랑할 수도 없게 되죠. 심지어 무엇이 타인의 마음에 가닿는 것인지조차 모르고, 오로지 권력, 권력, 세력, 세력만 부르짖게 됩니다.

젊은이들이 많은 놀잇감을 가질 수 있다 해도, 죽을 때면 조개껍데기처럼 빈손이 된답니다. 만약 그들이 아름다움 속에서 자신을 드러내고 사랑하는 법을 배우지 않는다면, 어머니의 눈동자에 반짝이는 기쁨을 띄울 수도, 아들과 딸의 눈동자에 빛을 가져다줄 수도 없어요. 그것이 진정한 환희인데도 말입니다.

빵과 장미…… 100년 전인 1912년, 매사추세츠 주 로런스에서 섬유공장의 여성

●● 　　미국의 힙합 아티스트. 브러더 알리라는 예명으로 잘 알려진 알리 뉴먼(Ali Newman)은 백색증이라는 선천성 색소결핍증으로 인한 시각장애를 안고 태어났으며, 어린 시절 이런 특징 때문에 오히려 흑인 친구들과 함께 있을 때 더욱 편안함을 느꼈다고 한다. 자기의 음악이 명성을 얻으면서부터 그는 인종적인 물음을 대중에게 던지기 시작했다. 예명부터 무슬림 전통을 따랐기에 많은 기사나 글에서 그를 '돌아온 알리'로 다루기도 했다. 한편 그를 흑인으로 간주하려는 미디어를 향해 자신은 흑인도 백인도 아니며, 그렇지만 자신의 삶에서 흑인적 주체성이 주류를 이룬다고 했다.

코넬 웨스트

노동자들이 파업을 하고는 긴 치맛자락을 끌면서 "우리에겐 빵도 필요하지만, 장미도 있어야 한다"며 거리를 행진했죠. 바로 노동을 해야 먹고사는 우리가 인간으로 존재할 수 있는 기본 조건을 상징하는 것이라 봅니다. 장미를 위해 빵을 법니다. 밥과 장미가 분리되지 않는 노동이야말로 블루스맨이 되어 세상과 엉켜 흘러갈 수 있는, 한국식으로 말하면 타령 같은 인생살이가 되는 최소 조건이 될 겁니다. 선생과 대화를 나누면서, 무엇이 진정 가슴 저 밑에서 올라오는 환희일까 생각해보게 됐습니다.

인터뷰 후기

코넬의 'my dear brothers and sisters'

코넬 웨스트 교수의 책을 읽을 때나 그와 만나 이야기를 들을 때, 수많은 이름들 앞에 '마이 디어 시스터my dear sister', '마이 디어 브러더my dear brother'를 붙여 상당히 헷갈렸다. 진짜 형과 누나를 말하는 건가 싶다가도 이름 뒤에 붙는 성이 웨스트가 아닌 경우가 대부분이어서 아마도 친구려니 넘겨짚다가, 결정적으로 '마이 디어 브러더 놈 촘스키'에서 확신을 얻었다. 그저 마음이 통하는 친구를 부르는 호칭으로, 웨스트 선생의 공동체적인 정서에서 나오는 끈적한 애정이 담긴 것이었다. 서양 문사철文史哲의 고금古今을 아우르는 인문학의 대가가 어쩜 그리 천진하게 마음을 활짝 여는지 감탄했다. 그러면서 우리네 옛 시절 이야기도 한 토막 생각났는데, 내게 많은 영향을 주신 분의 어린 시절 이야기다.

한국전쟁 직후 모두가 가난하던 시절, 어른들이 일을 나가면 대여섯 살 꼬마는 건넛마을 외가를 찾아간다. 그곳에도 또래 꼬마들이 있는데, 집에 남은 할머니께서 꼬마들을 쪼르르 앉혀놓고 물레질을 시작하신다. 팔팔 끓는 물에 누에고치를 담그고 실을 뽑아 물레에 걸어 자아가며 노래도 불러주고, 이야기도 해주고, 그러다 실이 다 뽑히고 고동색 번데기가 하나씩 생기면, 앉은 순서대로 큰손주, 작

코넬 웨스트

은손주, 외손주, 또 놀러 온 이웃 아이 할 것 없이 참새 새끼마냥 벌린 입으로 쏙쏙 넣어주곤 했다 한다. 먹을 것 없고 단백질 부족한 시절, 이웃 아이 내 아이 가를 것 없이 한입씩 나눠주며 영양을 챙겨주는 공동체가 살아 있던 그때 아이 키우는 마음이었다.

웨스트 선생의 어린 시절도 그랬다. 교회 목사였던 할아버지 세대부터 한동네가 가족처럼 어울려왔고, 또래 학급 친구들, 형제 친구들까지 모두 함께 어울리며 성장했다. 특히 그의 어머니는 공립초등학교 유치원 선생님으로 그 지역 최초의 흑인 교사였고, 최초로 공립초등학교 교장선생님이 된 분이기도 하다. 웨스트 선생이 명망 있는 학자가 된 후, 어머니 또한 자신의 이름을 딴 초등학교가 지역에 설립될 정도로 칭송받는 교육자가 됐다. 교회와 학교를 중심으로 지역공동체에서 여럿이 함께 성장해온 그 배경대로 선생은 공동체 의식을 그 무엇보다 강조한다. 어려운 시절 한솥밥을 나눴던 그 마음으로 연대하는 것만이 희망을 만들 수 있다고 한다.

웨스트 선생은 인종과 국가를 넘어 연대한다. 그는 이미 오래전부터 한국의 역사를 그의 디어 브러더인 한국인 철학교수 데이빗 김에게서 자세히 들어 알고 있다. 그리고 일본의 활동가들이나 팔레스타인 사람들, 무슬림과도 연대하며, 세계인과 블루스맨의 마음으로 고통과 기쁨을 함께한다.

그는 미국의 대표적 인문학자이고, 가장 대중적인 사회민주주의자다. 그가 하버드대 종신교수를 그만두게 됐을 때, 미 전역뿐 아니라 서구 지식사회가 들썩였다. 2000년, 클린턴 정부에서 재무장관을 지낸 로런스 서머스가 하버드대 총장으로 부임한 뒤, 대외활동에

전력하는 스타 교수를 묵인할 수 없다는 이유로 웨스트 교수를 공격했다. 서머스의 공격을 보수 미디어는 인종적인 관점으로 몰아갔다. 미국의 대학에서는 기회 균등의 일환으로 소수자에게 입학 혜택을 주는데 마치 웨스트 교수가 흑인이라는 소수자의 이점을 이용해 그 자리까지 오게 된 것인 양, 보수적인 이데올로기에 근거한 언론 플레이가 이루어진 것이다.

정작 진실은 달랐다. 웨스트 교수가 발표한 논문의 양은 미국 교수 가운데서도 가장 상위에 속했고, 더군다나 총장인 서머스 교수와 비교하면 두 배였다. 곧이어 이는 모든 시장의 규제를 풀어야 한다고 주장하는 신자유주의 논리처럼 학교에도 시장의 논리를 적용하려는 시도라는 비난을 받았다. 하버드뿐만 아니라 미국과 유럽의 학계에서도 분노를 표했다. 그러자 총장은 다시 웨스트 교수에게 화해의 손을 내밀었지만, 이미 프린스턴 대학교에서 발 빠르게 그를 모셔가기로 이야기를 마친 뒤였다.

그는 흑인 학자로서 명성을 얻은 것이 아니라 학문적 성과로 명망을 얻었다. 더불어 뛰어난 인문학자인 그가 흑인이라는 정체성을 중심으로 불평등의 문제에 접근하고 이를 사회적으로 이슈화하고 있기에 대중적인 영향력을 갖는 것이다.

선생에게 연락을 취한 것은 2012년 봄부터였다. 미국의 인권운동 세력에 큰 영향력을 미치는 신학자 코넬 웨스트 교수를 빼고는 '깨어나자 2012: 석학을 만나다' 인터뷰 연재를 완성할 수 없다는 생각 때문이었다. 2011년 겨울, 이 시리즈를 기획할 때, 우연히 유니언 신학교의 정현경 교수에게서 웨스트 교수가 젊은 시절 가르치던 유니언 신학교로 다시 온다는 말을 들었다. 자리를 옮기는 시기라 섭외가 힘들 것을 예상하면서도 연락을 취했는데, 역시나 닿지 않았다.

그러는 가운데 한국에서는 종교와 과학, 종교와 환경 등이 부딪치는 일련의 사건들이 벌어지고, 정치적 견해뿐 아니라 종교적 견해를 통해서도 점점 분열이 일어났다. 또한 한국의 기독교를 해방 이후 남한에 들어선 정부의 정통성을 세우고 개발 이데올로기를 합리화해주는 방향으로 끌고 가려는 일부의 왜곡된 해석이 있는 듯하여 그에게 다시 연락을 시도했다. 다행히 웨스트 교수가 신학기를 맞아 유니언 신학교로 출근하면서부터 연락이 되었다.

웨스트 교수가 뉴욕 유니언 신학교로 오게 된다는 발표가 났을 때, 〈뉴욕 타임스〉는 장황한 환영 기사를 실었다. 제목은 '코넬이 돌아온다'였다. 그는 종교와 사상을 넘어 르네상스와 현대 힙합을 아우르는 거리의 철학자였기에, 그의 뉴욕 귀환에 대중의 환호가 뜨거웠다.

웨스트 선생과의 인터뷰는 연작 서사시를 받아 적는 시간과도 같았다. 그의 아름다운 언어를 한국어로 온전히 옮기지 못하는 내 표현력이 안타까울 뿐이다. 하지만 그런 웨스트 선생과의 인터뷰가 〈오마이뉴스〉에 실리고 나서 당혹스러운 일을 겪었다. 반대 의견들이야 늘 있어왔지만, 이번에는 그 정도가 드셌다. 아마도 '독재자의 딸'이라는 호칭이 반감을 불러왔으리라. 반대 입장을 표하는 이들 가운데 상당수가 웨스트 선생에게 인종차별적인 언사를 썼다. 우리 인식의 천박한 밑바닥을 보는 것 같아 부끄럽고 참담했다.

사실 미국에 사는 한국인을 비롯한 타 인종들은 흑인 인권운동가들이 이루어놓은 열매만을 누리고 있는 셈이다. 학교나 직장에서 혹은 공공장소에서 인종차별이라고 그저 주관적인 입장에서 주장을 해도, 이는 문제의 성격을 다르게 확산시키는 힘을 갖는다. 우리 한국인들 가운데는 그런 이점을 누리면서도 백인을 대하는 태도와는 달리 유색인종에게는 무시하는 태도를 보이는 이도 있다. 한국 안에서도 제3세계 출신 노동자와 다문화가정에 대한 인식에 이런 이중적인 잣대가 적용되고 있다.

그리고 부끄럽게도 아직 벗어나지 못한, 내 안에 있는 이중적인 잣대 또한 최근에 다시 보게 되었다. 추수감사절을 맞아 유치원(미국 공립초등학교의 정규 과정은 유치원부터 시작된다)에 다니는 딸아이가 학교에서 노래극에 참여하게 됐다. 아메리카 원주민 배역을 맡았다고 했다. 등장인물들이 크게 둘로 나뉘는데, 한쪽은 인디언이고 다른 쪽은 영국에서 배를 타고 건너온 백인 필그림Pilgrim들이었다. 지금 2학년인 아들도 예전에 같은 선생님에게 배울 당시 인디언 역할을 했다. 두 아이가 연달아 인디언 역할을 하는 것이 피부색 때문이라는 생각이 들었다. 딸아이에게 같은 반 친구 가운데 또 누가 인디언인지 물으니, 중국계인 올리비아도 인디언이랬다. 같이 잘 어울리는 백인인 민로와 파란 눈을 가진 시에나, 그리고 금발의 하퍼는 필그림이었다. 물론 백인이니 필그림을 맡는 것은 당연한 일이라고 생각하면서도 기분이 썩 좋지는 않았다. 백인과 유색인을 구분하는 것이 마치 사회의 인종차별적인 시선을 교실로 옮겨 오는 것 같기도 했고, 게다가 백인의 배역이 더 좋은 것이라는 인종주의적 시각이 내 안에 살아 있음을 함께 보게 되니 더욱 불편했다.

이런 나와 달리 딸아이의 얼굴은 환했다. "마미, 난 인디언이라서 러키lucky예요." 행운이라고 좋아한 이유는 무대에서 입는 종이 조끼에 인디언은 맘껏 그림을 그릴 수 있어서 자기가 좋아하는 말과 꽃을 그렸기 때문이다. 다음 날 학교에서 연극 무대에 입장하는 아이들을 보니, 필그림은 하얀 종이 머릿수건을 쓴 채 목에는 넓은 하얀색 깃을 달고 손목에도 흰 커프스를 차야 해서 아무런 그림도 장식할 수 없었다. 인디언은 머리에도 깃털 장식을 하고 나왔다. 그렇게 신이 나 있는 아이들 속에는 황인종 올리비아 말고 금발의 백인이면서도 인디언 옷을 입은 아이도 많았다. 물론 황인종 필그림은 없었다.

그날 저녁에 딸이 색연필로 그린 나와 아이의 모습을 보니, 얼마 전 딸이 내게 건넨 질문이 생각났다. "마미, 난 화이트white예요?" "아니, 넌 아시안이야." "그럼 내 스킨은 엄마처럼 피치peach예요?" 그렇다고 하니 아이 얼굴이 정말 복숭아처럼 환하게 피어났다. 나는 아시안 황인종으로 살아온 40여 년 동안 단 한 번도 내 피부색을 보고 복숭아색이라 감탄해본 적이 없었다. 학교 다닐 때는 살색이라고 불렸고, 철들어서는 살색이라는 구분이 또 다른 인종차별적 관점이라는 인식까지만 가졌을 뿐이다. 내 피부색은 복숭앗빛이다. 아이가 그린 그림 속 나와 딸의 피부도 복숭앗빛 색연필로 칠해져 있었다. 나는 아이를 무릎에 앉히고 이야기해줬다. 아주 오래전에 아시아 사람들이 베링 해를 건너 아메리카 대륙으로 왔을 수도 있기 때문에 우리와 아메리카 원주민은 같은 몽골리안의 뿌리를 가졌을지도 모른다고 말이다.

코넬 웨스트

웨스트 선생은 선지자적인 풍모에 대해 이렇게 말했다. 선지자들은 불평등에 굴종하지 않았고, 부정과 유연하게 어울려 들어가는 현실을 인정하지 않았으며, 고난에 처한 이들을 사랑으로 품었다고 말이다. 그러면서 이웃과 연대하며 비판적인 사고로 현재를 주목하라고 요구했다. 또한 선생은 한국에 이러한 전통이 풍부하다고 일깨워줬다.

결국 우리가 돌아가야 할 곳은 우리가 만들어냈던 정의로운 연대의 마음이다. 그것은 우리가 딛고 일어났던 그 불평등을 수평적으로 세계의 이웃에게까지 더 넓히고, 더불어 우리 안에 있는 복숭앗빛처럼 환하고 귀한 가치를 서로서로 알아봐주는 마음이다.

반다나 시바
Vandana Shiva

씨앗을 지키는 생명의 연대
하나의 생각이 세상을 바꾼다

반다나 시바　　　　　　　　　　Vandana Shiva, 1952년생, 인도

인도의 사상가이자 환경운동가, 에코페미니스트로, 인도 델리에 기반을 두고 토종 종자 보전과 생태적 환경운동을 주도하는 단체 '나브다냐Navdanya'를 이끈다. 또한 샌프란시스코에 있는 세계화 반대 조직인 세계화국제포럼의 대표도 맡고 있다. 캐나다 웨스턴 온타리오 대학교에서 철학 박사학위를 받은 그는 원래 학부에서 두각을 나타낸 핵물리학도였으나, 인류에 미치는 핵의 부정적 영향을 깨닫고 삶의 방향을 바꿨다.

그는 농업과 식량을 수입원이자 기업의 이윤추구 수단으로 바라보며 지구적 산업화를 부추기는 현대의 사고방식을 바꾸고, 지속 가능한 삶의 터전을 확립하고자 민중들과 함께 투쟁하고 있다. 이론을 갖춘 실천가로 생명윤리를 생태를 존중하는 방향으로 세워나가고, 유전자조작을 통한 식량주권 침탈을 막고자 저항한다. 나아가 인도뿐 아니라 아시아, 중남미, 유럽 등의 여러 개발도상국에서 환경을 파괴하는 개발에 맞서 원주민들과 연대하고 있다.

스페인 사회당의 정책그룹인 과학위원회의 회원이며, 부탄 총리의 초청으로 부탄 왕국 전체를 유기농으로 건설하는 국책사업에 조언하고 있다. 1993년에는 또 하나의 노벨평화상이라 불리는 바른생활상Right Livelihood Award을 수상했다.

지금까지 《에코페미니즘Ecofeminism》(1993, 마리아 미스Maria Mies와 공저) 《자연과 지식의 약탈자들Biopiracy》(1997) 《누가 세계를 약탈하는가Stolen Harvest》(2000) 《물전쟁Water Wars》(2002) 《지구 민주주의Earth Democracy》(2005) 등 20여 권의 저서를 선보였다.

반다나 시바

환경, 여성, 윤리 등의 분야에서 대안적 사고와 실천을 제안하는 사상가 반다나 시바 박사는 행동하는 지식인이자 반세계화 투쟁의 지도자로서 학계에서뿐만 아니라 운동가들에게도 존경을 받는 인물이다. 한때는 핵개발 프로젝트에 참여하는 전도유망한 핵물리학자였지만, 핵이 인류의 삶을 파괴한다는 실상을 알고 나서 그 길을 포기했다. 그리고 그녀가 뛰어든 곳은 히말라야 산골이었다. 이윤을 노리고 전기톱을 윙윙거리며 다가오는 벌목회사에 맞서 산골의 어머니들과 목숨을 걸고 나무를 껴안았다. 마침내 히말라야의 나무와 물과 공기를 지켰으며, 정부로부터 벌목금지 법안을 얻어냈다. 시바 박사는 지금도 흙과 강과 들을, 그리고 인간의 삶을 지키는 길을 세계인과 연대하며 걷고 있다.

인도에 사는 그녀는 인도에서는 포스코에 대항해 강과 토지, 사람을 지키기 위한 투쟁을 벌이고, 세계적으로는 몬산토 같은 거대 농업 다국적기업이 주도하는 '식량독재'에 맞서 모든 이들이 안전한 음식을 먹을 수 있도록 '식량 민주주의'를 위해 싸우고 있다.

2012년 10월 31일, 반다나 시바 박사를 샌프란시스코에 있는 세계화국제포럼 본부에서 만났다. 11월 6일 미국 선거일에 캘리포니아 주에서는 식품 포장에 유전자조작작물GMO 성분 표기를 의무화하는 법안을 주민투표에 부쳤다. 이 법안을 적극 지지하던 시바 선생은 다국적기업의 광고와 로비에 맞서는 주민들을 북돋고 있었다. 그러나 결국 통과되지 못하여, 유전자조작식품의 천국인 미국의 소비자는 식탁을 지키지 못했다.

하지만 이 글을 준비하던 11월 20일 반가운 소식이 페루에서 날아왔다. 페루 의회에서 유전자조작식품에 대한 10년간의 제재 조치를 법제화한 것이다. 이로써 페루인들은 음식 제조과정에서 비밀리에 첨가되던 유전자조작 식재료를 차단하고, 미국 등에서 수입되는 유전자조작식품을 금지할 기반을 갖추게 됐다. 이는 6000여 명의 페루 농민 공동체가 앞장서 투쟁한 결과다. 또 한 가지, 그들은 조상이 육종하여 물려준 맛 좋은 거인흰옥수수, 자주옥수수, 페루산 감자 등을 보호할 수 있게 됐다. 이 종자들은 서구인들이 밭에서 나는 우유라고 칭송하는 키누아와 마찬가지로 다국적 농업회사들이 유전자조작을 하기 위해 노리던 것이었다.

몬산토, 바이엘, 다우와 같은 다국적 농업기업은 전 세계의 농업 정책을 움직인다. 시바 박사는 이들이 전 세계적인 식량독재 체제를 구축해간다고 규탄한다. 우리 농민들의 삶, 우리 소비자들의 삶 또한 식량독재의 손아귀 속에 있다. 2012년, 한국 농가는 집집마다 2600만 원이나 되는 빚을 지고 있다. 2000년 이후 세계적으로 흉작이 이어지고, 국제곡물가격이 급등했다. 그리고 우리 곳간에 남아돌던 쌀도 떨어져가고 있다.

점점 무력해지고 있는 식량 주권, 도시와 농촌의 소득격차, 자살하는 농민…… 이 모든 것을 되살리는 길은 오직 소농을 살리고 토종을 지키는 데 있다고 반다나 시바는 말했다. 더불어 먹을 수 있는 것, 말 그대로 '음식'이 오르는 밥상을 지키는 일에 소비자가 함께해야 한다고 제안했다. 우리가 지켜내면, 불편해도 조금 돌아가는 길을 택하면 기후변화까지 되돌릴 수 있다는 것이다. 이 인터뷰 속에서 독자들도 함께 그 희망의 싹을 찾아보길 바란다.

····

반다나 시바

2012년 한국의 대통령 선거를 앞두고 후보들이 농가를 방문했습니다. 그러면서 농업 정책을 내비치기도 했죠. 보수 쪽에서는 안정된 농가 소득을 위해 농업이 1차 산업이 아닌 가공·유통·관광 등을 포함하는 종합산업이 되도록 복합적인 발전계획을 수립해야 한다고 주장했습니다. 그리고 진보 쪽에서는 농민이 늘어나도록 취농자에게 정부가 재정을 지원하고, 한국 농업 구조에서 다수를 차지하는 소농도 지원하자는 방안이 나왔는데요. 두 진영이 농촌을 바라보는 관점에 차이가 있습니다. 선생께서 현재 필요하다고 생각하는 농업 정책은 무엇인가요?

오늘날 식량을 무시하는 정치가는 결국 모든 현실을 무시하는 셈입니다. 식량은 가장 중요한 이슈입니다. 전 지구적인 생태계 차원에서 그 어떤 활동보다 계획된 식량 구조 food system 속에서 진행된 농업의 산업화가 가장 많은 폐해를 야기했습니다. 토양의 75퍼센트가 악화되고, 수원의 75퍼센트가 파괴되었으며, 생물종의 75퍼센트가 멸종되어 생물다양성이 훼손됐죠. 그리고 지구의 기후 위험도도 40퍼센트나 증가했습니다. 지금 제가 동부의 뉴욕에 있었다면 허리케인 '샌디'로 피해를 입었을지도 모릅니다.

오늘날의 이런 문제들을 풀려면 소농들의 생태적 농사를 더욱 강화해야 합니다. 그동안 우리는 기업과 국제기구에서 제시하는 산업형 농업의 신화를 그대로 받아들였습니다. 식량 생산을 늘리고 기아를 줄이는 데 효과적이라는 말에 설득되어 집약적인 산업형 농업으로 자원을 절약하고 종을 보호할 수 있다고 일단 믿은 거죠. 농업 분야에서도 산업화에 대한 환상, 성장에 대한 환상에 사로잡혔던 겁니다.

하지만 그 결과는 어떤가요? 가난한 사람들의 고생은 끝나지 않았고, 가난했지만 자연 속에서 누려오던 이득마저도 빼앗기고 말았습니다. 더불어 점점 더 많은 사람들이 가난한 처지로 밀려나게 됐고요. 그저 생산량 증가라는 경제적 숫자놀음이 이런 현실을 은폐할 뿐입니다. 이런 불평등은 세계화 속에서 더 심화되고 있습니다.

한국에서도 중소가족농이 전반적으로 하향 분해되는 추세입니다. 한국 정부가 발표한 통계에서 농가의 실질수입이 전체 인구에서 차지하는 비중을 살펴보면, 지난 10년 동안 점점 더 하층의 생활 형편으로 밀려 내려가고 있음을 알 수 있죠.
그렇다면 선생의 이런 지적은 우리가 농업 정책을 고려할 때, 세계 속에서 경쟁력을 갖는 농작물이나 축산 브랜드를 키워 농업의 산업적 기반을 다지는 데에 주력하기보다는 반세계화를 통한 자립을 우선시해야 한다는 것인가요?

우리가 생존을 위해 가장 기본적으로 누려야 할 권리가 식량을 갖는 겁니다. 왜냐하면 음식에 대한 권리가 없다면 그 어떤 생존권도 없는 거니까요. 세상 사람들은 누구나 먹을 것에 대해 주인 행세를 할 수 있어야 합니다. 그런데 지금은 음식이 거래되는 상품이 돼버렸습니다.
한국의 농부들과 소비자들은 미국산 쇠고기를 먹지 않겠다고 했습니다. 성장호르몬과 항생제가 쌓여 있기 때문에 그 쇠고기는 위험하므로 먹지 않겠다고 거부했죠. 그렇게 몇 년을 싸웠잖아요? 제가 기억합니다.

네, 촛불을 들었죠. 학생부터 부모까지요.

그런데 무역 당사자들은 '노No'라고 주장하는 데만 집중했고, 당신들한테 가는 고기는 나쁜 고기가 아니라고 변명만 늘어놓았습니다. 이것이 자유무역의 실체입니다. 이것이 우리가 먹고 사는 식량의 문제고 농업의 현실입니다.

저는 자유무역 체제가 한창 구축되던 당시의 전체적인 상황과 내용을 명확하게 기억하고 있습니다. 제가 1992~1993년에 가트GATT(관세무역일반협정)에 대항하는 전 지구적인 저항을 조직했으니까요. 한국 농민들도 함께했습니다. 전 세계 농민 50만 명이 인도에 함께 모여 강력하게 투쟁했습니다.

하지만 결국 우루과이 라운드(GATT의 제8차 다자간 무역협상)는 타결됐고, 세계무역기구WTO는 자연으로부터 많은 것을 빼앗았죠. 농업과 관련된 협정에는 유전자조작식품을 각국에 판매하는 행위를 합법화하는 조항을 넣었고, 종자의 비축과 공유를 불법으로 만들었습니다. 결국 농부들이 서로 더 좋은 씨앗을 소개하고 나누며 자연 속에서 육종해오던 그 협동의 삶을 빼앗아 간 겁니다. 일단 한번 거대 종자회사의 씨앗을 사면, 그 씨앗으로 키운 작물에서 씨를 받아 저장하는 것 자체가 불법이 되니까요. 결국 매년 돈을 내고 종자를 사고, 또 그 종자를 키우느라 살충제와 비료까지 사야 하니 가난에서 벗어나기가 힘듭니다.

한국 정부 역시 1990년대에는 WTO를 통해, 그 후에는 자유무역협정FTA으로 개방의 폭과 정도를 점점 더 늘려왔죠. FTA가 공산품 수출을 위해 농민을 희생시킨 것이라고 생각하는 한국 농민들은 강력하게 문제를 제기하고 있습니다.

인도 농민 27만 명이 자살했어요. 자유무역이 농부를 죽이고 있는 겁니다. 농업의 세계화는 수백만 명의 생계와 식량에 대한 권리를 빼앗아 갔습니다. 소규모 농장과 소농을 망하게 했어요. 모든 정치인에게는 공공의 건강과 사람들의 경제적 생활을 보호해야 할 의무가 있습니다. 이런 현실에 세심하게 신경 쓰지 않는 정치인이 있다면, 그는 기업을 위해 일하고 있는 겁니다.

오늘날 단 10개의 기업이 230억 달러 규모의 상업용 종자 시장의 32퍼센트를 점유하고, 유전공학적으로 조작된 변형종자 시장의 100퍼센트를 통제하고 있답니다. 이런 기업에서 육종한 종자들의 경우 그 종자를 키우기 위해 꼭 구비해야 할 살충제가 한 쌍으로 제작되기 때문에 이들은 결국 농약 시장까지 장악하는 셈이죠. 그러니까 전체적인 농업시장을 보면 단지 상위 5개 기업이 전 세계 곡물 무역을 통제하는 겁니다. 이런 기업들이 국제무역협정을 수립하는 데 관여했고, 특히 WTO의 출범을 가져온 우루과이 라운드 타결에 적극적으로 관여했습니다. 이에 대한 국제적 연대와 대응이 각 지역에서부터 일어나야 합니다.

한국의 농업농민정책연구소 녀름(www.nongyeon.org)이 발표한 내용에 따르면 한국인 가운데 6퍼센트만이 농사를 짓습니다. 20년 만에 절반으로 준 데다 노령화됐죠. 이렇게 농업이 일자리로서 인기가 없어지는 이유는, 바로 농부의 67퍼센트가 한 달에 83만 원도 못 버는 구조이기 때문입니다. 사실 겉으로 보이는 한국은 윤택합니다. 미디어를 통해 드러나는 모습은 부자의 화려한 삶이 오히려 평범해 보일 정도죠. 사실 누구나 넉넉한 삶을 꿈꿉니다. 선거에 나서는 정치인들 역시 '부자 농촌'을 제시합니다. 그래서 중농을 지원해 기업화하겠다고도 했죠. 또 지역마다 혹은 개별 농가마다 경영인의 자세로 생산물을 브랜드화하여 경쟁력을 갖추도록 이끌었습니다. 국가의 식량 주권을 위해 농부들에게 성공의 꿈을 접으라고 할 수는 없다고 봅니다.

어느 농부나 부자가 될 거라고 기대하는 분들은 스스로 삶을 마감한 인도 농부들의 실상을 살펴봐야 한다고 생각합니다. 정부와 기업은 "이 씨앗을 사용하면 부자가 될 겁니다"라고 말했지만, 그걸 쓴 농부들은 빚더미에 올라 자신의 삶을 마감했어요.

새로운 교배 종자들은 해충에 취약하기 때문에 살충제를 더 많이 필요로 합니다. 가난한 농민들은 종자와 농약 모두를 같은 회사에서 외상으로 구입해요. 그러다가 해충이 마구 들끓는다든지 불량 종자가 대규모로 섞이면 그해 농사를 망치게 됩니다. 그럼 농부들은 빚내서 구입한 그 살충제를 먹고 죽습니다. 인도 와랑갈Warangal 지역에서는 1997년에 400명이 자살했어요.

세상 모든 농부의 첫 번째 역할은 식량을 생산하는 겁니다. 먹거리를 키워내는 거죠. 다른 활동, 그러니까 관광 같은 것은 부수적인 일입니다. 경제가 잘 돌아간다면 관광객만으로도 먹고살 만합니다. 그리스는 나라 전체가 관광산업을 기반으로 하죠. 하지만 경제가 죽어가니까 관광객도 줄고 장사마저 망해갑니다. 그러니까 관광까지 연계해서 부자 농촌을 만들어준다는 말은 거짓말이에요. 그런 말을 하는 정치인들은 농업이 죽길 바라는 겁니다. 한국 사람들은 그리스의 한 면도 반드시 살피고, 인도 농부들의 한 면도 반드시 살펴야 합니다.

농업을 살리는 유일한 길은 대안적인 시각과 대안적인 시도를 지속적으로 해나가는 겁니다. 한국의 농민과 케냐의 농민이 다르지 않습니다. 저는 케냐 농민의 한탄을 기억합니다. 그들은 빈곤에서 벗어날 수 있다는 국가 정책에 맞춰 커피를 심었습니다. 케냐 전체가 커피를 생산합니다. 나이 든 케냐 농부가 말하더군요. "커피를 먹고 살 순 없잖아요." 그들은 커피를 키우기 전에는 혼합재배를 했습니다. 들판에다 밥상에 올릴 곡식이며 채소를 골고루 심었어요. 먹고 살 수 있었습니다. 그런데 지금은 돈을 주고 사야 합니다.

농부가 돈을 벌어 반찬으로 올릴 채소를 사야 하는 시대가 됐지만, 전에는 밭에서, 들에서 쉽게 뜯어 오곤 했습니다. 어릴 적, 시골에 가면 아주머니가 논일하고 오는 길에 논두렁에 한 줄로 경계 삼아 자라던 깻잎을 따다 쪄주시곤 했어요. 그 깻잎을 동네 사람들 누구나 조금씩 뜯어 반찬을 했고, 땅 주인도 그러려니 했죠.

네, 생활에 필요한 먹거리 위주로 농사를 짓던 시대에서 산업적으로 수출을 위해, 또 시장에서의 가격경쟁을 위해 농업이 재편된 시대가 되었습니다. 행정 관료들은 농부들이 단일작물을 재배하면서 경쟁력을 갖게 되었다고 이야기합니다. 하지만 이 단일작물 재배의 배경에는 다국적기업이 농업을 세계적인 유통망으로 이용하려는 의도가 깔려 있습니다. 그들의 무역을 위한 것이죠.
인도의 경우 면화 같은 환금작물 재배가 늘면서 주식으로 먹는 작물의 생산이 줄었어요. 국가적으로는 면화 산업에서 수입을 얻지만, 가난한 농부는 예전에 자급하던 식량을 사 먹게 되었고, 그 주식의 값이 오르면서 결국 더 가난해진 거죠. 제3세계 농부들이 모두 같은 처지에 있어요. 꽃이나 과일 재배, 새우 양식 등으로 농업

구조가 바뀌었답니다. 정작 주린 배를 꽃으로 채울 수는 없잖아요? 인도가 꽃을 수출해서 번 돈으로 살 수 있는 식량은 그들이 직접 농사지어서 얻던 양의 4분의 1밖에 안 됩니다. 그 결과 인도의 식량안보는 75퍼센트 퇴보했고, 외화 유출은 10억 루피 이상 늘었습니다. 자급자족을 포기하고 식품을 돈을 버는 상품으로 취급하면서 우리는 자주권을 내주게 된 겁니다.

한국의 경우 현재 주식인 쌀은 아직까지 자급하고 있습니다. 물론 이것도 위태롭다고 지적되긴 합니다. 반면 곡물의 경우는 세계 5위의 수입국이죠. 옥수수는 거의 다 수입에 의존하는데, 가격이 폭등하면서 축산농가들에게 큰 타격을 입히기도 했죠. 그래도 한국 농부들은 직접 옥수수 농사를 지을 엄두를 내지 못하는 형편입니다. 미국 정부가 자국 옥수수 농가에 주는 지원금 때문에 가격 면에서 도저히 경쟁할 수가 없으니까요. 그러니 시장경제의 원리에 따라 자연히 수입에 의존할 수밖에 없죠.

산업형 농업으로 생산된 식품이 싼 것은 그 농업에 지급되는 막대한 보조금 때문입니다. 흔히 유기농 식품이 비싸다고들 하죠? 우리는 이 유기농사에 국가 지원금이 들어와서 누구나 건강한 음식을 먹게 되는 식품 민주주의를 실현하기 위해 나서야 합니다. 국민이 건강해야 국가도 존재합니다.
우리는 농부들만 외로이 싸워서는 아무것도 할 수 없는 시대를 맞이했습니다. 그리고 소비자들도 홀로 싸워서는 이길 수 없는 시대가 됐어요. 정의로운 젊은이들만 나서서 투쟁해도 이길 수 없습니다. 우리는 우리의 권리를 방어하기 위해 함께해야만 합니다. 그리고 개발도상국에서는 농민이 주축이 되어 투쟁을 펼쳐야 하지만, 선진국형 산업구조 속에서는 농민과 소비자가 함께 연대해서 나아가야 합니다.

함께해야만 지킬 수 있다는 말씀을 들으니, 한국의 유기농비료 운동이 거둔 성과가 생각납니다. 화학비료가 주로 사용되던 당시에, 땅심을 기르려고 앞장선 농민과 운동가들이 유기농비료를 개발하고 발전시켜갔죠. 이를 생산자인 농민이 적극적으로 받아들였고, 더불어 소비자들도 건강에 관심을 갖고 후원하면서, 이제는 유기농비료가 화학비료를 누르고 시장을 더 많이 차지하게 되었습니다. 나아가 지방자치단체와 농협의 지원까지 끌어내는 쾌거 속에서 더욱 탄탄한 구조를 만들어 가고 있습니다. 지력이 회복된다는 것은 생명력을 얻는다는 뜻이니, 우리 생활 속으로도 그 힘이 전해지리라 봅니다.

화학비료는 양차 세계대전을 겪으면서 비약적으로 성장한 화공회사가 갈 곳을 못 찾다가 농업에서 활로를 찾으면서 급속히 보급되었습니다. 그런 다음 엄청난 성장을 했죠.
저들이 종자개량을 통해 이루어냈다고 자랑하는 녹색혁명은 허망합니다. 실험실에서 탄생한 고수확 작물은 짚이 많이 생기지 않았어요. 그런 데다 그 부산물은 오히려 가축에게 먹일 수 없는 쓸모없는 것이었기 때문에 사료 부족과 가축의 질병을 불러왔습니다. 우리를 두렵게 하는 '미친 소$_{mad\ cow}$'도 그 결과 중 하나입니다. 짚이 예전보다 적게 나오니 거기서 영양을 얻던 수백만 토양생물은 먹고 살 유기물이 부족하게 됐고요. 그러니까 밀이나 옥수수 수확량 증가는 농장 동물과 토양생물들의 먹이를 빼앗음으로써 이루어진 것

ⓒ 신상환

이제는 월스트리트 세력이 대주주가 된 포스코. 한국 산업화의 큰 동력이었던 그 포스코가 인도에 갔다. 인도인들의 자원을 중국에 수출하고자, 저항하는 농민들의 땅을 수탈하며 광산을 만들고 부두에 이르는 길을 내고 있다. 이주를 거부하던 농부와 아낙과 어린이가 죽었다. 그 죽음이 일어나던 그곳에서 함께 저항한 반다나 시바 선생이 우리에게 던지는 호소다.

"여러분은 인도에서 사람을 죽이고, 그 죽음에 기초한 번영을 얻고 싶은가요? 우리는 하나의 인류입니다. 이는 '나는 오른손의 번영을 돕기 위해 내 왼손을 자를 거야'라고 말하는 것과 같습니다."

입니다. 가축과 땅속에 사는 벌레는 식량 생산의 협력자입니다. 그렇기 때문에 그들의 먹이를 빼앗는 것은 장기적으로 인간의 식량 생산력도 떨어뜨리는 결과를 낳을 겁니다. 결국 인류의 삶을 지속 불가능하게 만드는 거죠.

선생께서는 현재 씨앗 캠페인에 집중하고 있습니다. "씨앗에 희망이 있다"고 주장하시면서요. 그동안 환경운동, 여성운동, 세계화 반대운동을 수십 년 해오면서 얻은 것을 모두 씨앗 지키기에 총체적으로 담고 있습니다. 씨앗이 모든 문제를 푸는 핵심이라고 여기시는 건지요?

모든 문제는 그 씨앗을 갖고 있습니다. 모든 해답은 씨앗이 되는 단어를 갖고 있고요. 생물학적인 씨앗은 우리에게 살아갈 권리를 줍니다. 그리고 그 씨앗이라는 단어 또한 우리가 직면한 모든 문제의 시작점이라는 상징으로 사용되고 있어요.

인과因果, 인연因緣의 씨앗을 말씀하시는군요.

네, 모든 일엔 뿌리가 되는 이유가 있죠. 생각하는 방식이 다르더라도 그 뿌리가 되는 시작이 있어요. 우리의 씨앗 캠페인은 물론 종자에 관한 것이죠. 그 씨앗들이 소유와 특허의 대상이 되고 있으며, 유전자조작과 멸종을 당하고 있습니다. 엄청난 이윤을 만들어내는 데에 혈안이 된 거대 기업들이 자기들을 위한 새로운 제국을 창조하려는 야망 아래 지구상에 있는 인류와 생명을 총체적으로 좌우하고자 저지르는 일입니다. 그래서 우리가 삶에 대한 권리를 다시 가져오고, 자유를 다시 찾아오는 일은 이 씨앗을 통해 이루어질 겁니다.

제가 25년 전에 나브다냐Navdanya•를 만들고 농부들과 토종 씨앗을 심어 생태적 기법으로 농사를 지어오는 이유는 바로 우리 지구의 생존이 여기에 달려 있기 때문입니다. 그 속에 답이 있습니다. 씨앗은 시작입니다. 우리가 세상을 어떤 방식으로 바라보든 간에, 그러니까 환경적 관점으로 보든, 생활에 중점을 두든, 건강을 염려하든 간에 그 근원적 중심을 잡아주는 것이 우리의 씨앗입니다.

2012년 11월 6일의 미국 캘리포니아 주 주민투표에 상정된 유전자조작 식재료의 성분 표기 의무화 법안을 지지하시는 이유도 바로 이것이군요.

제게 깊은 감명을 준 것이 두 가지 있어요. 하나는 지구와 지구에서의 삶이고, 다른 하나는 자유입니다. 유전자조작 식재료를 고시하자고 주장하는 이유는 바로 이 두 가지 때문입니다. 우리 농작물의 유전자를 조작하고, 우리의 씨앗을 가져가 특허를 따내는 회사들에게 책임을 지워야 한다는 당위를 말하는 겁니다.

자유의 관점에서, 우리에겐 모든 민주적 사회가 가져야 하는 알 권리가 있어요. 지금 당신이 먹는 음식에 독이 들어 있는데, 그 음식을 만든 기업은 독이 있다는 것을 숨기려고 하루에 100만 달러를

• 인도 17개 주에 걸쳐 있는 종자 보호꾼들과 유기농 생산자들의 네트워크. 25년 간 65만 명 농민들을 종자 주권과 식량 주권을 지키고 지속가능한 농사를 짓도록 교육하는 일에 매진해왔다. 공동체 111곳에 종자은행의 설립을 도왔으며, 직거래 공정무역을 위한 유기농 네트워크를 만들었다. 나브다냐는 '9개의 씨앗'이라는 의미로, 생명과 문화의 다양성을 보호한다는 상징을 담고 있다.

쓰고 있다면, 이는 어떤 상황일까요? 바로 식량독재, 식량 전체주의입니다. 이 식량독재는 정치적 독재와 굉장히 가깝게 연결되어 있어요. 저는 그 어떤 독재도 지지하지 않습니다. 유전자조작식품을 통해 우리는 독을 주입받고 있습니다. 점점 더 건강을 무너뜨리게 될 거예요. 미국에 올 때마다 몸의 균형이 잘 맞지 않는 사람들을 보게 됩니다. 질병에 시달리는 거죠. 인간으로서 먹어서는 안 될 것을 먹기 때문입니다.

물고기와 이종교배를 시켜 슈퍼딸기를 만드는 것은 끔찍한 일이지만, 그래도 단일교배를 통해 식량을 증산하는 슈퍼씨앗은 긍정적인 평가를 받지 않나요? 한국에서는 식량 증산에 도움을 준 육종학자들의 헌신과 성과를 아직 기억하고 있습니다.

제가 물리학자이지만 농업을 택한 이유는 이 슈퍼씨앗이라는 아이디어가 너무나 많은 배고픔과 가난을 유발하기 때문입니다. 유전자조작이 된 씨앗은 더 많은 음식을 생산하지 않습니다. 전혀요. 2011년에 우리가 〈GMO 황제에게는 옷이 없다 The GMO Emperor Has No Clothes〉라는 보고서를 만들었습니다. 그 누구도 바보로 보이길 원하지 않기에 침묵하는 겁니다.

〈벌거벗은 임금님〉이라는 동화에 빗댄 것이군요.

모든 사람들이 박수를 치며 "황제께서는 정말 멋진 옷을 입으셨습니다" 하잖아요. 황제 자신도 거기에 속해 있고요. 유전자조작 슈퍼씨앗도 이 이야기와 같은 맥락에서 볼 수 있습니다. 유전자조작 씨앗은 불임 씨앗입니다. 생명을 잉태하지 못하는 씨앗을 뿌리는 거예요. 한 세대밖에 자라지 못합니다. 그래서 다음 해에 또 그 씨앗을 사야 해요.

미국 법원에서 종자에 대한 소유권을 인정하고, WTO가 유전자조작에 대한 저작권을 인정하면서 모든 변형씨앗은 기업이 독점하는 상품이 됐습니다. 또 그렇기 때문에 그 씨앗들은 일회용일 수밖에 없고요. 생산물은 수확되고 유통되지만, 정작 농사짓는 농민은 계속 종자, 비료, 살충제 비용을 지불해야 하니 빈곤 문제 해결에는 도움이 되지 않는 겁니다.

농업의 산업화·세계화의 핵심 문제가 바로 유전자조작 종자, 그리고 그것으로 생산된 식품이군요. 결국 이것은 기업과 경제수치의 논리에 따라 움직이는 소수의 이윤을 불리는 시스템이라고 봅니다.

종자교배 회사인 듀폰, 신젠타, 농화학 회사인 바이엘, 바스프, 그리고 유전자조작업계의 거인인 몬산토가 시장을 점유하고 움직입니다. 농업 부문에서 유전공학은 완전히 길을 잘못 든 겁니다. 그들은 우리에게 고과당 콘시럽이라는 가짜 설탕을 먹이는 등 정말 많은 피해를 입히고 있어요. 이렇게 중독성이 있는 것을 음식이라고 해서는 안 되지만, 그들은 아랑곳하지 않습니다. 그렇기 때문에 우리는 대안적인 시스템을 세워내야 합니다.

개량된 종자는 사실상 점령된 종자입니다. 인위적인 작용을 가해서 변형해놓고 이를 자연이라고 우기는 겁니다.

게다가 미국 연방법원과 WTO가 소유권과 특허권을 인정해주었죠. 조작을 통해 자연 전체를 소유하려 하는 것이군요.

그렇죠. 개량을 함으로써 원산지 농민들이 수백 년 동안 자연 속에서 이뤄온 육종이나 보살핌은 부정되고, 그 자원은 곧 '버려진 자원'이 되는 겁니다. 이렇게 원주민의 것을 착취해놓고 과학을 내세워 '개발'이나 '개량'으로 이름 붙이면서 절도물에 대한 소유권을 주장하는 거죠. 이는 해적행위입니다.

토종 종자를 증산을 위해 개량하기도 하지만, 소유권을 위해 변형하기도 하는 셈이네요. 그러고 보니 문득 한 가지 의문이 해소됩니다. 1990년대 중반에 다큐멘터리 제작을 위해 어르신들과 중국에 간 적이 있어요. 음식이 입에 안 맞아 고생하던 분들이 윈난 성 어느 산골마을에서 국수를 드시더니 모두 "옛날에 먹던 맛"이라며 반기더군요. 아련히 옛 맛을 기억하는 분들은 똑같은 음식을 먹어도 그 맛을 못 느끼는 것을 세상이 풍요로워져서 변한 입맛 탓으로 돌리는데, 이제 보니 종자가 달라져서 그랬을 거라는 생각이 드네요.

맞아요. 우리는 지금까지 너무나 많은 것을 잃어버렸어요. 하지만 다시 찾을 수 있습니다. 제가 나브다냐를 만든 이유가 거기 있습니다. 저는 이 운동을 25년 전에 시작했어요. 종자은행을 만들어 토종 종자를 구하고 비축했습니다. 우리가 직접 유기농법으로 음식을 재배해왔습니다. 그리고 농부들과 함께 공정무역을 창조해왔어요. 사람들이 와서 맛이 좋다고, 자기가 어려서 먹던 그 맛과 같다고들 말합니다.

미국의 슈퍼마켓에는 남미, 아시아, 태평양 도서지역에서 자생하는 토종 식물이 건강식품으로 진열돼 있습니다. 페루와 브라질이 원산지인 아사이야자 추출물이나 인도의 강황에서 추출한 영양제 등 최근 몇 년 동안 더욱 다양해지고 있습니다. 처음에는 보수적인 미국인들이 웰빙에 눈을 뜨면서 이국의 문화까지 폭넓게 받아들인다고 생각했죠. 그런데 어느 순간 이것이 급속히 기업화·산업화되는 것을 피부로 느끼면서 혹시 이런 바람이 문화 침탈 또는 종자 전쟁은 아닌지 우려가 됐습니다.

제약회사, 종자회사, 식품회사 등이 약초며 토종의 정보를 해적질합니다. 아주 전문적이죠. 미국암협회는 특정 지역이나 국가의 식물학자들까지 동원해서 단일 조직으로는 최대 규모로 열대식물 채집활동을 주관했습니다. 이 학자들은 현지 토착민들이 오랜 세월 동안 발견하고 임상 속에서 쌓아온 지식을 아무런 대가도 지불하지 않고 통째로 빼앗아 가고 있어요. 제약업계에서 2000년까지 남반구에서 빼내 간 이런 토종의 정보와 식물의 시장가치는 17억 달러에서 170억 달러에 이른다고 해요. 식품도 마찬가지입니다. 1960년대 초에 페루에서 가져간 토마토 야생품종으로 미국 토마토 가공업계는 한 해 800만 달러의 이윤을 얻습니다. 페루는 이윤에서 소외돼 있고요. 남의 재산을 가져다가 변형해서 상품을 만들고는 자기들 것이라고 주인 행세를 하는 겁니다.

우리는 그들이 종자를 없애도록 가만두지 않을 겁니다. 산업화된 농업과 정책이 어린이들의 영양원을 빼앗아 갔어요. 인도에는 밀밭에서 자라는 바투아라는 아주 영양가 높은 녹색 채소가 있었습니다. 엄마들이 밀밭에서 김을 매면서 그 풀을 뜯어 식구들 영양까지

챙기곤 했죠. 그런데 화학비료가 사용되면서 이것은 밀의 경쟁식물이 됐고 제초제를 써서 제거해야 할 잡초로 바뀌어버렸습니다. 그렇게 식량 순환이 파괴되었습니다. 농사는 땅과 사람을 살리는 순환 활동이 아니라 단순하고 기계적인 노동이 됐습니다. 여성은 공장으로 이동하고, 아이들은 공짜 영양원을 잃었죠. 수출 목표를 달성하여 외환소득을 늘릴 잉여농산물을 얻어내려는 정책은 여성, 어린이, 환경의 조건을 악화시켰어요. 간디가 말하길, 어떤 결정을 하든지 가장 약한 마지막 사람을 생각하라고 했습니다. 저는 이 말을 마지막 어린이를 생각하라로 바꾸고 싶습니다.

현재의 약자이자 한 세대 뒤 미래의 주역이기도 한 어린이를 기억하는 정책이라면 훨씬 많은 사람이 그 혜택을 누리겠군요.

산업은 우리에게 음식이 아닌 것을 먹이려고 합니다. 그들은 음식이 사라진다 해도 상관하지 않아요. 씨앗이 사라진다 해도 상관하지 않고, 생물종의 다양성이 훼손되어도 상관하지 않습니다. 이미 우리에게 독을 먹이고 있잖아요? 그들은 우리에게 먹어서는 안 될 것을 먹이고 있답니다. 그들에게 우리는 없어도 되는 잉여이기 때문입니다. 빈민과 약자 같은 나머지가 지구 자원에 불필요한 부담만 지우고 있다는 거죠. 기업은 여성에게 직간접적으로 피임을 강요합니다. 결혼도 마음대로 못하고 생리휴가도 제대로 쓰지 못하며, 일자리를 유지하기 위해 피임을 계속하거나, 임신 사실을 숨기고 유산하는 여성의 사례는 비단 개발도상국만의 이야기가 아닙니다. 가난한 여성 노동자들이 식탁에 올릴 음식을 얻기 위해 불임수

술에 동의했다는 보고들도 있습니다.

2012년 미국 대선에 나선 공화당 후보 롬니, 역대 최고의 부자 후보인 그가 이런 발언으로 곤욕을 치렀죠. "소득세를 내지 않는 미국의 47퍼센트 국민들, 이들 민주당 지지자의 표는 구하고 싶지도 않다." 그가 국민으로 보려 하지 않는 47퍼센트의 '잉여'는 실제로 소득세를 내지 못합니다. 벌이가 먹고살기에도 턱없이 부족하니까요. 그러면서 공짜로 병원을 이용하고 공짜로 학교를 다니며 공짜로 밥도 먹을 수 있도록 지원금도 받죠. 그 47퍼센트의 사람들 중에는 젊은 시절 고생스럽게 일하다가 이제 은퇴해서 연금을 타는 사람들도 있고, 혼자 아이를 키우는 싱글맘도 있습니다. 잉여의 범주는 기업의 눈, 산업의 눈으로 보면 점점 더 확대되고, 자칫 99퍼센트가 그렇게 수탈의 대상으로 전락할 수도 있다고 생각합니다.

수치를 강조하는 지식인과 기업들이 해오고 있는 비교라는 것은 사람들의 삶이 일률적이지 않다는 사실을 감추고 있습니다. 아시아, 아프리카, 남미에서 인구를 엄청나게 줄인다 해도, 그 파급력은 현재 최고의 소비수준을 기록하는 선진 10개국에서 인구를 5퍼센트 줄이는 것보다 훨씬 미미합니다. 그런 식의 수치는 사회적 부담을 끼치는 영향력을 모두 말해주지 않고 있습니다.

선생은 대표적인 에코페미니스트입니다. 남자들은 흔히 페미니즘 하면 질색을 합니다. 솔직히 고백하면 여성인 저도 페미니스트보다 휴머니스트라는 말이 더 평화를 불러온다는 편견을 갖고 있습니다. 그런데 에코페미니즘은 급진적 관점의 페미니즘과 달리 상생을 이야기하는 듯합니다.

에코페미니즘은 그저 개념을 정리한 단어일 뿐이에요. 저는 기본적으로 여성은 수동적이지 않다는 인식을 갖고 있습니다. 여성은 제2의 성이 아닙니다. 열등하지 않아요. 그리고 자연은 죽지 않습니다. 가부장적 자본주의는 자연이 착취의 대상이므로 마땅히 죽는다고 봅니다. 문제에 대한 접근을 이런 기본 틀 속에서 하죠. 그리고 여성은 이차적이라고 여깁니다.

여성들은 기억해야 합니다. 우리 여성은 두뇌를 가지고 있고, 가슴을 가지고 있고, 손을 가지고 있습니다. 그리고 자연은 죽었다고 말하는 이들에게 방금 미 동부를 강타한 허리케인 샌디를 보여주세요. 죽어 있다는 자연이 이처럼 뉴욕을 휩쓸어버릴 수 있을까요?

그러면 선생께서는 여성의 힘이 지구를 구할 수 있다고 보시나요?

네, 그럼요.

남자가 아닌 여성이 주체가 되는 건가요?

여성과, 여성처럼 생각하는 남자가 할 수 있습니다. 남자들이 유전적으로 우월한 통치력을 가졌다고 생각하지 않습니다. 그들이 지배할 때 더 문화적으로 우수하게 이끌고, 체제를 단일하게 공고히 해준다거나 더 사려 깊게 통치할 수 있다는 어떤 실증도 없습니다. 이들이 논리적으로 사고하는 능력이 더 크다는 것도 입증되지 않았습니다. 다만 여성이 이 같은 능력을 키워내는 데 필요한 혜택을 덜 받는 거죠. 그럼에도 불구하고 서로 돌보고 나누는 가치는 아직 여성이 더 많이 가지고 있습니다. 남자들 또한 그런 가치를 배울 수 있습니다. 왜냐하면 이는 생물적인 것이 아니라 의식적인 사안이기 때문이에요.

그러면 여성적인 행동으로 공동체를 이끌면서 이뤄낸 성과로는 무엇이 있을까요?

제가 처음 참여한 운동이 히말라야 지역의 마을에서 벌어진 벌목반대 투쟁이었습니다. 오래도록 삶의 터전이 된 아름다운 곳인데, 인도 정부는 기업의 편을 들어 벌채를 허용했죠. 산에서 돈이 될 만한 일은 나무를 베어 파는 것이라고 여겼으니까요. 그때 여성들이 떨쳐 일어났습니다. "나무를 끌어안자"고 말했어요. 그리고 "당신들이 나무를 죽이려거든 먼저 우리를 죽여라" 하며 버텼습니다. 그 운동은 '칩코Chipko'라고 불렸는데, '껴안다'라는 뜻입니다. 우리는 높은 히말라야에서 벌목을 중단시켰어요.

그리고 지금 지구 저편 에콰도르에는 아마존 열대우림을 지키는 여성들이 있습니다. 사무실을 만들고 국제 협력 기구를 통해 연대를 이뤄내며 생태운동을 하는 파차마마Pachamama 동맹입니다. 파차마마는 어머니 지구의 이름이에요. 지구는 살아 있음 그 자체로 우리의 어머니입니다. 우리는 이를 잘 새기고 있어야 합니다. 지금 이 시대가 요구하는 에코페미니스트로 나아가는 첫 번째 인식이에요.

자연의 아픔을 느끼며 삶의 터전을 지키는 것이 더 나은 대안임을 인지하고 공감한 여성들이 해낸 일이군요. 여성에게 하고 싶은 당부는 무엇인가요?

보통의 여성들에게 건네고 싶은 말은, 첫째, 열등하다고 느끼지 말자는 겁니다. 두 번째는 소외감을 느끼지 말자는 것이고, 세 번째는 그대의 가슴이 그대의 마음에게 말하도록 허락하자는 것입니다.

내면에서 울리는 여성적 소리, 그러니까 온 생명과 소통하는 그 공명에 여성 스스로 귀를 기울여야 한다는 말씀이군요. 한국의 여성학자들이 선생을 보고 세계화를 페미니즘과 연결해내는 위대한 활동가라고 합니다. 선생께서는 일찍이 세계은행의 진실을 알려왔습니다.

세계은행의 실체는 세계에서 가장 큰 대부업자이자 주요 국가들에 대한 의존도를 유지하려고 존재하는 조직입니다. 그들이 빌려주는 1달러는 제3세계 국가에서는 3달러의 가치를 지닙니다. 이들은 국제 노상강도입니다. 1997년 한국이 외환위기를 맞았을 때 한국의 자산을 사유화했잖아요? 그 여파로 철강회사인 포스코가 인도에서 문제를 일으키고 있습니다. 오늘날 포스코의 실제 오너는 한국이 아닙니다. 월스트리트이고 워런 버핏이죠. 버핏이 5퍼센트의 주식을 갖고 있습니다. 그리고 그들은 중국으로 철강을 수출하려고 합니다. 이를 위해 인도의 광산에서 항구까지 넓은 육로가 필요하기에 농민들의 땅을 수탈했습니다. 농민들은 저항하다가 죽기도 했습니다. 이 모든 것이 세계은행으로 인해 생겨났습니다.

한국의 언론에도 보도된 적이 있습니다. 아직 인도에서 진행 중인 갈등이군요.

매우 긴 이야기죠. 포스코는 인도 동부 오리사 주에 살고 있는 주민들을 이주시키려 했고, 주민들은 저항했습니다. 경찰이 무력으로 어린이와 여성을 공격하려고 투입되어 있는 동안 저도 마을에 함께 있었습니다. 주민들이 살해당했어요. 그들이 차지하려는 광산 지역은 그 부락민들이 가장 사랑하는 아름다운 숲과 폭포가 있는 곳입니다. 그들은 강 전체를 손에 넣으려고 했습니다. 항구까지 가졌는데, 그 과정은 대단히 파괴적이었죠. 그러나 가장 중요한 것은 토지 수탈입니다. 주민들은 반대했고요.

제가 잊고 있던, 또 잘 알지 못하던 사안이라 갑자기 당혹스럽기도 하고 죄송한 마음이 듭니다. 한국에서 포스코는 산업화의 동력이 되어준 기업이고, 공익적 활동으로 신뢰를 얻고 있기도 합니다.

저는 세계은행이나 포스코가 한국의 부를 이뤘다고 생각하지 않습니다. 절대로요. 한국의 부는 열심히 일한 한국인들이 만든 겁니다. 그 당시 정부나 세계은행은 "힘들여 일한다면 한국인들에게 이익이 돌아갈 것이다"라고 말했을 뿐입니다. 그러나 오늘날은 그때와도 또 다르죠. 사람들이 힘들여 일하더라도 이득은 세계은행만이 챙깁니다. 일하는 사람들은 더 가난해지고요.

제가 한국인들에게 전달하는 가장 중요한 메시지는 이겁니다. "여러분은 인도에서 사람을 죽이고, 그 죽음에 기초한 번영을 얻고 싶은가요? 우리는 하나의 인류입니다. 이는 '나는 오른손의 번영을 돕기 위해 내 왼손을 자를 거야'라고 말하는 것과 같습니다. 이런 일이 실제로 벌어지고 있어요."

ⓒ 김기식

"쓰레기 안에서, 나는 장미 한 송이를 본다. 그 장미 속에서 나는 쓰레기를 본다. 모든 것은 몸을 바꿔 변해간다. 영원한 것조차 영원하지 않다."

틱낫한 스님의 가르침이다.

우리도 소쿠리에 담긴 저 감 속에서 무성했던 여름날 감잎을 가늠해볼 수 있다. 생명의 순환을 우리도 함께하니까. 이러한 자연스러움을 현실에서 자각하는 것이 또한 반다나 시바 선생이 꿈꾸는 땅의 민주주의일 것이다.

선생께서는 세상을 설명하며 망 또는 피륙이라는 비유를 합니다. 저 또한 작은 변화가 전체를 바꿀 수 있다는 믿음을 갖고 있습니다.

제 책 중에 《지구 민주주의 Earth Democracy》가 있습니다. 지구는 기본적으로 모든 것이 연결돼 있다는 사실에서 영감을 얻어 쓴 거죠. 흙은 식물과 연결돼 있습니다. 식물은 건강을 전달해주는 관계로 연결돼 있고요. 우리의 식량이 자라나는 데는 기후가, 변화하든 않든 간에 연결돼 있습니다. 또 기후가 변하는 것에 따라 우리가 식량을 가질지 말지가 결정됩니다. 그러니 제가 말하는 지구의 민주주의는 바로 모든 생명의 민주주의입니다. 지구는 하나의 커다란 가족이니까요.

그리고 그 민주주의는 진정한 민주주의, 삶에 뿌리내린 민주주의입니다. 자본주의의 돈이 힘을 발휘하는 그런 민주주의가 아닙니다. 요즘 벌어지는 선거는 누가 돈을 더 가졌느냐에 따라 좌우되고 있어요. 그러나 '국민의, 국민에 의한, 국민을 위한 민주주의'여야 합니다. 지금처럼 '기업의, 기업에 의한, 기업을 위한 민주주의'여서는 안 됩니다. 기업은 돈을 더 많이 벌기 위해 식물에게 있는 것을 훔칩니다.

그러니까 우리 지구의 민주주의는 포스코와도 연결돼 있고, 환경과도 연결돼 있으며, 배고픔을 없애는 일과도 연결돼 있습니다. 이러한 모든 것이 하나의 삶의 피륙 속에 상호 연결돼 있습니다. 지금까지 세상의 경제는 우리 삶의 경제를 죽였습니다. 우리의 민주주의는, 국민을 대변해야 하지만 국민들과 관계를 맺지 못하는 정치인을 갖고 말았습니다. 우리는 죽음의 문화가 아니라 생명의 문화의 일부분임을 기억합시다.

그러면 지금 바로 우리는 무엇을 할 수 있을까요?

씨앗을 살려야죠.

반다나 시바

인터뷰 후기

강인함과 온화함의 조화

몬산토는 잡초가 햇빛을 훔친다고 주장한다. 그러나 인도의 어머니들은 쌀가루를 가지고 아름다운 만다라를 만들 때 개미를 위해 문지방에 그 가루를 조금 뿌려놓는다. 그리고 우리 어머니 아버지는 감을 거두면서도 나무 꼭대기에 까치밥을 남겼다. 산사의 스님들은 행여 땅에 사는 미물이라도 다칠까 뜨거운 물을 함부로 버리지 않았다. 예전에 우리는 그렇게 서로 연결돼 있는 하나라는 것을 알고 있었고, 굳이 배우지 않아도 그런 삶을 살았다.

반다나 시바 선생과 만나고 나오는 순간 내 안에 조상으로부터 흘러왔을 그런 살뜰함이 다시 차오르는 것을 느낄 수 있었다. 영성이 풍부한 한 어른 덕에 온 생명과 연결돼 있는 내 안의 그 망을 비춰볼 기회를 얻은 것이다. 그리고 또 한 가지, 우리 농민들이 세계화 물결에 대항해 얼마나 헌신적으로 지구의 생명을 지키고자 싸워왔는지도 되새기게 됐다. 시바 선생 역시 한국을 주목하고 함께 연대해오고 있었다.

시바 선생을 만나기 전에 나는 스스로 여성임을 인정해가는 과정에 있었고, 선생을 만나고 나서는 그 과정에서도 벗어나는 자유를 얻었다. 에코페미니즘에 대한 질문에, 선생은 늘 그러듯 먼저 활짝 웃으며 답했다.

"에코페미니즘은 그저 단어일 뿐이에요."

하나의 단어라고 말하는 그 순간 내게 전달된 것은 '무엇 때문에 문자에 갇히는가. 그 개념이 중요한 것이 아니라 세상을 바라보고 어울려가는 그 삶이 중요하다'라는 몽둥이질 같은 에너지였다. 선사들의 할喝과 방棒이 벼락같다면, 시바 선생은 말하기에 앞서 꽃처럼 활짝 피어나는 얼굴 표정을 먼저 지어준다. 마치 그 얼굴 주름을 따라 긍정의 에너지가 퍼지면서 공간에 파문이 이는 듯 내 마음에까지 출렁 전달된다.

이 책을 기획하면서 일곱 번째로 인터뷰하려 했던 인물은 페미니스트였다. 한번쯤 여성을 중심에 두고 우리 사회를 이야기해야 한다는 의무감이 있었기 때문이다. 그러면서도 왜 여성을 중심에 두고 이야기해야 하는지 그 당위를 온전히 찾기 어려웠다. 그것은 내 안에 '굳이 여성을 따로 분류해서 세상을 봐야 할까'라는 시각이 있었기 때문이다. 사회생활을 하면서 여성이라는 성징이 실력보다 우선해 드러나면 안 된다는 경쟁의식이 있었다. 그래서 여성이 구조적으로 모순된 상황에 있다는 것을 방송 프로그램으로는 만들었어도, 일터에서는 내가 여성으로, 약자로 대접받기를 거부하기에 오히려 여성성이 배제된 모습을 보이려 했다. 이런 나의 내면에 자리했던 마음은 열등감이다. 이것을 우리 사회의 구조적 한계 탓으로 돌릴 수도 있다. 그렇다 해도 나는 여성이 그 자체로 완전한 우주를 이루는 중심임을 깊이 인식하지 못했기에, 스스로의 여성성을 드러내면 약자로 보일 것이라 여겨 애써 감췄던 것이다.

이번 인터뷰를 준비하면서도 우리나라에 있는 이주 여성의 이야기까지 포괄할 수 있는 어른을 찾았다. 페미니즘만으로는 편협해 보일 것 같다는 나의 편견 때문에, 인종주의까지 함께 다루어 더 큰 틀을 짜는 편이 좋겠다는 생각을 했던 것이다. 그러면서 몇 사람을 주목했고, 편지를 보내 답을 받기도 했다. 그러다 시바 선생의 책을 읽었고, 에코페미니즘에 몰입하게 됐다. 권력을 가진 여성이 이중 삼중의 굴레 속에 있는 여성에게 마음을 열 뿐 아니라, 아예 인간이라는 종의 한계를 넘어 박테리아에게까지 공감하며 살피는 근원적 자비심이 발현되는 씨앗이 그 속에 있었다.

문득 2011년 늦가을에 인터뷰했던 생태학자 조애나 메이시 선생의 호소가 떠올랐다. "내가 만약 밍크라면, 내가 만약 바위라면, 내가 만약 우라늄이라면…… 이렇게 명상해보세요. 우리 인간은 이런 상황에 스스로를 놓고 돌아볼 수 있는 능력이 충분히 있습니다." 그렇게 집중하며 명상하는 동안, 내 가슴은 제주 강정마을 구럼비바위의 호소로 뜯겨나갈 듯했다. 젖이 불어 어기적 서 있는 젖소의 고통 또한 내 아이에게 처음 젖을 물리던 그때의 진저리 나는 아픔으로 다가왔다.

시바 선생의 글 속에서 여성은 우주와 연결된 모든 관계의 중심으로 우뚝 자리해 있었다. 그리고 그 여성이 바로 우주의 운명을 살피는 대지의 어머니였다. 더불어 페미니즘에만도 세상을 이해할 내용이 충분히 담겨 있음을 알게 됐다. 늘 뭔가 부족하다고 갈급해하는 그 자세가 존재 자체의 가치를 놓치는 모자란 태도임을 깨쳤다.

인도에 있는 시바 선생에게 연락을 취한 때는 2012년 7월이었다.

큰 기대를 걸지는 않았는데, 뜻밖에도 10월에 미국을 순회할 예정이라는 답을 받았다. 선생은 미국 내에서도 큰 영향력을 지니고 있다. 세계화국제포럼을 대표하고 있기도 하지만, 대중의 신뢰가 높기 때문이다. 이번에도 매일 비행기로 로스앤젤레스에서 샌프란시스코, 오리건 주를 지나 시카고 등의 도시로 이동하며 대중강연과 인터뷰, 각 단체의 활동을 지원하는 촬영까지 강행군을 했다. 인터뷰 시간이 지나고도 새로 발간된 세계화 관련 보고서며 책들을 소개해주는 모습에서 활동에 대한 열정, 자신을 낮추고 상대에게 더 다가서는 자비심을 보았다.

평소에는 아름다운 미소를 짓고 있는 시바 선생이지만, 농민과 소비자의 연대가 필요하다는 등의 주장을 펼칠 때면 무사 같은 표정이 나온다. 온유한 선비 같기도 하고 수행자 같기도 한 자세가 순식간에 입 모양부터 달라지며 광장에서 연설하는 투사의 표정으로 바뀐다. 인도의 어린이와 여성, 농민과 노동자가 쓰러지고 죽는 곳에서도 의연히 대중을 이끌던 그 지도력은 바로 이런 강인함과 온화함의 절묘한 조화 속에서 나오지 않나 싶다.

인터뷰를 마치고 샌프란시스코 금문교를 건너 돌아오는 길에 그 근처의 그린 걸치Green Gulch 선원에서 겪었던 한순간을 떠올렸다. 샌프란시스코 선원에서 운영하는 그린 걸치는 농사짓고 수행하는 미국인들의 선원으로, 북부 캘리포니아 유기농 운동의 중심이기도 하다. 산을 휘도는 그린 걸치의 너른 농원 한쪽에는 모종을 하는 별채가 있고, 깨알 같은 상추씨가 싹을 틔우고 있었다. 그런데 선반 둘레에 둘러놓은 끈끈이 테이프에 아주 작은 벌레들이 들러붙어 죽어가고 있었다. 선원에서 짓는 농사이기에, 또한 채식을 하기에 그 안에는 살생이 없겠다 여겨졌던 가벼운 마음이 그 모습을 보는 순간 갑자기 굳어졌다. 결국 생명을 키우는 농사도 짓는 그 순간부터 수없이 많은 생명을 죽일 수밖에 없다는 이치를 깨닫게 되었다. 자연은 그랬다. 결국 우리가 살아 숨 쉬는 그 과정이 다른 생명의 희생을 바탕으로 하는 셈이다.

틱낫한 스님이 '존재한다'는 뜻의 영어 표현 '빙being'을 '인터빙inter-being'으로 사용하기 시작했다. 인터빙이라는 개념을 쓰면, 우리가 존재하는 모양 자체가 서로서로 함께 엮어져 있는 상태로 설명된다. 서로가 서로 안에 걸쳐서 존재하는 것이다. 우리가 살기 위해서는 다른 존재에게 의존하고 있다는 그 진실을 표현한다.

상추 한 포기를 틔우기 위해 스러져가는 보일 듯 말 듯한 곤충들, 그들의 목숨에 의존해 연명하는 거대 포식자인 인간. 그러하기에 우리는 그 생명들에게 진 빚을 갚기 위해서라도 좀 더 살피는 삶을 살아야 한다. 시바 선생이 세상을 하나의 피륙으로 보며 나무와 강과 공기까지 보듬어 연대하는 이유도 우리 존재 자체가 홀로 설 수 없다는 것을 깊이 인식했기 때문이 아닐까.

늦가을 비와 안개가 시야를 가리던 금문교를 건너며, 선생이 히말라야 산골에서 나무를 부둥켜안고서 함께 나누었을 마음을 그렇게 따라가 보았다.

에필로그

다시 희망을 위하여

이 모든 글은 놈 촘스키 선생과 만나기로 약속하면서 시작되었다. 여러 어른의 지혜를 담는 인터뷰 연재를 기획하면서, 우리의 생각에 이런 지혜의 씨앗을 뿌리면 마침내는 커다란 변화의 나무로 자라나지 않을까 기대했다. 계획한 대로 이루어질지 하는 의심은 품지 않았다. 그저 우리의 현재를 살피고, 뜻이 통하는 분을 찾고, 편지를 보내고, 답을 듣는 일에 집중했다. 한분 한분과 만나가면서, 기사로 소개하고 책으로 엮는 구상이 점차 구체화되었다. 마지막 인터뷰 대상이었던 반다나 시바 선생께 대담을 마치면서 책으로 엮일 수도 있다고 말씀드렸더니, 그것도 좋은 일이라며 흔쾌히 격려해주셨다.

그리고 2012년 12월, 한국의 대선이 끝나고 새 정부의 인수위원회가 꾸려질 때쯤 일곱 분의 석학에게 다시 편지를 띄웠다. 52퍼센트의 국민이 선택한 보수여당의 후보가 대통령에 당선되었고, 48퍼센트의 국민이 우울에 빠졌으며, 노동자 활동가들이 목숨을 끊었다고 전했다. 그래서 우리에겐 마음을 추슬러줄 무언가가 필요하다고 했다. 물론 이 책에 대해서도 말씀드렸다. 내가 쓴 글도 덧붙여 실린다는 것이 부끄러워 더 웅크린 마음으로 말이다.

밤 10시가 넘어 이메일을 보냈는데, 채 한 시간이 지나지 않아 어른들의 답장이 도착하기 시작했다. 맨 먼저 답을 보내온 분은 조지 레이코프 선생이었다. 선생께서는 안철수 후보가 사퇴한 후 야권에서 네거티브 프레임이 전면에 등장했고, 제어하기 힘든 상황으로 고착돼버렸다고 이야기했다. 긍정의 언어를 사용해야 하며, 네거티브 프레임으로는 대중의 힘을 얻을 수 없다는 그의 거듭된 진심 어린 호소를 놓친 것이 아쉬웠기에 꺼낸 말이었다. 선생도 함께 안타까워하면서 격려해주었다. "선거 결과가 그렇다니 너무도 너무도 애석합니다. 그래도 이 책을 통해 좋은 기운이 모이길 바랍니다."

곧이어 온 답장은 피터 싱어 선생 것이었다. 늘 짧게 답장하는 분이 꽤 길게 마음을 전해주었다. 대선 기간 동안 야당 후보가 동물권에 대한 정책을 발표했다는 소식도 알렸는데, 선생은 그런 진전에 깊은 반가움을 표했고, 더불어 우리의 대선 후 상황도 언급했다. "선거 결과가 안타깝군요. 진심으로 바라건대, 많은 한국인들의 불안한 우려에 대해 대통령 당선자가 부정적인 행동으로 그 불안을 증명해주지 않았으면 합니다. 그리고 무엇보다도 이걸 기억해주세요. 미국은 조지 W. 부시로부터 살아남았다는 걸 말입니다!!"

아버지 부시에 이어 미합중국의 대통령이 된 조지 W. 부시. 그는 자기 아버지의 친구들을 받들며 정치한다는 비아냥을 받을 정도로, 대를 이어 전쟁을 벌이고 부자의 세금을 감면해주었으며 월스트리트 금융세력을 위해 정부의 권한을 축소했다. 선생의 당부에서 두 세대에 걸친 그런 지도자들 밑에서도 미국은 견뎌냈다는 뜻이 읽혔다. 더불어 우리의 당선자에 대한 세계 여론의 시선마저 느껴졌다.

그리고 다음 날 아침, 이메일 함에는 늘 화답해주었던 촘스키 선생

에필로그

의 편지가 도착해 있었다. "당신의 프로젝트가 또 다른 형태로 진전된다니 참으로 기쁩니다. 바라건대 좋은 영향을 크게 미쳤으면 합니다. 당연히 그리 되겠죠. 그래요, 나도 한국의 선거 결과를 참으로 괴로운 마음으로 살펴보았답니다. 그래도 여러분에게는 앞으로 무척 많은 기회가 놓여 있습니다."

촘스키 선생은 그래도 많은 기회가 있을 거라는, 오직 그 한 가지 말만 던져주었다. 1928년에 태어나 2012년까지 세계의 변화를 추적해온 그가 짚어준 단 하나의 핵심이었다. 미국은 1930년대에 대공황이라는 재난을 겪었기에, 2008년 경제위기가 닥치자 과거의 혼돈을 피해 갈 수 있었다. 하지만 큰불을 끄느라 금융권을 먼저 살리면서 여기저기 번져가는 작은 불들은 살피지 않았다. 지금 그들은 민생 파탄이라는 들불을 끌어안고 있다. 결국 상황은 항상 변해 가고, 그 변화에 대응하는 방식에 따라 기회는 기쁨으로도 슬픔으로도 작용한다. 이겨도 기회를 얻지만, 져도 기회가 될 수 있다.

촘스키 선생의 편지를 읽으며, 인터뷰 당시 들려준 당부가 떠올랐다. 선생은 한국인이 세상의 억압을 끊는 길을 가장 잘 알고 있다 말했다. 이 말을 우리가 함께 기억했으면 한다.

하나의 생각이 세상을 바꾼다
세계의 지성들이 말하는 한국 그리고 희망의 연대

초판 1쇄 펴낸날 | 2013년 1월 31일
초판 3쇄 펴낸날 | 2020년 5월 22일

지은이   안희경
펴낸이   오연호
편집장   서정은 편집 김초희 관리 문미정

펴낸곳   오마이북
등록   제2010-000094호 2010년 3월 29일
주소   서울시 마포구 월드컵로14길 42-5 (04003)
전화   02-733-5505(내선 271) 팩스 02-3142-5078
홈페이지 book.ohmynews.com 이메일 book@ohmynews.com
페이스북 www.facebook.com/Omybook

책임편집 서정은
교정   김성천 김인숙
디자인   여상우
인쇄   천일문화사

ⓒ 안희경, 2013

ISBN 978-89-97780-04-4 03300

이 책의 인세 중 50%는 국제개발구호단체 더프라미스(www.thepromise.or.kr)에 기부됩니다.

오마이북은 오마이뉴스에서 만드는 책입니다.